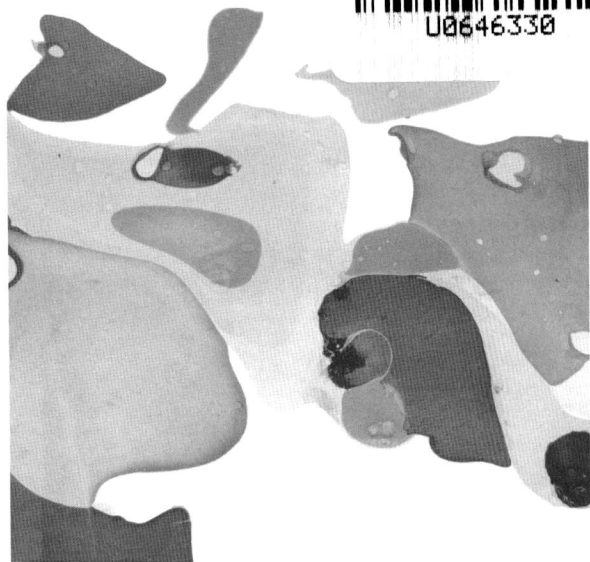

【第二版】

daxuesheng xinli jiankang jiaoyu

大学生心理健康教育

主　编　徐英杰

副主编　郑春华　林金龙

编　委　陈爱平　洪慧贞　翁秀琴　许安兵

厦门大学出版社　国家一级出版社
XIAMEN UNIVERSITY PRESS　全国百佳图书出版单位

图书在版编目(CIP)数据

大学生心理健康教育/徐英杰主编.2版—厦门:厦门大学出版社，2019.8
ISBN 978-7-5615-6586-5

Ⅰ.①大… Ⅱ.①徐… Ⅲ.①大学生－心理健康－健康教育 Ⅳ.①G444

中国版本图书馆 CIP 数据核字(2017)第 143437 号

出 版 人	郑文礼
策划编辑	张佐群
责任编辑	郑 丹
封面设计	李嘉彬
技术编辑	许克华

出版发行 厦门大学出版社

社　　址 厦门市软件园二期望海路 39 号

邮政编码 361008

总 编 办 0592-2182177　0592-2181406(传真)

营销中心 0592-2184458　0592-2181365

网　　址 http://www.xmupress.com

邮　　箱 xmup@xmupress.com

印　　刷 厦门市万美兴印刷设计有限公司

开本 787mm×1092mm　1/16

印张 14

字数 250 千字

版次 2019 年 8 月第 2 版

印次 2019 年 8 月第 1 次印刷

定价 35.00 元

厦门大学出版社
微信二维码

厦门大学出版社
微博二维码

前　言

当代大学生具有开阔的视野、积极向上的进取心和富有个性的创造力,同时也面临着各种各样的心理问题。大学生的心理问题已经引起了全社会的高度关注。《中共中央关于进一步加强和改进学校德育工作的若干意见》中指出:"要通过多种形式对不同年龄层次的学生进行心理健康教育和指导,帮助学生提高心理素质,健全人格,增强受挫折、适应环境的能力。"教育部在 2011 年下发的《普通高等院校学生心理健康教育课程教学基本要求》中,对高校开展心理健康教育提出了明确的要求。2016年 8 月,习近平同志在全国卫生与健康大会上强调:"要把人民健康放在优先发展的战略地位,要加大心理健康问题基础性研究,做好心理健康知识和心理疾病科普工作,规范发展心理治疗、心理咨询等心理健康服务。"全国各高校也陆续开设了大学生心理健康教育课程,这对我们开展大学生心理健康教育起到了良好的引导和促进作用。

本书根据教育部下发的《普通高等院校学生心理健康教育课程教学基本要求》的文件精神,涵盖了心理健康知识和自我意识、人际交往、人格发展、情绪调节、恋爱和性心理、挫折应对、学习心理、心理咨询和危机干预等主题,共九章。从利于大学生身心健康发展的现实出发,紧密联系大学生的学习和生活实际,内容通俗易懂,理论分析到位,案例翔实丰富,具有很强的可读性和实践性。

本书的编写分工如下:徐英杰编写第一、三、七、八章,翁秀琴编写第二章,陈爱平编写第四、五章,洪慧贞编写第六、七章。全书由徐英杰和郑春华负责统稿。

在本书的编写过程中,学院各级领导给予了高度关怀和鼎力相助,在此表示衷心的感谢! 受能力和水平的限制,本书难免存有疏漏、不足之处,恳请专家和广大师生批评指正!

编者

2017 年 7 月

目 录

第**1**章

大学生心理健康概论

心理健康是健康不可分割的重要方面。随着我国经济水平的整体发展,人们的物质生活水平迅速提高,人们在追求身体健康的同时,也关注着心理健康,天之骄子的大学生也不例外。现今的大学生具有开阔的视野、活跃的思维,追求个性化的生活方式,内心情感丰富,但同时也面临着新的心理问题和冲突。大学生作为一个特殊的社会群体,有许多特有的、需要认真面对的问题,如对新的学习环境与任务的适应问题,对专业的选择与学习的适应问题,理想与现实的冲突问题,人际关系的处理问题以及对未来职业的选择问题,等等。如何使他们避免或消除由上述种种问题和冲突而造成的心理应激、心理危机或心理障碍,增进身心健康,以积极的、正常的心理状态去适应当前和发展中的社会环境,预防精神疾患和心身疾病的发生,加强对大学生的心理健康教育,就成为各高校迫切需要关注的问题。

案 例 分 析

小何,女,某大学2015级机械设计与制造专业学生。该同学报到比其他同学要早几天,到学校后在校园里溜达闲逛。学生处张老师看到后询问小何的情况,她自称是来校报到而钱没带够,这边虽然有同学但未找到,正不知所措。小何讲话前言不搭后语,且不断回避问题,甚至有时自言自语。张老师引领她报到后,她先交付了杂费,领取了生活用品等,说学费日后再交。

开学后不久,该同学舍友向张老师反映了小何的一些异常情况:孤僻,说话时语无伦次,不能正视别人进行眼神交流,无法清楚表达自己的感情,情感淡漠,反应迟

缓,不能和同学舍友正常交往;纪律观念差,多次旷课,一次夜不归宿;多次站在隔壁班级门口直视班内一男生;上课不敢说话,即使老师点名让小何回答问题,小何也是表情痛苦,满脸通红;擦黑板时突然转身问台下聊天的同学是否在议论自己。

小何怎么了?她在开始大学生活时产生了一系列的适应问题,表现在学习、生活、人际交往等各方面。

第一节　健康与心理健康

一、健康的定义

健康是人生的第一财富,是人的基本权利;健康是人的自我责任,是生活质量的基础,是人类自我觉醒的重要方面;健康是生命存在的最佳状态,是人们希望拥有的最重要的财富。因此,对健康的追求,毫无疑问是社会文明进步的标志。

那么,什么是健康呢?

健康是指一个人在身体、精神等方面都处于良好的状态。健康包括两个方面的内容:一是主要脏器无疾病,体形均匀,人体各系统具有良好的生理功能,有较强的身体活动能力和劳动能力,这是对健康最基本的要求;二是对疾病的抵抗能力较强,能够适应环境变化,适应各种生理刺激及致病因素对身体的作用。人类对健康的认识是随着社会发展及人类自身认识的深化而不断丰富的。在人类社会早期,由于生产力水平低下,人们只关注如何适应和征服自然,维持自身的生存。随着社会生产力水平的不断提高,人们开始关心自己的身体健康,因此,防病、治病的医学科学随之产生。但长期以来,人们只是单纯从生物医学模式出发,认为健康就是指身体没有疾病,而对心理或精神的健康却很少了解。

实际上,人不仅是生物人,还是社会人,人的活动离不开社会,除了生理活动之外,还有心理活动。近20多年来,"生物—心理—社会医学模式"的建立使人们得以从"生物—心理—社会"全方位地把握人乃至疾病和健康的问题。世界卫生组织(World Health Organization,WHO)曾对健康提出下述定义:健康不但是身体没有疾病,还要有完整的生理、心理状态和社会适应能力,只有将身体健康和心理健康结合起来,才是完整的健康。这是对健康较为全面、科学、系统的定义。另外,WHO还规定了健康的10条标准,以加深人们对健康的认识。

(1)有足够充沛的精力,能从容不迫地应付日常生活和工作压力而不感到紧张。

(2)处事乐观,态度积极,乐于承担责任。

(3)善于休息,睡眠良好。

(4)应变能力强,能适应外界环境的各种变化。

(5)能抵抗一般性感冒和传染病。

(6)体重适当,身体匀称,站立时头、肩、臀协调。

(7)眼睛明亮,反应敏锐,眼睑不发炎。

(8)头发有光泽,无头屑。

(9)牙齿清洁,无龋洞,无痛感,无出血症状,齿龈颜色正常。

(10)肌肉、皮肤富有弹性。

由这 10 条标准可以看出,健康并非单纯指身体没有疾病,而且还指有强壮的体魄、完善的神经、清晰的思维、正常的心理、充沛的精力、良好的抵抗力及对环境的适应能力和较高的文化素养。

1990 年,WHO 在对健康定义的阐述基础上又增加了道德健康。所谓道德健康,就是指不能通过损害他人利益来满足自己的需要,能以社会认可的道德行为规范准则约束自己及支配自己的思维和行为,具有辨别真伪、善恶、荣辱的是非观念和能力。

2000 年,WHO 又提出了"合理膳食、戒烟、心理健康、克服紧张压力,坚持体育锻炼"的促进健康的新准则。WHO 关于健康概念的发展变化,是对健康比较全面的认识。这是一种整体的、积极向上的健康观,表明人们传统的健康思维发生了变化,明确指出了只有身体健康、心理健康、良好的适应能力和道德健康、生殖健康等 5 个方面都具备,才算得上真正意义上的健康。健康概念的发展变化,说明了人类对健康的重视程度在不断提高。

21 世纪,由于医学的发展,人的寿命将有所延长。对此,前联合国秘书长安南曾向全世界宣布:21 世纪是长寿的时代,人人将享有健康 100 年,这是 21 世纪健康新概念的标志。21 世纪是一个健康时代,人类将追求心理、生理、社会、环境的完全健康。

知 识 链 接

心理亚健康

亚健康是一种临界状态,处于亚健康状态的人,虽然没有明确的疾病,但却出现了精神活力和适应能力的下降,如果这种状态不能得到及时的纠正,非常容易引起心

身疾病。亚健康指非病非健康状态,这是一类次等健康状态,是介于健康与疾病之间的状态,故又有"次健康""第三状态""中间状态""游移状态""灰色状态"等称谓。WHO将机体无器质性病变,但是有一些功能改变的状态称为"第三状态",中国称为"亚健康状态"。处于亚健康则不能达到健康的标准,表现为一定时间的活力下降、功能和适应能力减退的症状。处于亚健康状态的人,如果及时进行疏导,会走向健康,如果任其发展,则会转成疾病。通俗地讲,"亚健康状态"是指在医院检查化验不出毛病,又自我感觉身体不舒服的情况。"亚健康状态"是一种动态的变化状态,有可能发展成为第二状态,即生病,也可通过治疗恢复到第一状态,即健康。

心理亚健康是指在环境影响下由遗传和先天条件所决定的心理特征(如性格、喜好、情感、智力、承受力等)造成的健康问题,是介于心理健康和心理疾病的中间状态。主要表现为不明原因的脑力疲劳、情感障碍、思维紊乱、恐慌、焦虑、自卑,以及神经质、冷漠、孤独、轻率,甚至产生自杀念头等。

心理亚健康状态的表现:

1. 记忆力下降,注意力不集中

是否在日常生活和工作中,老是忘记很多事情? 在进行学习工作时,容易走神,无法集中精力? 其实这些都是心理亚健康的表现,它在提醒你,你已经处于一种亚健康的状态,要注意调整!

2. 思维缓慢、反应迟钝

如果发现自己想问题时有些困难,与人交流时,脑海中偶尔"短路",大脑的反应变慢,与人交谈时,总会慢上半拍,那么就说明你处于一个亚健康的状态了。

3. 长时间的不良情绪

我们每个人都会出现不良情绪,一般来说都能自我调整。但是如果不良情绪持续的时间比较长,无法自我调整,这时就需要注意了。如果不注重心理保健,不良情绪有可能就会恶化,导致抑郁症、焦虑症等心理疾病。

4. 不自信,安全感不够

如果你发现自己最近越来越不自信,总是对未来感到焦虑,喜欢独处,回避社会,那么你就要多关注自己的心理健康了。

二、心理健康的含义及标准

个体能够适应发展着的环境,具有完善的个性特征;其认知、情绪反应、意志行为处于积极状态,并能保持正常的调控能力;在生活实践中,能够正确认识自我,自觉控制自己,正确对待外界影响,从而使心理保持平衡协调。以上三点就是心理健康的基本特征。心理健康的基本含义是指心理的各个方面及活动过程处于一种良好或正常的状态。心理健康的理想状态是保持性格完美、智力正常、认知正确、情感适当、意志合理、态度积极、行为恰当、适应良好的状态。

具体而言,心理健康具有以下8个特征:

(1)智力正常;

(2)情绪良好、稳定;

(3)意志健全;

(4)人格完整;

(5)自我评价客观;

(6)人际关系和谐;

(7)社会适应良好;

(8)心理行为符合年龄特征。

值得注意的是,心理健康的标准是相对的。我们在理解心理健康的标准时,应该注意以下几个方面:①心理健康标准的相对性——评价一个人的心理健康状况需要从时间的维度上考虑。判断一个人的心理健康状况,是根据他较长一段时间内的心理状态进行评价,偶尔出现的一些不健康的心理或行为,并非意味着这个人的心理就不健康。②心理健康的整体协调性——个体的心理正常与异常之间并无明显的界限。也就是说,一个人的心理从健康到不健康是一个连续的过程。③心理健康标准的发展性——心理健康的各种状态之间是可以互相转化的,是一个动态的变化过程,既可以从健康转变为不健康,也可以从不健康的状态转变为健康的状态。④心理健康标准的理想性——心理健康的标准是一种理想的尺度,它不仅为我们提供了衡量是否健康的标准,也为我们指明了提高心理健康水平的努力方向。⑤个体心理健康的标准是保证我们正常的学习、工作和生活的前提,如果正常的学习、工作和生活难以维持和保证,就应该及时调整自己。

第二节　大学生心理健康概述

一、大学生心理健康的标准

大学生的年龄一般在 18～25 岁之间,从心理学的观点来看,正处于青年中期。大学生的心理具有青年中期的许多特点,但作为一个特殊群体,大学生又不能完全等同于社会上的青年。心理健康标准不是固定不变的,它随着时代变迁、文化背景变化而变化。根据我国大学生的实际情况,其心理健康的基本标准可归纳为以下几个方面。

(一)智力正常

能保持对学习较深厚的兴趣和求知欲望。这是学习、生活与工作的基本心理条件,也是适应周围环境变化所必需的,表现为有强烈的求知欲、乐于学习、能积极参与学习活动。从智力测验的角度看,智力正常的标准应当是智力商数在 70 以上,低于 70 为智力落后。我国的大学生一般都是经过高考录取入学的,智力基本上在中等水平以上,极少有落后的情况。

(二)情绪健康

能调节与控制情绪,保持良好的心境。情绪稳定和心情愉快包括:愉快情绪多于负面情绪、乐观开朗、富有朝气,对生活充满希望;情绪较稳定,善于控制与调节自己的情绪,既能克制又能合理宣泄自己的情绪;情绪反应与环境相适应。心理健康的大学生的积极情绪远多于消极情绪,主导心境是愉悦、乐观和平静的,且能正确而恰如其分地表达情绪。

(三)意志健全

拥有健全的意志。意志是人在完成一种有目的的活动时,所进行的选择、决定与执行的心理过程。意志健全的大学生在各种活动中都有自觉的目的性,能适时地做出决定并运用切实有准备的方式解决所遇到的问题,在困难和挫折面前,能采取合理的反应方式,能在行动中控制情绪和言而有信,而不是行动盲目、畏惧困难、顽固执拗。

(四)人格完整

能保持完整统一的人格品质。人格是个体比较稳定的心理特征的总和。人格完整就是指有健全统一的人格,个人的所想、所说、所做都是协调一致的。人格完整包括人格结构的各要素完整统一；具有正确的自我意识，不产生自我同一性混乱，以积极进取的人生观作为人格的核心，并以此为中心把自己的需要、目标和行动统一起来。

(五)自我评价正确

能保持正确的自我意识，接纳自我。正确的自我评价是大学生心理健康的重要条件。进行自我观察、自我认定、自我判断和自我评价时，能做到自知，恰如其分地认识自己，摆正自己的位置，既不以自己在某些方面高于别人而自傲，也不以自己在某些方面低于别人而自卑，面对挫折与困境，能够自我悦纳，喜欢自己，接受自己，自尊、自强、自制、自爱适度，正视现实，积极进取。对于自己的一些无法弥补的不足和缺陷，如外表、家庭背景等，也能坦然接受，不作无谓的抱怨。

(六)人际关系和谐

能保持和谐的人际关系并乐于交往。良好而深厚的人际关系，是事业成功与生活幸福的前提。表现为：乐于与人交往，既有广泛而深厚的人际关系，又有知心朋友；在交往中保持独立而完整的人格，有自知之明，不卑不亢；能客观评价别人和自己，善取人之长补己之短，宽以待人，乐于助人，积极的交往态度多于消极的交往态度，交往动机端正。

(七)社会适应正常

能保持良好的环境适应能力。个体应与客观现实环境保持良好秩序。面对现实、接受现实并能主动适应。既要进行客观观察以取得正确认识，以有效的办法应对环境中的各种困难，不退缩，还要根据环境的特点和自我意识的情况努力进行协调，或改变环境适应个体需要，或改造自我适应环境。

(八)心理行为符合大学生年龄特征

大学生应具有与角色相符的心理行为特征。不同年龄有不同的心理行为，心理健康者应具有与多数同龄人相符合的心理行为特征，如果严重偏离，就是不健康的表现。心理健康的大学生应该精力充沛、勤学好问、反应敏捷、喜欢探索。在性别特点方面，男大学生表现相对主动勇敢、刚强果断、爽直大方，而女大学生则相对温柔细致、富有同情心等，在角色特征方面，能够根据自己所处的场合，正确把握自己所扮演的角色。

情商高的十种表现

1. 不抱怨、不批评

情商高的人不批评、不指责别人;不抱怨、不埋怨。其实,抱怨和指责都是不良情绪,它们会传染。

2. 热情和激情

情商高的人对生活、工作和感情保持热情,有激情。情商高的人会调动自己的积极情绪,让好的情绪伴随每一天,不让不良情绪影响生活和工作。

3. 包容和宽容

情商高的人宽容、心胸宽广,心有多大,眼界有多大,你的舞台就有多大。情商高的人不斤斤计较,有一颗包容和宽容的心。

4. 沟通与交流

情商高的人善于沟通、善于交流,且坦诚相待、真诚有礼貌。沟通与交流是一种技巧,需要学习,并在实践中不断总结摸索。

5. 多赞美别人

情商高的人善于赞美别人,这种赞美是发自内心的、真诚的。能看到别人优点的人,才会进步得更快;总是挑别人缺点的人会故步自封,反而退步。

6. 保持好心情

情商高的人每天保持好的心情,每天早上起来,先送给自己一个微笑,并且能鼓励自己,认为自己是最棒的、最好的,周围的朋友都很喜欢自己。

7. 善于聆听的好习惯

情商高的人善于聆听,会仔细聆听别人的说话,仔细听别人说什么,多听多看,而不是自己滔滔不绝。聆听是尊重他人的表现,聆听是更好地沟通的前提,聆听是人与人之间最好的一种沟通。

8. 有责任心

情商高的人敢做敢承担,不推卸责任,遇到问题能分析问题、解决问题。正视自己的优点与不足,是敢于承担的人。

9. 每天进步一点点

情商高的人每天都争取进步一点点,说到做到,从现在就开始行动,行动力是成功的保证。

10. 记住别人的名字

情商高的人善于记住别人的名字。只要你用心去做就能记住。记住了别人的名字,别人也会更加愿意亲近你,和你做朋友,你会有越来越多的朋友。

二、大学生心理健康的意义

对于当代大学生来说,心理健康有着重大意义。从宏观上看,当代大学生正处在一个社会变革的时代,国际局势复杂多变,国内改革深入发展,社会生活节奏加快,相互竞争日趋激烈,人际关系日益复杂,价值观念更加多元化,影响、威胁人们心理健康的因素越来越多;从微观上看,大学时代是人生心理上的"断乳期",是由依赖依存向独立自主全面过渡的发展阶段。因此,相对于身体健康而言,心理健康占有更为重要的地位。那么,大学生心理健康有哪些积极意义呢?

(一)促进大学生全面发展

健康的心理品质是大学生全面发展的基本要求,也是将来走向社会,在工作岗位上发挥智力水平,积极从事社会活动和不断向更高层次发展的重要条件。充分认识德、智、体、美、劳等全方位的和谐发展,是以健康的心理品质为基础的。一个人的心理健康状态直接影响和制约着其全面发展的实现。

(二)增强独立性

大学生经过努力的拼搏和激烈的竞争,告别了中学时代,来到大学,进入了一个全新的生活阶段。大学生必须由靠父母转向靠自己。上大学前,他们想象中的大学犹如"天堂"一般,而上大学后,紧张的学习、严格的纪律及全新的生活环境都使他们难以适应。因此,大学生必须注重心理健康,克服依赖性,增强独立性,尽快地适应大学生活。

(三)增强自信心

目前我国大学生的毕业分配制度已发生了深刻的变革,大学生就业都须通过供需见面、双向选择、择优录用等方式进行。择业的竞争必然使大学生在心理上产生困惑和不安全感。因而,面对新形势,大学生要保持心理健康,培养自立、自强、自律的良好心理品质,锻炼自己的社会交往能力,使自己在变幻复杂的社会环境中,正确抉择,敢于面对困难和挫折,追求更加完美的人格,为事业成功奠定坚实的心理基础。

知 识 链 接 ·······

"5·25"心理健康日的由来

每年的 5 月 25 日,是全国大学生心理健康日。"5·25"的谐音即为"我爱我",提醒大学生"珍惜生命,关爱自己"。核心内容是:关爱自我,了解自我,接纳自己。关注自己的心理健康和心灵成长,提高自身心理素质,进而爱别人、爱社会。

大学生对心理健康的概念模糊,甚至有误解,不到药物治疗的程度,就不承认自己存在心理障碍。例如:大学新生的心理问题是适应性和与人沟通的问题,大二、大三的学生则以情感人际关系和自我成长等问题为主,而毕业生主要是就业压力等问题。所以引导他们增强心理健康意识,提高自我调适能力非常有意义。

1992 年,"世界心理健康日"由世界精神病学协会发起,定在每年的 10 月 10 日。

2000 年,由北京师范大学心理系团总支、学生会倡议,随后十多所高校响应,并经有关部门批准,确定 5 月 25 日为"北京大学生心理健康日"。"5·25"是"我爱我"的谐音,对此,发起人的解释是:爱自己才能更好地爱他人。

2004 年,团中央学校部、全国学联共同决定将每年的 5 月 25 日定为"全国大学生心理健康日"。

三、影响大学生心理健康的因素

近年来,大学生心理健康问题有越来越突出的趋势,很多研究报告都提出了高比例的心理健康问题,突出表现在抑郁、焦虑、强迫、缺乏自信和人际关系敏感等方面。大学生的心理问题是其人格与环境交互作用的结果。从环境来看,影响因素主要有社会和家庭两方面。其中社会层面的影响因素主要有:社会转型,价值多元;高校扩招,收费提高;社会竞争,就业困难。家庭层面的影响因素主要是家庭气氛和教育方式。从大学生个体来看,其心理问题往往与他们不良的人格倾向有很大关系,主要的影响因素有应对方式、自我概念、归因方式、社会比较方式、社会支持及人际关系等。此外,大学生群体所处的特殊发展阶段和面临的独特发展任务也是影响其心理健康的重要因素。

(一)社会因素

随着社会的发展、现代化程度的提高,人们的心理困扰日益加剧,心理疾患发病率日益上升,这几乎是所有国家在其现代化过程中都难以避免的现象。当前我国正处于社会转型时期,转型期社会的剧变必然会对大学生产生强烈的冲击,造成其适应困难。

对价值的追寻是人类长期以来孜孜以求而又备受困扰的一件事,崇尚思想自由,有"以天下为己任"的强烈社会责任感的大学生更是如此。社会转型期间,一方面,旧的标准或规范已经失效,新的规范或标准一时还没有完全建立起来,存在着规范缺失;另一方面,由于社会的日益开放所带来的多元化,使人们强烈地感受到生存环境的不确定性。此外,现阶段存在的一系列诸如贫富分化加剧、金钱至上、道德失范等问题,都会对大学生产生冲击,需要他们去回答,势必会造成大学生的适应困难。

随着高等教育招生收费并轨体制的实行及高校后勤社会化的改革,一方面青年学生有了更多接受高等教育的机会,另一方面学费大幅提高,经济困难的学生的比例剧增。据中国扶贫基金会对 4 省区 20 所高校的调查,目前我国高校在校生中经济困难的比例约为 20%,特困生比例为 8%,农、林、师范类学校经济困难学生比例超过30%、特困生比例超过 15%。走进大学校园的经济困难学生不仅要面对所有大学生必须面对的学习和生活问题,还要克服更多的物质和精神上的困难。以往凭借学习成绩优异而支撑起来的自尊在评价更加多元化的大学校园里遭到了挑战。经济上的拮据导致了经济困难学生生活上的窘迫感、交往中的自卑感、对家人的愧疚感及对现实的无奈感。很多研究表明,经济压力是影响大学生心理健康的一个重要因素,经济困难大学生的心理健康水平显著低于其他学生。

随着人才培养和就业制度改革中竞争机制的引入,大学生感受到了巨大的竞争压力。在毕业分配的自主择业、双向选择,社会机构改革、下岗人数居高不下的背景下,社会向大学生提出了日益苛刻的用人标准。为了在激烈的竞争中占有一席之地,大学生在学习、考证和参加各种兼职等实践活动之间疲于奔波,压力剧增。

(二)家庭因素

家庭是大学生行为和心理发展的基础,家庭生活环境各种因素中,家庭气氛、父母的教育方式等是影响大学生心理健康的重要因素。

家庭中父母之间、亲子之间的言语及人际氛围直接影响着家庭中每个成员的心理,这种长期的影响会对大学生的心理健康产生积累效应。父母关系不良、经常吵架甚至相互敌视,家庭气氛紧张,尤其是父母离异,往往会使子女形成冷漠、孤僻、自卑、多疑等不良性格特征,这些不良性格特征会使得大学生在人际交往中表现出自私、敌视他人和道德方面欠缺的缺点。与父母关系较差或很少与父母联系的大学生更容易

忧虑。此外,家庭教育方式从不同方面直接或间接地影响着子女的心理健康水平,否定、消极、拒绝等教育方式对个体的心理健康起到了一定的负面影响;而肯定、积极等教育方式则对子女的个性特征、社会交往、自我评价起到了积极的作用。父母(尤其是父亲)消极的教育方式,如经常使用惩罚手段、过分的干涉和保护、经常拒绝否定等,容易使大学生形成强迫、敏感、抑郁、焦虑、敌对等不健康的心理品质。大学生早年所接受的父母的不良教育方式,是导致其以后心理不健康的重要原因。

(三)大学生群体心理因素

大学生是一个非常独特的群体,正处于心理延缓偿付期,为建立自我同一性而进行的自我探索活动是这一阶段的重要任务,因此,大学生的心理发展具有十分明显的特点,面临着独特的心理冲突。

1. 心理延缓偿付期

心理延缓偿付期的意思是,从年龄和生理上讲,绝大多数大学生已是成年人,既然是成年人,相对应地就应当承担成年人的义务,但大学生正处于学习的黄金时间,鉴于此,社会合法地延缓了他们承担责任的时间。即便如此,还是会对大学生产生很大影响,突出表现在成人身份与经济、社会地位的不匹配使大学生有更多的心理冲突。

2. 对自我同一性的追寻

自我同一性是指大学生在寻求自我的发展中,对自我的认识和对有关自我发展的一些重大问题,如对理想、职业、价值观、人生观等的思考和选择,也即是回答"我是谁""我想成为什么样的人"等问题。在这个过程中,大学生必须仔细思考,用自己积累的知识去回答它,并借此做出种种尝试性的选择,最后致力于某一生活策略。自我同一性的确立,意味着大学生对自身有充分的了解,能够将自我的过去、现在和将来组合成一个有机的整体,确立自己的理想与价值观念,并对未来自我的发展做出规划。

"我已经是什么""我想成为什么"和"我应该成为什么"是每个大学生必须面对的问题,这种自我探索的过程往往是和困惑甚至痛苦联系在一起的。

(四)个体心理因素

从个体心理的角度,大学生的心理问题往往与他们不良的人格倾向有很密切的关系。影响大学生心理健康的不良的人格倾向或与人格密切相关的因素主要有应对方式、自我概念、归因方式、社会比较、社会支持及人际关系等。

1. 应对方式

应对方式是指大学生在面对挫折和压力时所采用的认知和行为方式,它是心理应激过程中一种重要的中介调节因素。大学生的应对方式影响着应激反应的性质与强度,并进而调节着应激与应激结果之间的关系。

大学生的应对方式主要包含三个方面的内容:自我防御机制,是指大学生在面临压力与冲突时内心产生的一种摆脱烦恼、减轻不安,以恢复情绪平衡与稳定的适应倾向,主要有推诿、压抑、否认、幻想、逃避等方式。心理调节机制,是指大学生在面临压力时采取的一种积极主动的调适行为,主要有调整心态、调整情绪、调整认知和总结经验等方式。外部疏导机制,指个体在面临压力时借助于外部力量和外在手段以减轻内心焦虑的行为方式和手段,主要有转移、宣泄、倾诉求助等方式。从应对效果的角度来看,可以分成积极的应对方式、消极的应对方式和中间型的应对方式。实践研究表明,大学生的心理问题往往与其消极的、不成熟的应对关系密切相关。

2. 自我概念

自我概念是指大学生对自己人格的认知,是大学生感受和理解自己各个层面的方式。大学生的自我概念可能是正确的、积极的,也可能是片面的、消极的。自我概念不仅影响大学生现实的行为方式和对过去的经验积累,而且影响大学生对未来的期望。大学生正处于自我探索的关键期,由于自身发展的不成熟,他们的自我概念往往和实际情况有较大差异。实践研究表明:大学生焦虑、自卑、抑郁、人际关系敏感等心理问题的根源往往与他们片面的、消极的自我概念密切相关。

3. 归因方式

归因方式是大学生对他人的或自己的行为过程所进行的因果解释和推论。美国心理学家韦纳认为,能力、努力、任务难度和运气是人们在解释成功或失败时的四种主要原因,并将这四种主要原因分成内外性、稳定性、控制性三个维度。韦纳的研究表明,每一维度对动机和情绪都有重要的影响。在内外维度上,如果将失败归因于内部因素,则会产生羞愧的感觉,归因于外部因素,则会生气。在稳定维度上,如果将失败归因于稳定因素,将会产生绝望的感觉,将失败归因于不稳定因素,则会生气。在控制性维度上,将失败归因于可控因素,则会继续努力,归因于不可控因素,则会绝望。将失败归因于内部、稳定、不可控时则会产生习惯性的无助感。大学生自卑、抑郁等心理问题往往与他们在归因过程中的认知偏差和动机偏差有密切关系。

4. 社会比较

社会比较是大学生将自己的个性品质、观点和行为与他人进行比较的过程,它使

大学生产生新的自我认知、自身处境认知及生活质量认知,这在一定程度上决定了大学生的自我概念、情绪和对未来的期望,从而对其心理健康产生影响。刻板的社会比较方式是影响大学生心理健康的重要因素。

5. 社会支持

社会支持是指以大学生(被支持者)为核心,由大学生和他人(支持者)通过支持行为所构成的人际交往系统。它包括三个维度:客观支持(客观的、可见的或实际的支持,独立于大学生的感受,是客观存在的现实)、主观支持(主观的、体验到的或情感上的支持,是大学生在社会中受到尊重、被支持、理解的情感体验和满意程度,与大学生的主观体验密切相关)、对支持的利用度(使用社会支持的多少)。社会支持在心理健康中所起的主要作用在于其对身心健康的增进及维护。实践研究也验证了这一结果,获得客观支持较多、主观上对获得的支持较满意、对社会支持的利用度高的大学生能保持较好的心理健康状况,社会支持差的大学生,其心理健康状况也较差。

6. 人际关系

人际关系是大学生必然会碰到、必须要面对的根本问题之一。我国著名心理学家丁瓒指出:人类心理的适应,最主要的就是人际关系的适应,人类心理的病态,主要是由人与人之间关系的失调而来。大学生无法避免的人际关系会使他们产生各种身心症状,终止这种关系,症状则立即消失。就是一般的人际关系,大学生如果处理不好,也会成为持久而顽固地困扰他们日常生活的因素。可见人际关系在大学生的生活中始终都是影响他们心理健康的一个重要因素。

大学生的人际关系,最基本的就是同学关系,存在人际关系问题的大学生,往往同学关系处理不好。同学关系中非常特殊,也十分容易出现障碍的就是室友关系。有研究表明,引发大学生心理适应障碍的原因中有 35% 涉及室友关系。此外,恋爱也是引发大学心理问题的一个重要因素。

第三节　大学生常见的心理问题及应对

一、大学生常见的心理问题

(一)环境适应的问题

大学生由于生活、环境发生变化,往往容易出现困惑、矛盾的心理,主要表现在对现实和未来的迷茫和不知所措。刚进入大学时,大部分同学还是怀着喜悦的心情,但由于大学和高中各方面的不同,部分大学生开始变得时常焦虑,这会给他们的生活和学习带来负面的影响,逐渐形成心理问题。这是因为一方面,大多数新生都是第一次远离家门,离开父母、亲朋和早已熟悉的环境,来到一个陌生的校园,面对一个生疏但又关系密切的群体。生活中的方方面面都需要自己去面对、去处理,人地生疏,他们心理上会出现一定的不适。另一方面,高校的学习内容、特点和方法与中学有较大差别,有不少学生因跟不上这种变化,仍习惯于中学时的做法,结果成绩不理想。他们无所适从、被动应付、苦恼、怀疑、自我否定,产生了很大的学习压力和心理问题。新环境里,大家来自于不同地区,家庭经济条件不同,地域文化及形成的生活习惯不同,也会给一些学生带来压力和自卑。

(二)人际交往问题

良好的人际关系是个体适应社会、实现自我身心和谐发展的重要条件之一。大学阶段,大学生独立地进入准社会群体的交际圈,他们尝试人际交往关系的建立并不是一件简单的事情。大学生校园生活中会碰到各种困扰,人际关系问题在所有困扰因素中处于十分突出的位置,是大学生校园生活的第一大问题。大学生人际交往障碍的主要表现是自卑、胆小、害羞、内向、孤僻、不善于言谈、缺乏交际技巧、不喜欢参与社交活动、对人冷淡等。同学之间的关系问题较师生关系问题更为突出,而同寝室同学关系又是其中最突出的。大学生普遍认为大学里的同学关系没有中学时融洽,在大学里难以找到知心朋友;同学关系中功利色彩非常突出,傲慢、自负、虚荣等现象在大学生身上十分明显。由于人们之间的个性、兴趣、需要、动机、态度、价值观、经验及行为方式等不完全相同,所以双方只有相互悦纳,讲究交往的技能技巧才能有好的人际关系。那些性格内向、孤僻,有自卑、自闭心理,或个性、语言、行为怪异,且有过交往失败经历的人,常常会出现沟通不良、人际冲突等交往障碍,从而影响他们的正常学习和生活。

(三)与学习有关的心理问题

随着学习生活由基础教育向高等教育转变,发展方向由升学为主向就业为主转变,部分大学生在学习策略、学习方式和学习方法等方面必然会面临新的情境,产生新的问题。每个人都会遇到不同的学习心理问题,而这正是"成长的烦恼"之一。这类问题主要表现在一些大学生的学习适应不良、学习目标不明、学习策略不多、学习热情不足、学习动机不强、学习毅力不够,忽略了知识的应用等。也有部分大学生因为对所学专业不满意,感觉课程负担重、学习压力大,对各种考试感到恐惧和焦虑,缺乏学习动力、兴趣等。有些大学生总认为自己所学专业不理想,将来出路不大,因而

缺乏对学习的信心和兴趣,并总在为自己当初不当的选择而懊悔和苦恼不已。

(四)与恋爱、性有关的心理问题

大学生处于青年中后期,性发育成熟是重要特征,恋爱与性问题是不可避免的。大学生生理发育成熟,伴随着他们性心理发展成熟的过程,也引发不少心理问题。如有的女生刚入学就受到高年级男生或同班同学的约会邀请,因不知如何应付而陷入苦恼;有的学生为了填补单调的学习和生活上的空虚而通过与异性交往寻求精神慰藉;有的学生深陷恋爱不能自拔,迷失方向;有的学生因失恋而沮丧,萎靡不振;有的学生看到同伴交往而自惭形秽;有的学生陷入单相思或多角恋爱不能自拔等。除此之外,部分学生还由于各种原因而导致性心理问题,如因手淫背上沉重的精神负担,沉溺于性幻想,出现个别性变态行为等。与恋爱和性有关的心理问题,是大学生心理健康问题中一个重要的问题。

(五)职业规划与择业心理问题

我国实行高校毕业生分配制度改革,由原来计划经济体制下的统包统分向市场经济体制下的自主择业、双向选择转变。不少大学生的就业观念一时难以跟上这种形势的发展,思想上出现种种困惑和苦恼,与此有关的心理问题也日益突出。特别是高校扩招之后,大学生就业压力大,竞争激烈,甚至出现一定的就业困难。比如很多大学生都希望找到理想的工作单位,但是实际情况并不如人所愿,有的学生明显缺乏勇气和自信,不敢、不会主动地向用人单位进行自我推荐;有的学生因对择业中消极社会现象的愤激而有意逃避现实,丧失理性择业的时机;有的学生面对五花八门的人才招聘,因不知自己今后的人生之路如何选择而无所适从。大学生与择业有关的心理问题普遍存在,并且在毕业生中更为突出。

(六)消极价值观导致的认知上的偏执

大学生一向被认为是人群中心理最为健康的一部分群体,他们关心政治、思维敏锐、乐于进取。由于新形势下社会价值观多元化的影响,大学生在价值取向上或过分强调自我价值的实现,过分夸大自我,或自我否定,自我拒绝。他们在处理个体与集体、个人与社会的关系上常常采取消极态度,并存在过激的心理状态。

二、大学生常见心理问题的应对

大学生出现上述心理问题,既有外在的社会、学校、家庭因素等原因,也有个体自身的内在因素,大学生的心理问题是诸多因素共同作用的结果。大学生如果出现了心理健康问题,应该怎么应对呢?

（一）自我调整

如果大学生遭遇的心理问题不是太严重,可以自我调整以摆脱困境。要通过重新认知、评价自己,进行深刻的反思,也可以通过寻求人际关系的支持比如找知己、找老师倾诉等方式,摆脱不良情绪的困扰,实现心理问题的积极转化。

（二）寻求心理咨询专职教师的帮助

当自身的努力无法摆脱心理问题的困扰时,大学生可以寻求心理咨询专职教师的帮助,通过与心理咨询老师的合作,寻找摆脱心理问题困扰的途径。心理咨询的时候要注意,心理咨询只是在帮助你摆脱困境,真正的执行者还是你本人。所以既不要有心理咨询无用论的观点,要不要认为心理咨询是万能的。

（三）面对全体大学生,进行心理健康教育

开展形式多样的大学生心理健康教育,是培养大学生良好的心理素质,完善大学生人格的重要手段。高校要根据自身的实际情况,依据不同年级大学生的不同心理特点,开展有针对性的、形式多样的、内容丰富的心理健康教育。

（四）开展朋辈心理支持

成立大学生心理健康教育组织,开展朋辈心理健康支持活动。朋辈教育是高校心理健康教育一个非常重要的组成部分,高校应该定期安排心理健康专职教师对心理健康朋辈小组进行培训,提高他们的干预能力,并加强沟通,了解大学生的心理健康动态。

知 识 链 接 ● ● ● ● ●

健康心理　快乐生活

快乐是一种心境。世间有许多不如人意的事情,有时候不要想向别人讨回公道,要能看得破,心才会平静。

世人有贫穷和富有两种生活方式,而这两种不同的生活方式最显著的表现就是财富的多少。但无论你的财富多少都请你记住:

健康比什么都重要,身体是革命的本钱,保护好你的健康,自然也就可以保护你的生命。你的身体越来越好,得到更多的营养和照顾,这样才能有能力获得更有价值的财富。

无论面对什么挫折,都不要在愁苦中生活,要以享受人生的态度生活,善待自己,

解脱自己,化苦为乐,苦中求乐,以潇洒的心境来面对挫折。

第一,抓住根基,把握人生。每个人都想快快乐乐地度过一生,但外在的忧患和不幸,常常把人的内心困在里面。要以快乐为本,把自己的种种痛苦转为快乐。

第二,人格磊落,无惧无悔。"君子坦荡荡,小人长戚戚",人虽不能把握身外的得失际遇,但可以追求内在的超越、人格的成功。"一点浩然,千里快哉风"就是说人只要怀有一种浩然之气,就会在任何境遇中都享受到无穷的快乐雄风。身外得失说成是命运,看似消极,其实表现的是一种坦荡磊落的胸怀。在自己已竭尽全力后,无论得失都已问心无愧。人格上的自信,使它在遇到挫折时分外坚强。

第三,感悟哲理,洞达人生。人生就像江水,虽然一去不复返,但是江水并没有消失;人生就像月亮,虽然不断地圆缺变换,但是并没有增减。这道出了变与不变,物我无尽的观点。

第四,不畏艰难,笑傲坎坷。"谁怕! 一蓑烟雨任平生。"看破忧患,任其自然的性格,能使自己在困境中潇洒自如。

第五,巧妙化解,进退自如。在困境中,要积极地寻求精神解脱。

第六,发现快乐,善于享受。在遇到困境时不应该忧愁、伤感。要巧妙地运用自己的特长,来发现快乐,使坎坷的人生增添几分乐趣。

每个人都有自己的本色,只有认识了自己,重视自己,才能舒畅地释放自己。如果你不能成为一棵参天大树,就做一丛灌木;如果不能成为一丛灌木,那就做一棵小草吧!只要记住,我就是我,不是别人。只要保持自己的本色,生命同样会变得绚丽多彩。

(课)(外)(活)(动)......

新生适应团体辅导——打开心灵之窗

适应,在心理学和生理学上指感觉适应及感受器在刺激持续作用下所产生的感受性的提高或降低的变化。大学生的社会适应,是指提高大学生对大学生活及社会生活的适应性,以及提高大学生随外界环境条件的改变而改变自身的特性和生活方式的能力。

根据适应水平理论,人们可以通过某些机能来调整自身以适应环境。环境提供的刺激有一个最佳水平,然而,由于每个人过去的经验不同,所以要求的最佳水平也不一样。我们把这种最佳刺激水平的改变称为适应,当环境改变时,个体对环境反应也相应发生改变。

团体效能感是团体对组织和实施成就行为的联合能力的共同信念。团体效能感是对自我效能感的扩展和延伸,是在团体水平上影响团体能动性的重要因素;团体效能感越高,团体成员之间的凝聚力就越大,成员的努力程度、生活满意度及心理健康水平也越高,并且团体绩效也会随之提高。

一、辅导目标

1. 通过团体辅导,协助成员加强对自我的认识,对自己的成败能坦然以对、引以为豪。

2. 使成员在与新同学游戏与互动的过程中,提升自己的沟通能力,能在以后建立良好的人际关系。

3. 在活动中有效促进成员在入学之初的认识、情感、态度及行为方面的成长。

二、团体计划与实施活动

(一)认识你自己

目标:更认真地审视自己,使对自己的认识能更进一步。

活动内容:

1. 松鼠与大树

(1)所有人1～3报数,由报到1和2的人两手相架成一棵树,剩下的一个人就充当松鼠,躲在树下。

(2)主持人喊"松鼠"时,"大树"不动,扮演"松鼠"的人就必须离开原来的大树,重新选择其他的大树;教师或临时人员成为"自由松鼠"也趁机寻找"树洞",最后没有"树洞"的"松鼠"为输方。

(3)当主持人喊"大树"时,"松鼠"不动,扮演"大树"的人就必须离开原来的同伴重新组合成一棵大树,并圈住某只"松鼠",教师或临时人员扮演"自由大树",最后没有形成"大树"的人为输方。

(4)当主持人喊"地震"时,扮演"大树"和"松鼠"的人全部打散并重新组合,扮演"大树"的人也可以扮演"松鼠","松鼠"也可扮演"大树",教师和其他临时人员也加入游戏中,最后落单的人为输方。

2. 鸡蛋—小鸡进化论

游戏规则和程序:

(1)让所有人都蹲下,扮演鸡蛋。

(2)相互找同伴猜拳,或者其他一切可以决出胜负的游戏,由成员自己决定,获胜者进化为小鸡,可以站起来。

(3)小鸡和小鸡猜拳,获胜者进化为凤凰,输者退化为鸡蛋,鸡蛋和鸡蛋猜拳,获胜者才能再进化为小鸡。

(4)继续游戏,看看谁是最后一个变成凤凰的人。

(二)架起沟通的桥梁

目标:加强自己与别人的交流,拓展人际关系。

活动内容:

1. 戴高帽

(1)将所有人分成4～5组,每组围成圈坐下。

(2)由一个成员开始,剩余组员每人说出他身上的一个优点即是"戴高帽"。这位同学结束之后,再将高帽子给下一位同学,继续下去。

2. 心有千千结

游戏程序:

(1)10人左右一组,手拉手围成一个圈,拉着手转圈,在转圈的过程中熟悉旁边的人,所有人记清楚自己旁边的人是谁。

(2)所有人交换位置,即大家松开手,在原先圈内的范围内随意走动,当主持人喊停时,大家原地不动。

(3)站在原地伸出双手,拉住最初站在自己身边的人的手,左手和右手千万不要拉错了,形成千千结。

(4)大家齐心将结打开,在这个过程中拉着的手不允许分开,看哪一组先解开千千结。

请游戏成员谈谈游戏感想或收获。(可谈:个人和集体有什么关系?从过程中看到了什么?)

3. 捆绑过关

分组,不限几组,每组最好两人以上。让每组成员围成一圈,面对对方,老师帮忙把相邻两个人的手臂捆绑起来。现在每一组的成员都是绑在一起的了,由主持人或同学们想出一些任务让他们完成。(如吃午餐、包礼物、完成美术作品、帮其他组成员倒水等)

(三)在适应中发展与成长

目的:加强与他人的交流与沟通,在与别人相处的过程中,自身也得到发展。

活动内容:

1. 棒打"薄情郎"

(1)分成三个小组,每个小组围成圈坐着。然后每个人在纸上写下自己的昵称跟昵称的由来。

(2)每个人站起来跟大家分享自己的昵称跟昵称的由来,小组长再把每个人写的昵称跟由来的纸收起来。

(3)把每个人的座次打乱,小组长随机抽取昵称,喊抽取的昵称,被喊到昵称的同学两侧坐着的同学要及时站起来,若反应迟缓,就要用棒子捶打这位"薄情郎"。这样重复进行。最后小组长要说出每位小组成员的昵称及其由来。

2. 趣味跳绳

规则:请两个人各握住绳子的一端,其他人要一起跳过绳子,所有人都跳过算一下,数一数整个团队总共能跳多少下。

讨论:

(1)当有人被绊倒时,各位当时发出的第一个声音是什么?

(2)发出声音的人是刻意指责别人吗?

(3)想一想自己是否不经意就给别人造成压力?

(4)接下来我们应该怎么做,刚才的感觉才不会发生?

3. 情感病毒

游戏规则和程序:

第一轮:

(1)游戏开始前,所有人围成一圈,并且闭上眼睛,主持人在由学员组成的圈外走几圈,然后拍一下某个学员的后背,确定"情绪源",注意尽量不要让第三者知道这个"情绪源"是谁。

(2)请学员们睁开眼睛,散开,并告诉他们现在是一个鸡尾酒会,他们可以在屋里任意交谈,和尽可能多的人交流。

(3)情绪源的任务就是通过眨眼睛的动作将不安的情绪传递给屋内的其他三个人,而任何一个获得眨眼睛信息的人都要将自己当作已经受到不安情绪感染的人,一旦被感染,他的任务就是向另外三个人眨眼睛,将不安的情绪再次传染给他们。

(4)5分钟以后,让学员们都坐下来,让情绪源站起来,接着是那三个被他传染的,再然后是被那三个人传染的,直到所有被传染的人都站了起来,你会惊奇于情绪传染的可怕性。

第二轮：

(1)告诉学员们，主持人已经找到了治理不安情绪传染的有效措施，那就是制造快乐源，即用真挚柔和的微笑来冲淡大家因为不安而带来的心理阴影。

(2)让大家重新坐下围成一圈，并闭上眼睛，告诉大家你将会从他们当中选择一个同学作为快乐之源，并通过微笑将快乐传递给大家，任何一个得到微笑的人也要将微笑传递给其他三个人。

(3)在学员的身后转圈，主持人假装指定了快乐之源，实际上他没有指任何人的后背，然后让他们松开眼睛，并声称游戏开始。

(4)自由活动三分钟，三分钟以后，让他们重新坐下来，并让收到快乐讯息的同学举起手来，然后让大家指出他们认为的"快乐情绪源"，你会发现大家的手指会指向很多不同的人。

(5)微笑地告诉大家实际上主持人根本就没有指定快乐情绪源，是他们的快乐感染了他们自己。

三、团体评估方法

1. 团体过程评估：主要通过观察员认真地记录、观察个体、领导者及团体在活动中的表现和在不同阶段所体现出的变化，还有成员在总结和分享过程中所谈到的收获和对活动的看法，观察者还要着重对团体计划的可行性和有效性进行观察。领导者通过在整个活动中的参与了解，获得自评和对团体的评估。

2. 团体总结性评估：主要是利用主观报告法进行评估，当活动结束后，让每一个成员写一份关于此次活动的总结。总结内容应该包括：对团体活动的整体评价、对主持人表现的评价、自己在活动中的收获、你对整个班级的认识和看法及对活动的改进有什么意见和想法等。然后主持人也对活动中成员的表现进行评价，进一步正确地认识到优点与不足，以便加以改进。

思考题

1. 什么是心理健康？

2. 请你列举5个影响大学生心理健康的因素。

3. 如何帮助自己更好地适应大学生活？

第 2 章

大学生自我意识的发展

在人的一生中,每个人都会不由自主地想到许多关于自己的问题,比如:我是谁？我为什么在这里？我为什么和别人不一样？我将来要成为怎样的人？……如果一个人能认识自己并能接纳自己,对自己有合理的期望值,并且知道如何完善自己,那么他的一生就会乐观向上并富有价值。青年期被称为"第二次诞生"的时期,是自我意识迅速发展和确立的阶段。青年期的又一重大发展课题就是学习如何认识自我和理解自我,这一发展课题的完成与否直接关系到健全人格能否建立。对于处在自我意识迅速发展这一特殊阶段的大学生来说,他们更是积极主动地去认识自我、塑造自我、完善自我。

(案)(例)(分)(析)

太阳神阿波罗神殿上的箴言"认识你自己"和中国古语"人贵有自知之明",表明人类在认识自然的同时,提出了认识人本身的要求。人类一直在不断探索自我、实践自我、超越自我。心理学者认为从某种意义上讲,人认为自己是怎样一个人,比他真正是怎样一个人更重要,因为每个人都是按照自己的认知来行动的。而一个人只有对自己各方面都有比较积极的认识,才能在环境的适应、个体的发展上,获得较满意的结果,所以积极正确的自我意识是心理健康的首要条件。

第一节　自我意识概述

一、自我意识的含义

(一)什么是意识

随着人脑的进化,逐渐产生了人的意识,意识是人类祖先在劳动及因劳动而结成的社会性联系过程中同语言一起产生的,因此意识是一种自然现象,又是一种社会现象。

人的意识能清醒地觉察到所反映的对象,并能调节和控制自己的行为,因而人的意识具有自觉性和目的性。人的行为具有在意识支配下反作用于客观世界的作用,因而人的意识又具有能动性。

意识使人的心理区别于动物的心理(高等动物只具有意识的萌芽),也使人的心理活动在正常状态下的清醒状态与熟睡、昏迷、麻醉状态下的不清醒状态相区别。

(二)什么是自我意识

1. 什么是自我

"自我"由两个不同的英文概念翻译而成。

一个概念原文被译成"自我",它是弗洛伊德精神分析理论的核心概念之一。弗洛伊德在《自我与本我》一书中提出人格包括本我、自我、超我三个结构。自我指的是人的个性中从本我分化出来,指导个人适应现实社会生活,使个人行为超越简单快乐原则而遵循现实原则的个性部分,它是本我和超我的协调者,也是现实与个人的协调者。

另一个概念是米德研究主体我和客体我的关系时提出来的。他认为客体我是自我意识的对象,它是通过接受别人(社会)对自己的有组织的态度系统而形成的;而主体我是自我的动力部分,它能够认识客观现实和自己,个人与社会的变化、发展与完善都源于主体我的特性。米德认为客体我是自我活动的本体建构,它制约主体我的活动,而主体我是客体我变化发展的引导者,前一时期的主体我活动将成为后一时期客体我的内容。

2. 自我意识的概念

自我意识是人脑的机能,是人所特有的意识的重要形式之一,也是反映现实意识的最高级形式。在最一般意义上,自我意识指个人对自己存在的意识、对自己及自己与周围事物关系的意识。

自我意识包含三种成分：自我认知，即对自己各种身心状况、人我关系的认知；自我情感，即伴随自我认知而产生的情感体验；自我意向，即伴随自我认知、自我情感而产生的各种思想倾向和行为倾向。自我意识的三种成分紧密联系，共同作用于个体的思想和行为。例如，对自己健康状况不佳的认知可以产生焦虑、苦恼的情绪体验，进而产生加强锻炼、提高健康水平的意向，发动、支配、调节自己的行为去实现这种意向。

综上所述，自我意识是指个体对自己、对他人及对自己与周围人的关系的认识和评价，它是一个包含认知、情感、意志等多种心理机能的、完整的、多维度的、多层次的心理系统。

（三）自我意识的发生

婴儿初生时，不能区分自己和非自己的东西，没有意识到自己的存在。两岁左右的幼儿，逐渐学会用第一人称代词"我"来代表自己，表明幼儿已经能够把自己从周围事物中区分出来，这标志着儿童自我意识的重大飞跃。但这时的幼儿还没有关于自己内心的意识，他们绝不会进行自我反省或自我批评，也不会悲观失望。

三岁左右的幼儿，开始出现羞耻感、占有心、要求自主。这一时期的幼儿的行为是一种以自我为中心的行为，以自己的身体为中心，以自己的想法和情感来认识和投射外部世界，因此这一时期的自我意识被认为是生理自我时期。

（四）自我意识的发展

从三岁到青春期这段时间，是个体自我意识发展的时期。这一时期的个体接受社会教化，逐渐习得社会规范，形成各种角色观念。个休在与外界的不断接触和与他人的不断交往中，逐渐明确自己与他人的关系，明确自己的作用与地位，并学会有意识地调节自己的行为。

虽然青春期少年开始积极关注自己的内心世界，但他们主要从别人的观点去评价事物、认识他人，对自己的认识和评价也服从于权威和同伴的评价。例如，幼儿园时期儿童的口头禅是"老师说的""我爸爸说的"，小学时期小学生的口头禅是"我们班主任说的""张三也是这样说的"等。这时期认识自我的最主要途径就是他人的评价，因此这一时期个体的自我意识的发展被称为"社会自我"的发展阶段。

（五）自我意识的成熟

青年期是自我意识迅速发展并趋向成熟的阶段。一般来说，青年期的自我意识发展经历了一个特别明显的分化、矛盾和统一的过程，每一次分化和统一都使青年的

自我意识不断走向成熟。

自我意识的明显分化,使这一时期的青年主动迅速地对自己的内心世界和行为有了新的认识,开始意识到自己那些从来没有被注意到的细节。例如,这一时期的青年自我分析、自我反省的时间明显增多,为自己应该怎样做、能怎样做、不能怎样做等认真地动脑筋,常常会为对自我的新认识而感到激动、焦虑、喜悦或不安等。

青年期自我意识的分化,还表现在理想自我与现实自我的分化。随着青年期自我意识的逐步成熟,个体逐渐学会运用所学的科学知识设想自己。内心常为自我画像,既画自己当前现实的像,也画自己未来的像,也就是自我意识分化出了"现实自我"与"理想自我"。青年期个体常常用"理想的我"去催促"现实的我"前进、成长,也用"现实的我"去补充、丰富、校正、发展"理想的我",形成了推动自我发展的新动力。

自我意识的分化促进了青年期个体思维和行为的主体性的形成,从而为客观地评价自己和他人,合理调整自身言行奠定了基础,这是自我意识开始走向成熟的标志。

小故事

认识自己,看清自己

古刹里新来了一个小和尚,他积极主动地去见方丈,殷勤诚恳地说:"我初来乍到,先干些什么呢?请方丈指教。"

方丈微微一笑,对小和尚说:"你先认识和熟悉一下寺里的众僧吧。"

第二天,小和尚又来见方丈,殷勤诚恳地说:"寺里的众僧我都认识了,下边该去干些什么呢?"

方丈微微一笑说:"肯定还有遗漏,接着去了解、去认识吧。"

三天过后,小和尚再次来见方丈,胸有成竹地说:"寺里的所有僧侣我都认识了。"

方丈又微微一笑,因势利导地说:"还有一人,你没认识,而且这个人对你特别重要。"

小和尚满腹狐疑地走出方丈的禅房,一个人一个人地询问着、一间屋一间屋地寻找着。在阳光里、在月光下,他一遍一遍地琢磨、一遍一遍地寻思着。

不知过了多少天,一头雾水的小和尚,在一口水井里忽然看到自己的身影,他豁然开朗,赶忙跑去见老方丈……

二、自我意识的作用

（一）自我意识可提高人的认知能力

人的认识活动不论感觉、知觉、记忆、想象、思维等,都由于自我意识的存在而更加自觉、更加合理、更加有效。人不仅能对外部世界的对象进行感觉、知觉、记忆、想象和思维,还能对自己的这些认识过程本身进行认知,即对这些过程加以分析、监督和调整。通过对自身认识过程的认知,人就有可能发现原有认识活动的不足,可能选择和运用更好的认知策略,从而使认知活动更加完善、更加有效。

（二）自我意识使人形成一个丰富的感情世界

自我意识使人意识到"自我"的独一无二、与众不同,才会逐渐产生"孤独"感;他们体验到自尊的需要,才会产生与自尊感相联系的"羞涩感"和"腼腆感"。由于他们发现了一个自己的内部世界,才时常感到"内在"自我和"外在"行为的种种不符或冲突,从而产生"苦闷""彷徨"等情感。

（三）自我意识可促进人意志的发展

意志以人确定的行为目的为开端。个体意志力的表现与动机的性质和力量密切相关。社会意义丰富的动机通常比社会意义贫乏的动机更能支持人的意志行为。但社会意义的丰富与否,是要通过行为者的个体意识从主观上加以认定的。

（四）自我意识是道德的必要前提

人的"自我"概念不仅包含现实的自我,还包含着理想的自我。由于人不是游离于社会之外的抽象的个体,其自我概念就不能不受到其他社会规范的制约。社会道德就在个人的自我意识中找到了可以存在的场所,也找到了可以调节、激发（或抑制）个体心理与行为的杠杆。就个体方面来说,一个人的自我意识里就包含了道德信念和道德体验,以及与之相联系的诸如责任、义务、使命、荣誉等价值观念的内容。

知 识 链 接

自　尊

自尊,即自我尊重,是个体对其社会角色进行自我评价的结果。自尊是通过社会比较形成的。自尊首先表现为自我尊重和自我爱护,还包含要求他人、集体和社会对自己尊重的期望。美国机能主义心理学的先驱詹姆斯在《心理学原理》一书中提出了

一个自尊的公式：自尊＝成功÷抱负。意思是说："自尊取决于成功，还取决于获得的成功对个体的意义，增大成功和减小抱负都可以获得高的自尊。成功或许有许多制约因素，不是能轻易得到的，但我们可以降低对工作和生活的期望值，这样，一个小的成功，就可能使我们欣喜不已"。

自尊是人类生命的心理根源，它可以保持一个人生命的健康发展和完满。在自尊作用于人的过程中，首当其冲的是人的心理健康。也就是说，自尊最初对一个人起作用，是从其心理反应和心理健康开始的，而生命（尤其是人的社会生命和心理生命）的残缺或完满直接来源于心理健康的是与否。心理学家贝德纳曾指出，人都有一种保持积极的、健康的、向上的自我形象的需要，这种需要既是防止与避免生存环境带给人的伤害与压力的有力武器，也是个体发展的基本力量。这正是自尊使人更好地适应社会环境、缓冲基本焦虑的一种具体体现：自尊策动人去追求和呈现一种良好的社会形象，从而更好地适应社会环境。而良好的社会适应是心理健康的重要标志之一。

第二节　自我与自我意识

一、大学生自我意识发展的规律

一般说来，大学生自我意识的发展会经历一个比较明显的分化、矛盾、统一、转化和稳定的过程。

（一）自我意识的分化

分化是指大学生的意识转向以自己本身的心理活动为对象，原有的自我意识（在儿童、青少年时期是统一不可分割的）一分为二：一个理想的自我，一个现实的自我。理想自我就是根据主观的自我和主观感受到的社会现实所希望自己将要达成的自我状态，它处于观察者的地位，即"主体我"。现实自我则是当前实际达到的自我状态，它处于被观察的地位，即"客体我"。

自我意识的明显分化是自我意识开始走向成熟的标志，它促进了大学生思维和行为的主体性的形成，为客观地评价自己和他人、合理地调节言行奠定了基础。在这一时期，大学生的自我剖析、自我沉思、自我反省明显增多；对于自我新的认识、体验和主动控制增多，由此而带来的种种情绪（如喜悦、焦虑、激动、抑郁等）也显著增加，似乎开始体验到"成长的烦恼"；对于自己能做什么、应该做什么、不应该做什么等问题开始理性思考。

在自我意识的分化时期,个体的理想自我和现实自我如果能够保持大致平衡,即个体若能表现出真实的能力、性格、欲望等,既不用掩饰优点,也不怕暴露缺点,就非常有利于个体的健康发展。当然,时常也会出现理想自我与现实自我的不平衡状态,从而产生失衡感。理想自我占优势的大学生,往往低估"客体我",通常自卑感较强,常常注意己不如人的地方,有人因此而伤感、苦恼,甚至放弃努力。现实自我占优势的大学生,往往高估"客体我",通常会表现出较强的虚荣心,特别在乎别人对自己的评价,期望事事处处都能得到别人的赞赏,因而不愿暴露自己的缺点,喜欢炫耀,处于"自我陶醉"的心理状态。

(二)自我意识的矛盾冲突与自我探究

自我意识的明显分化,同时也加剧了理想自我与现实自我之间的矛盾和冲突。这时,大学生对于自我的评价常常是矛盾的,时而能够实事求是地评价自我,时而又高估或低估自己。对于自我的态度常常是起伏不定的,有时觉得自己很幼稚,有时又觉得自己很成熟。对于自我的调控也常常是不自觉、不果断的,忽而信心百倍,忽而垂头丧气。面对诸多矛盾,大学生开始通过各种活动重新认识自我,对自我展开新的探究。

(1)以学习成才为中心的自我探究。大学生会经常联系自己的学习成绩和别人的评价进行思考,逐步形成有关自身智力和能力的认识。

(2)以社交活动为中心的自我探究。这主要体现在对外貌、仪容、个性特征、社会声望、社会地位等的追求上。一般说来,大学生对于外界的评价都较为敏感,往往通过上述追求进行自我探究,以形成角色意识。

(3)以个人发展为中心的自我探究。这主要表现在对未来的社会角色、社会归属、人生价值等问题的探索,这种探索最终会对个体的世界观、人生观和价值观的形成产生影响。

(4)以社会价值为中心的自我探究。在大学生的诸多自我探究当中,对社会价值的探究当属最高水平。大学生力求发现并展示自己的社会价值,能够意识到个体作为群体一分子的地位和作用,也比较明确自我的社会角色及其权利义务、社会归属、社会地位及具有社会意义的性格特征等。

(三)自我意识的协调统一

统一是指主体我与客体我的统一,即自我认识、自我体验与自我调控的统一,自我与外部世界、客观环境、社会发展的统一。这种统一,集中体现在理想自我与现实

自我的统一上。在协调统一的过程中,既可能出现积极的、有利于心理健康的状态,也可能出现消极的、不利于心理健康的状态。具体表现为如下几种类型:

(1)自我肯定型。这是一种积极的统一。在这种类型的自我意识当中,理想自我比较正确、积极,既符合社会要求,也符合主体实际,经过努力是可以达到的;现实自我比较清晰、全面,自我认识和自我评价比较客观、深刻。个体善于作总结性思考,既能不断考察"理想自我"的正确性、合理性,增添积极因素,又能不断改善"现实自我",努力调节两者间的矛盾,以达到积极的统一。

(2)自我否定型。这是一种消极的统一。对现实自我的过低评价,致使理想自我与现实自我差距过大,经过努力仍无法接近目标,或者距离并不大,但主观上缺乏自我驾驭能力,心理上呈现出一种消极的防御机制。自我意识处于这种类型的个体,很容易产生挫折感,经过积累又会转化为自卑感。个体往往在一定程度上放弃理想自我,屈从现实自我。由于无力改变现状,进而在一定程度上否定现实自我,并最终走向对自我的否定。

(3)自我矛盾型。此类型的自我意识难以统一,矛盾强度大、延续时间长。由于个体迟迟不能确立新的自我,致使积极的自我也难以确立。主要表现是,在自我认识、自我体验和自我调控中缺乏稳定性和确定性。

(4)自我扩张型。这也属于消极的自我统一。由于对现实自我的评价过高,虚假的理想自我占了优势,这是一种虚假的统一。这种大学生往往过分"悦纳"自我,盲目自信,喜欢自吹自擂,爱慕虚荣,而缺乏实际努力。

(5)自我萎缩型。这还属于消极的自我统一。其特点是:理想自我极度匮乏甚至丧失,对于现实自我又深感不满,从而极度自卑,有的人甚至可能出现自我拒绝。主要表现是:对自我不满、自轻、自贱、自怨,丧失自信,严重的还会出现心理障碍和行为障碍。

大学生的自我意识分化、矛盾与再统一,发生很大变化。无论是积极向上的,还是消极有害的,都会使原有的自我意识发生重大转化。

二、大学生自我体验的发展特点

(一)自我体验的丰富性

随着大学生知识经验的增长,人际交往关系的扩大,生理心理的进一步成熟及对自我内心活动的关注,个体出现了许多以往少有的自我体验,如自爱自怜、自责、自怨、自得、自负、自卑等。左衍涛、王登峰用情绪词自我评定的方法研究了青年大学生自我体验的结构,主因素分析和聚类分析结果表明,中国青年大学生自我体验包含两个单极的主导维度——正面情绪和负面情绪,二者相互对立。正面情绪包括接受、精力充沛、喜爱与满意等;负面情绪包括精神低落、自我否定、对不良刺激的情绪反应及自我扩张等。

(二)自我体验的深刻性

大学生的自我体验不仅丰富,其深度也在不断发展。从自我体验的内容上来说,少年时期人们往往关注的是外貌长相并因之产生喜怒哀乐的情绪体验,青年期的个体则将注意力放到了能力、品行等内在的个性品质、社会价值、事业成就、地位等。从自我体验的程度上来说,大学生由于生活环境的特殊性,对于自己往往抱有更大的期望,这些问题所引起的自我体验尤其强烈深刻。

(三)自我体验的波动性

自我体验的波动性是大学生自我意识发展的必然规律,青年期是个体一生发展最重要,也是最波动的时期,生理的成熟、知识经验的丰富与人生体验的贫乏都对青年的心理形成了巨大的冲击。外界种种复杂变化的刺激目不暇接,所有这些都造成了青年情绪上的不稳定性,表现在自我体验上,就是自我体验的波动性,即容易产生积极肯定的情感体验,又容易遭受打击走向另一个极端。现代大学生面对的社会环境与以往不同,社会经济发展的不平衡、家庭背景的巨大差距、大学激烈的人才竞争、就业问题的日益严重等问题复杂多样,都会对大学生的内心世界产生强烈冲击,导致心理失衡。如果大学生自己不能妥善地自我调节,就很容易走向自我体验的极端化,影响自我的身心健康水平甚至产生不良的社会后果。

三、大学生自我意识问题

案 例 分 析

小刘同学,是某高职院校 2012 级造价 2 班的学生,该生一直有一个困惑,就是看不惯其他同学的某些行为。他感觉现在的学生都被父母惯得不成样子,人人有手机,家家有电脑,娇生惯养,特没礼貌,老师说上句,学生就迫不及待地接下句。

该生生长在小县城一个双职工家庭里,父母对他的要求比较严格,养成了他爱争的性格。该生相信:人只要努力,就能得到回报。因此,无论学习多么辛苦,他都拼命学习。但努力完了,也难免有些怨气:为什么别人都不累,就我累?为什么有些同学

没有努力学习,却享受着比我更好的物质生活?他有些不适应。

点评:该生从小在县城长大,那里的生活并不富裕,这养成了他听话、能吃苦的性格。他考上大城市的大学,现在的情况与他在县城上中学时有很大的反差,他有些不适应。

(一)过分的自我接纳与自我拒绝

过分的自我接纳是指大学生过高地估计自己,不切实际地高估自己的能力和长处,难以看到自己的缺点和不足,却把别人看得一无是处,与人交往时,盲目乐观,自以为是,听不进别人的意见和批评。生活中,不少大学生经常把自己看作是有价值的、令人喜欢的、优越的、能干的人。过分自我接纳容易产生盲目乐观、骄傲自满的情绪,认识问题往往带有一定的偏激和固执,且行动目标往往力不能及。大学生很可能在实际行动中遭遇失败和冲突,从而引起情感的损伤,严重时还会导致自我扩张的变态心理。

相对的,过度自我拒绝就是不喜欢自己,不能容忍自己的缺点和不足,否定、指责、抱怨、苛求自己。恰当的自我拒绝可以使人反省自己、完善自己,但过度的自我拒绝往往会使人忽略自己的优势,看不到自身的价值,过分关注、夸大自己的不足,严重的会自暴自弃,丧失生活的兴趣和信心。

(二)自尊与自卑

自尊是指一个人尊重自己,对自己持肯定态度的情绪体验。它是一种要求尊重自己的言行和人格,维护一定的荣誉和社会地位的自我意识倾向。自尊是一种积极的心理品质。积极的自尊有助于调动和激发人的内在潜能,是促使人奋发向上的直接动力。

其实,自尊心强的大学生也会出现自我评价低的现象,其原因如下:

1. 过强的自尊心

大学生的自尊心比较强,可以成为其成才的一种心理动力,但自尊心过强也会导致一种消极的心理品质,如虚荣心得不到满足,便不能悦纳自我,就感到自己处处不如别人,自信心丧失,从而逐渐产生了自卑感。自卑心理过于严重会导致自我拒绝心理。有自我拒绝心理的大学生,不但悲观自责,还会自暴自弃。

2. 自我期望水平偏高

"理想自我"与"现实自我"距离增大,容易引起大学生对现实不满。"理想自我"的目标高一些,对大学生是有积极意义的。但是由于一些大学生的"理想自我"过于脱离实际,或在实现过程中缺乏应有的耐心和方法,往往在经过努力仍无法接近目标后,就容易急躁,失去信心,从而产生否定自我的心理。

3. 适应能力差

适应能力差容易积累一定的挫折感,挫折感容易导致消极的否定性情绪体验。刚入大学的大学生,有人又称为"大龄中学生",由于心理调节能力差,所以适应能力差,往往因为小小的失败,就积累成一定的挫折感。例如,面临大学较复杂的人际关系而不适应,加之正处于心理断乳期所产生的心理闭锁而交友困难,信心不足而不适应。种种的不适应产生了一系列挫折感,一些挫折容忍能力差而自尊心强的学生,就会感到痛苦、孤寂,对自己不满,认为自己无能,进而转化为自卑。

4. 认识障碍造成的偏差

由于人生观、生活观的不健全,大学生在认识和理解问题的方式上,往往理论多于实际。对社会、人生的认识,尤其是对自我的认识缺乏科学的态度,因而对自我的认识常常从消极方面出发,产生自我否定的心理。自卑是因为感到自己有某些不足或缺陷而对自己不满意,觉得自己不如别人。自卑是与自尊相反的一种对自我的消极评价。

自卑并非一文不值,并非总是给我们带来消极和不好的结果,适当的"自卑"可以促使我们不断努力、不断进步、不断向上。但是如果过度自卑,则会阻碍我们的生活、学习和工作,导致我们不敢迈步,停滞不前。适当的自卑不仅对身心无害,还可以成为个体超越自我、追求卓越的动力。但过分的自卑会使人丧失信心、降低人生的追求、忽视自己的优势、怀疑自己的能力、限制潜能的发挥,甚至还会封闭自己。

案 例 分 析 ●●◦◦◦◦

李某,男,19 岁,大学一年级学生,来自偏远的山区,家境贫困,凭着自己的刻苦努力,考上了大学。本来他应该充满希望地开始新的学习和生活,可是,入学一段时间之后,他开始逐渐悲观失望起来。原来,他把自己与周围众多的来自城市的同学加以比较,发现自己在许多方面与他们相距悬殊。例如,城市的学生英语基础较好,而他在家乡没有条件接受英语的听说训练,口语和听力很差,学得十分吃力;城市的学生善于交往,对不同的人讲不同的话,很容易交到新朋友,而他的交际方式单一,很少与别人交往,感到孤独;城市的学生多才多艺,打球、唱歌、跳舞,电子产品很快上手,而他从身体到头脑接受这些比别人都要慢得多;此外,在经济上和生活上的差距就更

加明显了。于是,小李就认为自己永远无法与别人相比,没有能力在各方面令自己满意,无论怎样努力也难以获得成功。从此,大学的学习和生活对他来说成了沉重的负担和令人窒息的压力,他逐渐失去了以往的自信和自尊,内心的自卑感越来越强烈。

点评:自卑是贫困生最突出的心理问题,小李也不例外。自卑导致他自我封闭、自我鄙视,对自己持有完全否定的态度和情感体验,缺乏生活的积极性和主动性。面对经济贫困、生活困难的现实,他们常常会感到自己无能为力,从而丧失挑战困难的勇气和信心,在心理上采取逃避、退缩的应对方式,不与同学交流,不参加集体活动,消极对待人生,消极地看待生活中的一切,使整个人生带有浓重的灰色调。大学生应该有这样的认识:贫困并不是我们的错,关键是我们的心理不能贫困,我们应该将贫困视为一个锻炼的机会,一种前进的动力。

(三)过分的独立意识与从众

独立意识是大学生自我意识的重要标志之一,指的是个体希望摆脱监督和管制的一种自我意识的倾向,表现在他们渴望以独立的个体面对生活、学习及工作中遇到的问题,不喜欢别人过多地干扰自己的言行。但大学生由于缺乏经验,往往不容易把握独立意向的尺度,会表现出过分的独立意识,如喜欢独来独往,不愿听从他人的意见,还会表现为过度以自我为中心,凡事喜欢从自身出发,很少站在别人的角度思考问题,不能为他人着想,习惯于让别人顺从自己,从而造成人际关系的紧张。

1. 逆反心理

逆反心理是大学生自我意识发展中的一种非理性产物,其具有以下特征。

(1)盲目性

一些大学生凡事不管正确还是不正确,都盲目抵制,反其道而行之。凡事无论是可行还是不可行,只要我想做就做,随心所欲,不考虑后果,表现出很大的盲目性。

(2)抵触性

大学生的逆反心理与社会的某些行为规范、道德要求存在着一定程度的不相容性,会产生应付、抵制、消极对抗的态度。

(3)放任性

具有逆反心理的大学生往往听不进别人的忠告、劝阻、批评,总是我行我素。

(4)极端性

逆反心理在很大程度上是一种极端性的表现,一些大学生对别人要求自己做的事情,常常是"你让我干,我偏不干"。

2. 从众

从众是指个体由于受到群体或舆论的压力,从而在观点和行为上不由自主地趋向于跟多数人一致的现象,即通常所说的"随大流"。从众,是日常生活和工作中常见的社会心理现象。在高等学校,大学生从众现象比较普遍。

知 识 链 接 ●●●●

亮出自己　肯定自己

在跑道上,第一步的领先很可能意味着最终的胜利,所以,决定你一生的成败得失,或许在于你是否敢亮出你自己。机会不会自动找到你,你必须不断地亮出你自己,吸引别人的关注才有可能寻找到机会。我们的大学生在这方面表现得不令人满意,他们太过含蓄或者说是怯懦,他们不习惯让别人看到自己,或许这样你会过得很轻松,但是你绝不会取得更大的成功。每个人都会有凌云壮志,但是成功的第一步必须是找到赏识你的人,这一点沉默的人很难做到。

尝试做以下六件事,对于肯定自己会有帮助:

1. 列出自己已经取得的成绩。列出 10～15 项你现在或过去的学习、工作中取得的能给你满足感的成绩,对每一项成果都尽可能具体地描述,如果可能的话,最好将成果量化(如本学期读了多少本好书,记住了多少英语单词等)。

2. 勇敢地表现自己。如果班集体中有适合你的活动,你就要积极参加,以让自己的能力表现出来,从而达到肯定自己的目的。

3. 总结比较。通过对学习生活的总结和比较,增强对自己的认识,列举出你近期的进步,如说服力、组织能力、创新能力等的提高并分别用事实加以说明。

4. 恰当地形容自己。如目标远大、善于合作、具有团队精神、注重细节或感知敏锐等,分别用具体事实加以说明。

5. 用镜子技巧。在镜子面前保持立正姿势,大声说出你想达到的目标,然后在镜子上写下表达愿望的关键词,接下来就是反复去做!

6. 相信自己。当你做了一件你认为有用的事情却被别人否定时,特别需要你对自己行为的合理度有个清楚的认识和判断,你才不会在意别人怎么想、怎么看、怎么说,从而坚定不移地相信自己。

第三节　发展良好的自我意识

一、大学生健全的自我意识的标准

自我意识对人的心理健康起着很重要的作用,它制约着人格的形成和发展,在人格优化中发挥着强大的动力功能。健全的自我意识是心理健康的重要标准,是人类自身内在的一种成功机制,在人才发展中发挥着重要作用。

(一)自我定位准确

自我定位准确是指能够准确地认知与评价自我。具体而言,指能够不夸大自己的优势与不足,对现状与未来有明确的认识,准确地评价符合实际的规划,既不好高骛远,也不妄自菲薄。

(二)积极而乐观

积极乐观的自我体验与评价是健全的自我意识形成的重要内容。进入大学后,由于学习和生活方式发生了很大的变化,生活空间拓宽了,人际交流增加了,自我评价能力迅速提升,自我体验也受到社会需要和主体意识与客体相互关系的影响,逐步由矛盾、困惑向平衡过渡。在这个发展过程中,由于大学生面对的竞争与社会变革时期的压力是多方面的,压力源更是多元的,如果不能正确评价,则会产生消极的自我体验,其后果表现也是多方面的。如放弃学业,采用暴力,封闭自我,消极厌世,以偏概全,行为夸张,偏激主观等。由此引发不同程度的心理障碍,甚至是精神疾病,在大学里并不少见。因此,只有以积极的态度去认识和评价人与事,客观理性地分析现象背后的真正原因,才能体验到愉悦的情绪,产生积极的人生态度和健康的观念。

(三)自尊与自信

自尊是指一个人尊重自己,对自己持肯定态度的情绪体验。它是一种要求尊重自己的言行和人格,维护一定的荣誉与社会地位的自我意识倾向。自信是指一个人在对自己充分肯定的基础上建立起来的一种信心,它推动人的心理与行为向积极的方向发展。自尊、自立、自信、自强,这是大学生在新时代特征下的必要课题。自尊是获得良好发展的前提条件,是自信、自立、自强的基础,也是获得良好心理状态的重要条件之一。

(四)自主并善于合作

能够独立地分析思考问题,有明确的自我意识倾向,有独立的见解,不受他人暗示,善于独立处理自己或周围的问题,有主见,能独立地支配自己的行为,但同时不拒绝和他人合作。自主与合作是相辅相成的。所谓合作,是指社会互动中,人与人、群体与群体之间为了达到互动双方都有某种益处的共同目标而彼此相互配合的一种联合行动。

（五）"自我同一性"良好

埃里克森将自我认同称为"自我同一性",认为这是青少年自我发展的一个重点。自我同一性就是指生理自我、心理自我与社会自我的统一。生理自我、心理自我与社会自我是密切联系、相互影响的,它们都包含着不同的自我认知、自我体验和自我控制,但由于比例和搭配的不同,构成了个体间自我意识的差异。也使得每个人都有自己的对人、对己、对社会的独特的看法和体验。三者统一协调发展,自我同一性就处于良好的状态,相反,三者矛盾冲突,则自我同一性发展不良,容易导致各种心理问题的发生。今天的大学生承受着许多的压力与挑战,常出现矛盾与挣扎,甚至是"分裂",尤其突出的就是就业压力,使大学生们常常模糊了"我是谁"和"在别人眼中我是谁"的自我认识,因此,尽快完成自我同一性的建立,对心理健康尤为重要。

（六）能有效自我控制

没有自我控制就如同没有制动的汽车,其结果是显而易见的。孔子强调"修身克己"。柏拉图提出"节制是一种秩序,一种对于快乐和欲望的控制"。亚里士多德说:"人与动物的区别,在于其行为与理智。""节制"被定为古希腊的四德之一。后世的思想家在发挥和修正这些学说时,也都一致强调理智对个人的约束作用,这反映了人类社会生活的客观要求和人类历史发展的归宿。从心理卫生的角度看,自我控制是自我心理结构中最重要的调节机制,也是心理成熟的最高标志。因此,自我控制的培养应从小事入手,而当意志成为一种习惯时,自我控制便转变为"自动化"的"程序",就标志着自我控制能力的形成。

二、积极健康的自我意识的培养途径

（一）树立正确的自我观念

1. 建立多元自我概念

大学生在自我认知与自我评价中易走极端,要么觉得自己一无是处,要么觉得自己一切皆好。于是一旦在某方面稍有成绩,便沾沾自喜;一旦在某方面受挫,又会全盘否定自己。所以,要纠正单一的自我概念,建立多元的自我概念,全方位认识自己。此方面失败不一定彼方面也失败,某阶段失败并不意味着整个人生失败。

2. 建立合理的比较体系

比较是大学生认识自我、了解自我和发展自我的重要方法。

(1)通过与他人进行客观比较来正确认识自己。他人是反映自我的镜子,大学生纠正自我意识偏差的关键是把自己与自己类似的人做客观的比较。大学生每时每刻都处在人际交往中,尤其是与教师、同学交往密切,对此,大学生要自觉地寻找比较对象,在比较中取长补短,发展自己。

(2)通过别人的评价来正确认识自己。有人将对自我的认识比喻为看画。从一定的距离和角度看,齐白石的"虾趣图"栩栩如生。但是,若过于贴近去看,只盯住一处,满眼不过几个墨团。看画如此,看人亦然。大学生自我认识上的偏差,就是因为缺乏"距离感",从而造成了"当局者迷"的局面。因此,大学生要注重父母、长辈、教师和同学的评价,不要因为忠言逆耳便充耳不闻、我行我素,要接受别人评价中的合理部分,避免自我评价的偏差。但是大学生在比较时,也要多角度进行比较。如果总是拿自己的不足和别人的优势相比,那么肯定很难树立信心。如果我们想要找到自己的位置,既可进行纵向比较,将现实自我与过去自我、理想自我进行比较;也可进行横向比较,将自己与各种人做比较,既包括比自己优秀的,也包括比自己稍差的。

3. 经常反省自我

孔子说"吾日三省吾身",没有自我反省,就无法实现自我完善。反省是一种自我监督,是自我调整的出发点。在反省过程中,分析自己失败的原因,严于解剖自我,敢于批评自己,提高自我认识,调整自我评价,从而正确定位自己。

内省调适法,是指运用自我观察、自我分析、自我报告的方法进行自我评价,它是纠正自我评价偏差的根本。自我观察,就是大学生在人际交往和活动中对自己的言行举止等过程的心理体验进行耐心的观察。在自我观察中加强信心,在合理的自我分析中形成自我报告。所谓自我报告,就是向自己报告活动的过程和结果、个人的言行和希望及表现出来的个性品质。这个报告不但要求报告行动前的内心体验及过程,而且更重要的是对结果的分析及评价。通过对报告的内省,进而使自我变得更为自由和客观、更加独立和稳定,避免自我评价的过低或过高。

4. 在活动分析中认识自我

大学生可以通过自己参加各种活动时的动机、态度、表现、取得的成果来分析、认识自己。

活动成果的价值有时直接标志着自身的价值,社会衡量一个人的价值主要是通过活动成果认定的。因此,理想的活动成果、良好的活动效果可以使个体进一步增强认识自我的能力,发现自我的价值,从而激发自信,开发潜能。例如,一个原本有些害羞的大学生在同学的鼓励下参加了一次歌唱比赛,并获了奖,他在活动分析中就会发现自己具有这方面的能力。只要有积极的态度,努力去做,就可以取得成功,得到别人的肯定,这对他克服害羞情绪、增强自信、发现自我潜能起到了积极的作用。

(二)积极地悦纳自我

悦纳自我就是对自己的本来面目持肯定、认可的态度,悦纳自我是发展健康自我体验的关键和核心。大学生怎样才能形成悦纳自我的积极态度呢?具体地说,积极悦纳自我包括以下两点。

1. 全面看待自己的优缺点

要悦纳自己的优点,也要接受自己的缺点。所谓"尺有所短、寸有所长",每个人都既有长处又有短处。人既不会事事行,也不会事事不行;一事行不能说明事事行,一事不行也不说明事事不行,要肯定自己的价值,善于吸取别人的长处,克服自己的缺点,扬长避短,充分地发挥自身潜力。

2. 保持乐观,性格开朗

进入大学后,大家经常面对各种生活、学习的压力,经常遇到挫折和冲突。有的同学碰到挫折时,会把挫折当笑话讲给其他人听,使自己总是保持一种愉快、充实的心境。其实,生活中谁没有烦恼呢?只要我们换一个角度,乐观地看待,那么我们一定会更快乐。

(三)有效地控制自我

世界上只要同时存在两个人,任何一方都可能考虑到自己的行为对对方的影响,有效地控制自我是健全自我意识的根本途径,有效地进行自我调控是为了保证自己的健康发展。

1. 注重培养顽强的意志力

很多大学生为自己树立了远大的目标和理想,但在努力的过程中,却没有足够的自制能力和意志,经受不住挫折和打击,无法实现自我理想。因此大学生要坚持培养自制力,增强挫折耐受力,使自己能自觉主动地认清目标,为实现目标而努力排除干扰,克服困难。

2. 建立合乎自身实际的目标

要使自我控制积极有效,大学生应该建立合乎自身实际的目标。首先要合理定位理想自我。理想自我是大学生将来要实现的目标,在确立其内容时,要立足社会需要,符合社会对大学生的要求和规范。同时,要从大学生自身的实际出发,既不好高

骛远,也不过于简单,把远大的目标分解成一个个远近高低不同的具体目标,目标要符合自己的实际能力,不苛求自己,不被他人的要求所左右。只有明确这一点,才可能真正地认清自己,规划自己的发展方向,最终建立独立的自我。

3. 积极参加社会实践

自我评价、自我锻炼和自我教育是一个实践的过程。因为参加社会实践,用学到的知识和智慧为社会服务,可以认清自己的责任和义务,确立科学的人生观、价值观。在实践中,学会用乐观的情绪和积极的心态去对待问题,客观公正地看待事物,增加自我意识中的理性成分,消除偏激和肤浅,使自己得到和谐发展。

4. 塑造健全人格

人格不仅是人的心理面貌的集中反映,也是人心理行为的基础,它在很大程度上决定了人对外界的刺激做出怎样的反应,因而会直接影响人的身心健康、活动效果、社会适应情况等,进而也将影响到一个人的生理、心理和社会文化素质在内的综合素质的发展。健全自我意识的形成,除了要有自我的正确认识外,还要有健全的人格支持。

(四)培养自信心

有自信的人并不是天生就自信,其自信来源于自觉地维护和积极地增进自信,缺乏自信的人也并不是天生就不自信,其不自信往往是长期缺乏自我肯定、自我激励及被动接受外界消极评价的结果。真正自信的人首先是自爱的,他知道自己有哪些长处,确信不疑而且十分珍爱并引以为荣。不自信的人缺乏自爱,他并不特别了解自己的长处,相反总是盯住自己的缺点或者有意挑剔自己的不足,并且耿耿于怀。即使有好的地方,他也十分轻视它们的价值,甚至会怀疑它们的真实性。

(五)不断地超越自我

健全自我的过程也是一个塑造自我、超越自我的过程。对于大学生而言,超越自我更是终生努力的目标。在行动上,无论对人还是对事,均全力以赴,使自己的能力品行得到最大限度的发挥。

完善自我、超越自我并不是一帆风顺的过程,需要付出艰辛的努力和沉重的代价,也是一个"新我"形成的过程,是从"小我"走向"大我",从"昨天之我"向"今日之我""明日之我"迈进的过程。珍惜已有的自我,追求更好、更高的自我,做到一个"自如的、独特的、最好的自我"。既注重自我又不固守自我,根据社会要求不断改造自我;既注重自我价值的实现又不仅仅局限于追求个人自我价值的实现,把自我价值实现的过程与为祖国现代化建设做贡献的过程统一起来,在为他人和为社会的服务中实现真正的自我价值。

知 识 链 接

告别自卑　重塑自我

第一，要善于接纳自己，并努力改变自己在性格上的弱点。

第二，不断发现自己的长处和被别人所欣赏的优点。

第三，想方设法找出自己学习成绩不理想的原因，然后对症下药，以顽强的毅力、勤奋的学习态度和科学的学习方法，来提高学习效率和成绩。另外，还应当适当发展自己的爱好特长，使自己的生活变得丰富多彩。如此一来，你会惊喜地发现，充实、成功、自信和快乐等良好的心理体验，会走入你心里，帮你找回一个"理想的自我"。

大学生自我价值探索

价值观是自我意识的重要内容，了解自我价值观有助于更好地分析自我的行为，必要时可以修正自我价值观，以满足自我完善的需要。自我价值观在一些选择活动中能够明显地表现出来，因而通过模拟的情景和活动可以逐步探讨自我的价值。

假如因患绝症，你的生命只剩下了 3 个月，请问你将如何度过这 3 个月？为什么？

提问：(1)有一位同学说要外出旅游，特别是去一些没有去过的地方，你认为他的价值观如何？

(2)另有一位同学说要在家陪伴父母，你认为他的价值观又如何？

据有人对其校 379 名大学生进行问卷调查，发现要"陪伴父母"者占 40.8%，要"外出旅游"者占 23.2%，要"照常学习和工作"者占 12.5%，其他占 23.5%。可见，许多大学生对父母有较为浓厚的感情，感到很快就要英年早逝，无法报答父母的养育之恩，因而颇有一种愧疚的感觉，临终前能够陪伴和慰藉父母，既出于无奈，也出于一片孝心和报恩的想法。此类学生在性格方面是否偏向于内向型性格特征，有待于进一步探讨。要"外出旅游"者可能想利用游山玩水来冲淡悲哀的心情，或者可能是一种不敢面对现实，想否认和逃避现实的冲动支配的结果。此外，此类学生在性格方面是否偏向于外向型性格特征，也有待于进一步探讨。要"照常学习和工作"者可能对事业执着追求，能够面对现实，同时又养成了顺其自然的生活态度。在现代社会，价值

观呈现出多元化的特点,相当多的大学生可能选择不同于上述 3 种度过剩余时间的做法,而有自己独特的想法和做法,比方说,实现自己未完成的梦想,感恩、修道、写作、做义工、安排后事等都可能是他们的选择。

课外活动

下面是有关自我描述的 10 个句子,请按照你的实际情况作答。如果你觉得哪种说法十分符合你的情况,就记 1 分,非常不符合您的情况就记 5 分。具体计分方法为:

(1)非常同意;(2)同意;(3)无所谓同意不同意;(4)不同意;(5)非常不同意。

现在就请回答下列问题:

1. 我认为自己是个有价值的人,至少与别人不相上下。

2. 我觉得我有许多优点。

3. 总的来说,我倾向于认为自己是一个失败者。*

4. 我做事可以做得和大多数人一样好。

5. 我觉得自己没有什么值得自豪的地方。*

6. 我对自己持有一种肯定的态度。

7. 整体而言,我对自己觉得很满意。

8. 我要是能更看得起自己就好了。*

9. 有时我的确感到自己很没用。*

10. 有时我觉得自己一无是处。*

带 * 号的题在计分时要反向计分,也就是这类题,你如果非常同意就记 5 分,非常不同意就记 1 分。

总分情况的说明:

在本测定中,你的得分越低,标志着你的自尊越高,反之得分越高则自我的价值感和自尊就越低。

得分在 12 分之内,说明你是高自尊的人,在 13～25 分则说明你的自尊心较强,在 26～38 分则说明你有自卑的倾向,若得分为 39～50 分则说明你很自卑。

思考题

1. 简述自我意识的分类。

2. 简述如何发展良好的自我意识。

第 3 章

大学生人际关系

新生进入大学后,都希望有很多朋友,拥有令人感到友善、温暖、和谐的人际关系。然而,经过几个月的集体生活,有的同学人际关系和谐,精神振奋,而有的同学人际关系糟糕,心情非常郁闷,影响学习和生活。大学生活中最复杂的问题莫过于人际关系问题了。从大一开始,大学生的矜持孤傲、目空一切、独来独往、狭隘自私等缺陷便开始在人际关系中渐渐暴露。宿舍问题、人际失调、相互嫉妒、交往自卑、社交恐惧等问题纷至沓来;高傲、自卑、孤独、无聊、无望、恐惧等心理问题频频光顾。很多同学带着良好的人际关系期望与同学来往,但往往几个回合下来,便失去了耐心和宽容,一再抱怨别人太自私、太难相处。几乎每个人都在历数别人交往中的缺点与不是,几乎大家都感到大学的人际关系复杂。与此同时,大学生们的交往触角大大延伸,他们积极主动伸向了老师,伸向了校外,伸向了社会……然而,一室之人难以交往,何谈走向社会呢? 交往中语言艺术和技术技巧的缺乏,认知偏差等,带给他们的是更多的打击和困惑。人生需要友情,人生需要交往,不论从事何种工作,都必须学会处理各种人际关系,学会与人相处。

案例分析

案例一:在浙江某重点高校念热门专业的大一学生蕾蕾几次找到班主任老师要求退学。"蕾蕾写得一手好文章,还弹得一手好钢琴。入校不久,她就因文笔出众,被校内文学团体破格吸收为会员。"蕾蕾的辅导员说。听说她要退学,大家都很吃惊。蕾蕾要退学的理由主要是:觉得同学们瞧不起她,总在背后议论她,以至于她感觉"大

家都挺虚伪的,一回到寝室,就胸口发闷",甚至觉得"活着没意思"。老师们也描述说,当蕾蕾讲到这一点时,就变得烦躁不安,最后竟然泪流满面。

点评:人对环境的适应,主要是对人际关系的适应。有了良好的人际关系,人才有了支持力量,有了归属感和安全感,心情才能愉快。蕾蕾因为在适应大学的人际关系环境时遇到了挫折,在人际交往中出现了人际关系敏感问题,对同学比较敏感和多疑,心里感到紧张和不安,进而觉得自己与周围的人格格不入,产生了心理压力,遂产生退学想法。

案例二:小蔡,女,20岁,某大学二年级学生。主诉为"我入学已一年半了,但和同学关系总是处不好。不知从什么时候起,周围的人好像都不喜欢我,讨厌我。有的人一见到我就掉头走开,有的人还在背后嘀嘀咕咕议论我。为此,我心里很烦,不知道周围的人为什么不喜欢我。老师,您能不能告诉我一个人怎样才能获得他人的好感与尊重呢?"

点评:小蔡的苦恼主要表现在人际关系方面,同学关系处不好,不为别人接纳,认为大家都不喜欢自己,为此心烦。一方面她期望与同学处好关系,被他人信任和尊重,让别人喜欢,但另一方面又缺乏必要的知识。因此,建议她学习和掌握一些人际交往的基本原则和必要知识,同时要冷静地从自己的为人态度、性格特征、思想方法等方面找找原因,也可态度诚恳地主动找几个同学聊聊,请他们帮自己找找原因。

第一节　人际关系概述

一、什么是人际关系

(一)人际关系的含义

所谓人际关系,也叫人际交往或者人际沟通,是指个体通过一定的语言、文字或肢体动作、表情等表达手段将某种信息传递给其他个体的过程,是人与人在交往中建立的直接的心理上的联系。通常人际关系有赖于以下条件:①传送者和接受者双方对交往信息的一致理解。②交往过程中有及时的信息反馈。③适当的传播通道或传播网络。④一定的交往技能和交往愿望。⑤对对方时刻保持尊重。

(二)建立人际关系的过程

人际关系一般具有四个阶段:

1. 定向阶段

包括对交往对象的注意、选择和初步的交流等。

2. 情感探索阶段

交往双方开始寻找共同点,随着次数的增加,双方发现可以建立情感联系的方面越多,交往就越有可能持续下去。

3. 情感交流阶段

此时,交往的双方已有了基本的信任和感情。交往的广度和深度继续发展,能真诚地为对方着想。通过双方的信息反馈,感情会逐步加深。

4. 稳定交流阶段

这时,交往双方能容纳对方的缺点,在心理上具有同一性,互相认识全面、深刻,允许对方进入自己的私密领域,双方有很高的信任感和安全感。

二、人际交往的意义

人是社会性动物,每个个体均有其独特的思想、背景、态度、个性、行为模式及价值观,然而人际关系对每个人的情绪、生活、工作有很大的影响,甚至对组织气氛、组织沟通、组织运作、组织效率及个人与组织之间的关系均有极大的影响。

(一)人际交往是人身心健康的需要

我国著名的心理学专家丁攒曾指出:"人类的心理适应,最主要的就是对人际关系的适应。"现代心理学研究表明,人类的心理病态大多是由于人际关系失调所致。许多心身疾病,如冠心病、消化性溃疡、甲状腺功能亢进、偏头痛、月经失调和癌症,都与长期的不良情绪和心理遭受强烈的刺激有关。每个人都有快乐和忧愁,快乐与朋友分享会更快乐,忧愁向朋友倾诉就会减轻,倾诉的过程就是减轻心理压力、缓解心理紧张的过程。愉快、广泛和深刻的心理交往有助于个性发展与健康。

(二)人际交往是人获得安全感的需要

社会心理学家所做的大量研究提示,与人交往是获得安全感的最有效途径。当人们面临危险的情境而感到恐惧时,与别人在一起可以直接有效地减少人们的恐惧感,使人们感到安宁与舒适。有人研究过战场上与部队失散的士兵的心理,发现最令散兵恐惧的不是战场的炮火硝烟,而是孤独。人不光有生物性的安全感需要,而且还有社会性的安全感需要。当人置身于自己不能把握或控制的社会情境时,也同样会缺乏安全感。同生物安全感的建立相似,获得社会安全感的最有效途径同样是与人交往,并由此建立稳定的人际关系。

(三)人际交往是人确立自我价值感的需要

人的自我意识的保持和自我价值感的确立是通过社会比较过程来实现的。一个人只有将自身置于社会背景之中,通过将自己与别人进行比较才能确立自己的价值。所以,人需要了解别人,也需要通过别人来了解自己。因此,人需要同别人进行交往,需要同别人建立并保持一定的人际关系。一个人必须不断地通过社会比较获得充分的信息,使自己相信自己是有价值的,才能保持其稳定的自我价值评判。

(四)人际交往是人发展的需要

人际交往是个人社会化的起点和必经之路。社会化即个人学习社会知识、生存技能和文化,从而取得社会生活的资格,开始自我发展的过程。如果没有其他个体的合作,个人是无法完成这个过程的。人只要活着,不管你愿意或自觉与否,都必须与人进行交往。人一生的成长、发展、成功,无不与同他人的交往相联系。从人际关系中得到信息、机遇、扶助就可能助你走上一条成功之路。现代科学技术的发展使我们越来越需要依靠群体的力量,人与人之间的情感沟通和智力交往使某些工作出现质的飞跃,这种"群体效应"已越来越成为各项工作的推动力。这种效应的出现主要是在人际互动和交往中实现的。在交往过程中,彼此互相学习,共同提高,可产生 $1+1>2$ 的智力共振。

(五)人际交往是人生幸福的需要

心理学家通过研究发现了一个奇特的现象:自 20 世纪 30 年代以来,人们的收入一直是呈上升趋势的,但是相对而言,生活感到幸福的人的比例并没有增加,而是稳定在原来的水平。这说明金钱并不能简单地决定人的幸福。西方心理学家克林格做了一个广泛的调查,结果发现,良好的人际关系对于生活的幸福具有首要意义。有一项调查表明,在我国,压抑、人际关系和谐度低和人际关系压力是导致自杀的三大因素。

三、人际交往的原则

人的行为都是在一定观念指导下进行的,人际关系是由生产关系,及由此产生的经济关系、政治关系、思想关系和文化关系所决定的。因此,建立良好的人际关系不能脱离现实社会的基本原则和要求,它包括社会主义和共产主义的道德规范、民主与法制观念及政策观念等。

(一)平等原则

与人交往应做到一视同仁,不要嫌贫爱富,不能因为家庭背景、地位职权等方面原因而对人另眼相看。平等待人就是要学会将心比心,学会换位思考,只有平等待人,才能得到别人的平等对待。

(二)诚信原则

言必信,行必果。"人,无信不立""言而无信非君子"。要取信于人:第一,要守信,言行一致,说到做到。第二,要信任,不仅要信任别人,而且要争取赢得别人的信任。第三,不轻易许诺。第四,要诚实,答应别人的事要尽量做到,做不到的要讲清楚,以赢得对方的理解。第五,要自信,给别人以信赖感和安全感。

(三)尊重原则

尊重包括两个方面:自尊和尊重他人。自尊就是在各种场合都要尊重自己,维护自己的尊严,不要自暴自弃。尊重他人就是要尊重别人的生活习惯、兴趣爱好、人格和价值。只有尊重别人才能得到别人的尊重。

(四)宽容原则

在人际交往中,难免会遇到一些不愉快的事情,甚至产生一些矛盾冲突。这时候我们就要学会宽容别人,不斤斤计较,正所谓退一步海阔天空。人不犯我,我不犯人。人先犯我,礼让三分。

(五)互利合作原则

互利是指双方在满足对方需要的同时,又能得到对方的报答。人际交往永远是双向选择,双向互动。你来我往,交往才能长久。在交往的过程中,双方应互相关心、互相爱护,既要考虑双方的共同利益,又要深化感情。

知 识 链 接 ·····

人际交往中的几种心理效应

1. 第一印象

第一印象是指人们初次相遇(包括间接了解)时产生的印象。人际交往总是通过第一印象进行的,这个印象往往影响他对以后一系列行为的看法,这也称首因效应。第一印象对人际交往的影响表现在很多方面。

首先,它会使人际认知带有表面性。人们初次相遇时,彼此常根据对方的外貌、表情、姿态、谈吐、衣着等表面特征,对对方作一个初步的判断,形成某种印象,这就容易出现"以貌取人"的现象,使认知具有表面性。其次,它会使人的认知产生片面性。

当人们对对方一无所知时,自然要特别留意其一切未知信息。由于"先入为主",人们往往偏信这一印象。尽管人们知道在很短的时间内根据有限的、表面的观察资料判断一个人往往是错误的,但人们还是难以避免这种倾向,常常跟着第一印象走。当新信息与第一印象不一致时,甚至会否认新信息而屈从于第一印象,导致陷入人际交往的误区中。因此,人际交往的第一印象,是影响人际关系的重要因素。一个良好的第一印象可以成为人们心理相容的有利因素;反之,则成为人们心理不相容的因素。它决定人际交往是否延续,并影响今后交往的质量和效果。第一印象是一种客观存在的心理现象,是不可回避的,我们必须重视人际交往中的第一印象。一方面,在看待别人时,要尽量避免受第一印象的影响,以免对他人产生不正确的认知,在人际交往中应该多了解、多分析,不要轻易给对方下结论。事实上,有的人给人的第一印象不是很好,但与之相处时间长了,会发现他其实是一个很不错的人。另一方面,在与人交往时,要学会利用第一印象的效应,加强自己的个性表现力,力争给人留下好的第一印象,使别人初次与你接触后,就产生进一步交往下去的愿望,否则就容易失去下次交往的机会。

2. 刻板印象

刻板印象是指在人际交往中,人们往往习惯于机械地将交往对象归于某一类群体中,不管他是否表现出该类群体的特征,都把对该类群体的评价强加于他,从而影响正常的认知。如青年人认为老年人会墨守成规,而老年人往往认为青年人办事不牢靠,人们普遍认为工人身强力壮、举止豪爽,而知识分子总是温文尔雅等。刻板印象有两方面的作用,积极作用是使认识他人的过程简化,有利于对某一个人、某一群人做出概括性的反映。借助于某一类的共性,我们可以想象出某一个人可能会有的典型特征。消极作用是刻板印象不一定符合实际,因为即使在同一类人里,每个人除了具有类似的特征外,还有自己的个性,两者是有差异的。所以,刻板印象不一定正确,容易造成偏见,从而对人际关系产生不利的影响。我们不能按刻板印象去认识他人,而要作具体观察,在交往中逐渐认识和了解一个人。

3. 近因效应

近因效应是指最近的信息对人的认识具有强烈的影响,最后留下的印象比较深刻。近因效应和第一印象是一个问题的两个方面。一般来说,在对陌生人的认知过程中,第一印象比较明显,而在对熟人的认知中,近因效应所起的作用则更为明显。近因效应在大学生的人际交往中是常见的。如有些人平时表现很好,可一旦做错了一件事,就容易给别人留下很深的负面印象。个体在人际交往中应注意克服近因效应带来的认识偏差,要用历史的、动态的、发展的眼光看待他人,看待人际交往。同时,也要注意利用近因效应在人际交往中的积极作用。有的人过去与他人交往时,给人留下了不好的印象,但只要认真改掉缺点,发扬优点,重新树立良好的形象,就会改变他人对你的看法。

4. 光环效应

光环效应也叫晕轮效应,是指在观察某个人时,人们仅仅依据某人身上的一种或几种特征来概括他在其他方面一些未被了解的人格特征的心理倾向。"情人眼里出西施""一白遮百丑""爱屋及乌"就是一种光环效应。美国心理学家戴恩等人做了一项研究:首先,他们让一些人试看一些照片,照片上的人分别是很有魅力的、无魅力的和魅力中等的三类人,然后让被试在与魅力无关的方面评价这些人,如他们的职业、婚姻、能力等。结果发现,有魅力的人在各方面得到的评分都是最高的,无魅力的人得分最低。这种"漂亮的人各方面都好"的评价就是光环效应的典型表现。

光环效应对人认知的影响表现在很多方面,其中首要的是心理定式,它表现在一个人已有的态度会直接影响到他人对其的认识和评价。其次是中心性质的扩张化。所谓中心性质,是指对形成印象有决定意义的特殊信息。如人的外表、行为、道德品质等。人一旦获得这些信息,就会"爱屋及乌",使这些特征扩张化,即具有弥漫性,造成对他人认知带有很大程度的主观臆断色彩。光环效应是一种明显的从已知推及未知,由片面概括全面的人际认识现象。它往往会歪曲一个人的印象,导致不正确的评价,使人容易犯以点带面、以偏概全的错误,影响正常的人际关系。

5. 投射效应

投射效应是指内在心理的外在化,即以己度人、由己推人,把自己的情感、意志等特征投射到他人身上,强加于人,以为他人也如此,结果往往对他人的情感、意向做出错误评价,造成人际交往障碍。投射效应的表现很多,例如:有的人对别人有意见,总认为别人对他也不怀好意;有的人在背后议论他人,也认为他人会在背后议论自己;有的男生或女生喜欢某个异性,希望对方也喜欢自己,进而把对方的一个眼神、一个笑脸、一个友好的表示,看成是对自己的示爱等。投射效应的实质就在于从主观出发,简单地去认知他人,自我与非我不分,结果导致认知的主观性、随意性,也容易产生猜疑心理。个体在人际交往中应注意客观性,克服和摒弃主观臆断、妄想猜测,尽量减少人际交往中的矛盾和误区。

第二节 大学生人际交往的特点和影响因素

一、大学生人际交往的特点

大学生是一个充满朝气的群体,他们精力充沛、思维敏捷、情感丰富,对自我认识进一步深入,自我意识日趋成熟与完善。大学生人际交往增多,社会适应能力增强。一些大学生还建立了较稳定的恋爱关系。大学生心理发展的特点,使他们在人际交往中体现出如下特征。

(一)交往以人格平等为基础

人与人交往的基础是建立在人人平等的基础上的,平等的观念早已深入人心。大学生人生观、世界观、价值观已基本成熟,因此,在大学生的人际交往过程中应把平等的交往作为继续交往的基础。

(二)交往对象、范围、内容、方式的开放性

大学生思想活跃、情感丰富,他们为了更好地认识社会、适应社会,在人际交往中大都采取积极的心态,积极主动地与他人进行交往,能以主动开放的姿态面对现实社会。

大学生交往对象从过去的同学、教师扩大到社会的各个层面。交往的范围也从寝室、班级、学校扩大到社会各领域。交往的内容也是丰富多彩的,志同道合的学习伙伴、无话不谈的好友、细心体贴的男(女)朋友是大学生追求的目标。交往方式也发生了翻天覆地的变化,体现出交往方式的多样性。随着大众传播媒介的迅猛发展,为大学生在传统的交往方式基础上,又增加了许多新兴的内容,无线通信工具——手机、电子邮箱、微信、微博等被当代大学生广泛应用。新交流方式的使用,打破了传统人际交流的时间、空间限制,使大学生的人际交往具有更大的开放性。

(三)交往的单纯性

大学生的人际交往与中学阶段相比较,有了一定的实用性和功利性,但是主体上还是以情感性、精神性为主。人们常说"同学友谊最珍贵"就体现了这一点。在人际交往中,他们多数以合得来作为交往的准则,对自己朋友的期望值较理想化,易用理想化的标准来衡量朋友。

二、影响大学生人际交往的因素

影响大学生人际交往的因素,既有内在的心理因素,也有外在的家庭、学校、社会等因素,主要有以下几种:

(一)个性特征

大学生的个体能力、性格、品德等个性特征,是构成人际吸引的重要因素。心理学家奥尔波特经过研究发现,人际吸引力最重要的成分是人的内在属性,如涵养、幽默、礼貌等,第二是形体的特点,第三是个人表现出的特殊行为,第四是个人的角色地位引起的他人的爱慕与尊敬。

(二)距离因素

邻近性是指如果其他条件相同,人们在时空上越接近,双方交往和接触的机会就越多,彼此间就越容易形成密切的人际关系。俗语说“远亲不如近邻”。这说明时空距离是形成密切的人际关系的一个重要条件。

(三)相似性因素

所谓相似性,包括年龄、学历、兴趣、爱好、态度、容貌等方面的类似性或者共同性,具有上述某方面相似性的人容易成为朋友,建立密切关系。俗语说“物以类聚,人以群分”。人与人若有共同的态度与价值观,不但容易获得对方的支持与共鸣,同时也容易预测对方的感情与反应倾向,在交往过程中彼此容易适应,从而容易建立良好的人际关系。

(四)需求互补性因素

所谓互补是指人的个性表面的差异,由内在的共同的观点或看法来弥补。互补实际上是一种主观的需要或动机。有时两个性格不相同的人却相处得很好,并成为好朋友,这就是由于双方都知道自己的长处和短处,都想利用对方的长处来弥补自己的短处,这是一种心理上的需要。

(五)个人形体、才能与专长等因素

爱美之心,人皆有之。一个人的长相、穿着、仪表、容貌、体态,往往是构成人际吸引力的重要因素,特别是在初次交往的第一印象中。大学生比较崇拜和羡慕有真才实学的人。一般说来,一个人的才能出众或有某方面的特长,对别人就有一种吸引力。

知识链接......

学会共处

随着信息传播的全球化及各国之间的相互依赖，"偌大地球，小如一村"，大学生如何才能彼此礼貌相待，友好合作、和谐相处，可多留意以下三点。

(1)懂得人类具有相似性。凡事都应设身处地、将心比心，"己所不欲，勿施于人"。人都是自然属性和社会属性的统一体。

(2)懂得人类具有多样性。由于遗传和后天的环境不同，人们从外表到内心各不相同，气质、性格、文化修养乃至生活方式、价值取向、思想品德也呈现多样性。我们应当用开阔的眼光观察和认识周围的人们。时刻记住"大千世界，无奇不有""月有圆缺、人有长短"。

(3)懂得人类彼此间的相互依赖性。"成功与幸福的共同分母是他人"。人们在一起工作、学习和生活，是一种缘分，每个人都应珍视这种机缘，既对别人心存感激，又能自觉承担对别人的责任，多一些对同学、朋友的热情和关爱，而不能自视过高，目无他人，甚至稍不遂意就怒目相对，视同敌手，加害于人。

人际关系退化的原因

有一些研究讨论了人际关系退化的原因。综合起来，导致关系的亲密程度减弱的原因主要有以下几个。

(1)空间上的分离，交往的一方迁徙到别的地方，虽然分离的双方可以通过书信、电话、电子邮件等形式保持联系，但是最现代的通信工具也取代不了面对面的交往。

(2)新朋友代替了老朋友。

(3)逐渐不喜欢对方行为上或人格上的某些特点。一方面，个人的喜好标准可能发生变化；另一方面，交往中可能发现对方的一些新的特点，而这些特点恰恰是另一方不喜欢的。

(4)交换回报水平的变化，即一方没有按照所期望的水平给予回报。

(5)嫉妒或批评。

(6)对朋友与第三方的关系不能容忍，在亲密关系中，这一点比较突出。因为亲密关系，尤其是异性之间的亲密关系往往有一定程度的排他性。

(7)泄密，即将两个人之间的秘密透露给其他的人。

（8）对方需要时不主动帮忙。

（9）没表现出信任、积极肯定、情感支持等行为。

（10）一方的"喜好标准"发生了改变。

第三节　人际交往中常见的心理问题及调适

一、大学生人际交往中常见的心理问题

大学生的人际关系总的来说是以和谐为主，大部分同学能与其他同学和谐共处，他们乐于交往、主动交往、善用技巧、协调冲突。然而也有相当一部分同学，还是存在一些交往的心理问题。

（一）交往恐惧

交往恐惧是一种比较常见的人际适应不良。交往恐惧的大学生不敢与人交往，担心别人瞧不起自己，不敢在大庭广众之下发言，对人际交往充满恐惧。他们往往具有以下心理。

（1）自卑心理：自卑是个人由于某些生理缺陷或心理缺陷及其他原因而产生的轻视自己、认为自己在某个方面不如他人的情绪体验。大学生由高中升入大学，由各方面都是出类拔萃的尖子生一下子变成了普通的一员。他们在人际交往中的角色身份发生了较大的变化，这种变化越大，引起的心理冲突就越激烈，越有可能使其产生自卑心理。这样，有自卑心理的大学生自然不敢去面对自己的交往活动，人际交往成为他们心中的噩梦。

（2）戒备心理：戒备心理是指大学生在人际交往过程中，由于某些消极心理因素的影响而形成的不切实际的、固执的心理偏见，是另一种常见的导致交往恐惧的不良心理状态。

（3）羞怯心理：怕羞、怯场是逃避行为的常见形式，是大学生在人际交往中，特别是与陌生人或异性交往时，产生的一种紧张、拘束乃至尴尬的心理状态。这种心理状态往往给大学生造成很大的心理压力，使之过分敏感，过分重视别人的评价，一在集体中发言就脸红心跳，手足无措。

（二）人际冲突

人际冲突指大学生人际关系不符合大学生群体对其人际关系的基本认识，导致在大学生个体之间出现的人际关系的不协调现象，是比较常见的一种人际适应不良。

有的大学生对于身边发生的一点点小事常会以过激的行为去解决;有的学生互不示弱,互不忍让导致发生冲突,甚至采取报复措施,造成心理上的障碍。人际关系不和谐随时都可能发生,但这种不和谐是否演变为人际冲突则往往取决于当事人的情绪调控力。情绪调控力好的大学生,在出现人际冲突时能很好地控制情绪,及时调节和引导交往向自己希望的方向发展;情绪调控力差的大学生则刚好相反,控制不住情绪,导致人际冲突的发生。

（三）沟通不良

沟通不良也是人际适应不良的重要表现形式。在大学生人际交往过程中,有的大学生我行我素,从不与别人沟通,有的大学生虽有良好的沟通愿望却不得其法,常引起误解,造成人际交往障碍。沟通不良是大学生最为经常的冲突来源,沟通不良在大学生冲突来源中排在首位。

（四）自我封闭

大学生的自我封闭有两种情况:一种是不愿让别人了解自己,往往持一种孤傲处世的态度,在心理上人为地建立屏障,故意把自我封闭起来;另一种情况是虽然愿意与他人交往,但由于性格原因却无法让别人了解自己。这样的人一般性格内向孤僻,形成了一种自我封闭的状态。在大学里也存在着这样的学生,他们喜欢独来独往,很难融入大集体中,引发一种极不和谐的现象。

小 故 事

智者的"四句话"

一位青年人拜访年长的智者。青年问:"我怎样才能成为一个使自己愉快,也能使别人快乐的人呢?"

智者说:"我送你四句话,第一句话是把自己当成别人,即当你感到痛苦、忧伤的时候,就把自己当作别人,这样痛苦自然就减轻了,当你欣喜若狂时,把自己当作别人,那些狂喜也会变得平和些。第二句话是把别人当作自己,这样就可以真正同情别人的不幸,理解别人的需要,在别人需要的时候给予恰当的帮助。第三句话是把别人当成别人,要充分尊重每个人的独立性,在任何情形下都不能侵犯他人的核心领地。第四句话是把自己当作自己。"

青年问道:"如何理解把自己当作自己? 如何将四句话统一起来?"

智者说:"用一生的时间、用心去理解。"

亲爱的同学,你会如何理解和利用上面的四句话,来促进你与他人的交往呢?

二、大学生人际交往障碍及调适

人际交往问题就如同一张无形的网,一旦坠入其中就很难挣脱。因此,了解人际交往中的常见问题和障碍并掌握基本的调适方法,对于提高大学生的人际交往水平有着实际意义。

(一)人际交往中的情感障碍及调适

1. 自卑心理及调适

自卑心理是大学生人际交往中常见的心理问题。可以从以下几方面去调适。

(1)正确认识自己,提高自我评价。自卑心理的形成主要来源于不能正确认识自己和对待自己。要从自卑的陷阱中走出来,必须对自己有一个清醒的、正确的认识。自卑者要正确评价自己的长处和短处,要知道"尺有所短,寸有所长",每个人都有自己的特点,我们应善于发现自己的长处,并运用自己的特点,塑造成功的人生。

(2)主动交往。自卑者容易把自己孤立起来,越怕、越退缩回避,越得不到锻炼的机会。然而,自卑的人往往比狂妄自大的人讨人喜欢,大多数自卑者谦虚,善于体谅别人。要鼓足勇气积极参加社会交往活动,这是打破恐惧心理的重要一步。勇气对恐惧羞怯者来说是一座桥,当你通过这座桥,就可以步入广阔、多彩的交往世界,展示你的交际才能,获得更多的经验、友谊和朋友。

(3)争取成功的体验。对自卑者而言,他们将过去所体验到的挫折称为"失败",他们总是想尽量远离失败,但失败却是人生最重要而丰富的经历。事实上,心理学家认为没有"失败",只有信息的反馈。当我们勇敢地去尝试一件事时,最终会有一个结果,那么这个结果会丰富我们的经验,增强我们的能力。自卑者应该给过去的自己一个葬礼,以赋予自己全新的形象,最好把"失败"这个词从脑海里赶出去。

2. 嫉妒心理及调适

嫉妒是存在于人类心灵中最不健康的一种负面情感因素。克服嫉妒心理可以从多方面入手。

(1)认知调节。嫉妒的产生往往来源于两种错误的认识。一是认为别人成功了,说明自己失败了。别人取得了成绩,说明自己没有取得成绩。二是认为别人的成功就是对自己的威胁,是对自己利益的侵害。

(2)增强自信。一个人在嫉妒他人时,总容易注意到他人的优点,却不能发现自

己的强项,因而不相信自己的能力,要学习改变比较的角度和标准,调整自我价值的确认方式,发展自我定向的心理品质,建立完善的内在比较标准,从有利于自我的角度和标准与他人比较,从而获得自信。

(3)充实自我。当自己有很多的事要做时,就会无暇去关注别人、嫉妒别人。因此,要学会把目光集中在自己身上,确定适合自己发展的目标,制订出近期计划。

(二)人际交往中的人格缺陷及调适

1. 怯懦心理及调适

怯懦的人在生活中常以"老好人"的面目出现,害怕面对冲突,害怕拒绝别人,害怕别人不高兴,总之,由于"怕"变得委曲求全、忍气吞声,以求得相安无事。克服怯懦,首先要从观念上强化作为一个人的权利和尊严。学习拒绝无理,本身就是对自己尊严的捍卫。在交往中,既要做出适当的、有分寸的忍让和妥协,也要有一个限度。如果总是压抑着愤怒不去表达,你的退让会强化别人不适宜的行为和态度,给别人的感觉是"我可以这样对你无理",而自己也会生活在不真实的自我当中。

2. 自我中心人格及调适

以自我为中心是一种严重影响人际交往的心理障碍。以自我为中心的人在交往中,由于缺乏对自己的正确认识,无论他多么精明,也永远不会与人建立牢固持久的良好关系。要有所改变,必须坚持以下三点:

(1)会接纳,宽容异己。接受别人正确的意见,承认自己的错误,才有可能通过批评改掉过去固执己见、唯我独尊的形象,对那些与自己有不同意见的人和事,要学会理解,尝试主动与人交流看法,可以争论,但要把目的放在解决问题上,不要总想着以击败对方为快。

(2)平等相处,不过分苛求别人,也不冷眼看人,这样才能使人际交往的天平始终处于平衡状态。

(3)不断完善自我人格。通过做一些科学的人格测试,了解自己人格类型的特点及其优劣,择优汰劣,并将优良人格品质作为自己修炼的目标,努力建立健全的人格。

3. 猜忌心理及调适

猜忌是由主观臆测而产生的不信任别人的一种复杂的、不良的心理。要消除猜忌心理,主要从以下三方面入手。

(1)多角度了解别人。了解别人是不怀疑别人的前提。如果交往双方互不了解,则很可能产生怀疑的戒备心理,多方面、多角度地了解别人,把握别人的性格特征、处事方法,增进相互理解,澄清事实,这对于克服认知偏见,防止猜疑非常有效。

（2）多沟通信息。猜疑心理的产生往往是相互间缺少交流沟通造成的，因此当出现猜疑时，应暗示或督促自己加强交流和沟通，尽快去认识和了解别人。

（3）用理性思考代替冲动，用自我安慰代替怀疑。当开始对他人产生怀疑时，就应该善用人类所有的理性思考，寻找自己怀疑的原因，证明其合理性。同时，不要轻信流言，而是要冷静地以合理的方法去调查了解，以找到真实的证据促成正确的分析判断。

（三）社交恐怖及调适

社交恐怖也叫"社交恐惧"，是一种同时具有不安和恐惧色彩的情绪反应，属于非常严重的交往心理障碍。社交恐惧对个人身心健康、生活质量乃至未来前途与人生态度都会产生重大危害。克服恐惧的有效方法是用平和的心态对待事物，用自信和勇敢鼓励自己以战胜恐惧。

案例分析

张某，男，大学三年级学生，在学校心理咨询室自述，自己是一个性格内向、自尊心强、处事谨小慎微的人。他暗恋班上的一位女生，但又不敢向她表露，同班的男同学看出了他的心思，常开他的玩笑。他感到很紧张、很担心，生怕被别人笑话，也怕被那位女同学拒绝。从此，他见到那位女同学就心慌意乱，见到同班男同学就躲闪，就连老师的目光不经意和他的目光相遇，他也会面红耳赤，认为老师已经知道了他的秘密，从此以后更不敢看这位老师了。再后来，他不仅害怕同班的同学，而且发展到见到熟人甚至见到陌生人都害怕，不得不休学在家。

上述案例是典型的社交恐惧症的例子。社交恐惧症是大学生常见的心理疾病，患这种病的人意识清楚，心里明明白白，分析问题、解决问题的能力都不差，可就是对某事、某物或某人有莫名其妙的紧张和恐惧感。之所以说"莫名其妙"，是因为他心里明明知道没什么可怕的，可偏偏心不由己，怕得要死。人是社会的人，交际是适应环境的重要手段，不敢与人交往，就叫社交恐惧症。本来恐惧是人们的一种正常情绪，但若这种情绪影响到一个人正常交往，使得一个人从此与他人、与世界隔离，就是一种严重的心理疾病。社交恐惧症的典型症状：不敢见人，与人交往时面红耳赤，神经处于一种非常紧张的状态，与人交往时，对自己的言行和举止过分敏感，生怕在别人面前丢丑。他们越是害怕，就越是无法控制自己的失态行为，反而在别人面前异常紧

张,极不自然。他们越是提醒自己不要脸红,偏偏越是脸红得厉害。这样不自然的面部表情和行为通过反馈更加强了紧张意识,形成恶性循环,长此以往,会使他们对交往情景形成一种条件反射的害怕心理,以致变得神经质。

患了社交恐惧症是非常令人苦恼的,这种病既影响工作、学习、生活,又影响正常的人际关系。不过,这种纯属心理紧张造成的心理性疾病,并不直接威胁生命和健康,甚至不影响正常的智力活动。目前有许多行之有效的方法可以治好这种病,所以患上了这种病的人也不要过分悲伤和烦恼。无论哪种原因引起的社交恐惧症,都与缺乏自信、过于自卑有关。因此,要克服社交恐惧症首先必须全面认识自己,克服自卑,树立自信。对于严重的社交恐惧症,我们还应采取心理咨询和心理治疗的方法。

知 识 链 接

怎样处理宿舍的人际关系?

宿舍是大学生唯一固定的生活空间。由于宿舍空间的紧密性、宿舍同学的不可选择性及彼此接触的频繁性,决定了宿舍关系的繁杂性。调查表明,宿舍关系是大学生交往中最频繁的人际关系,也是最难相处的人际关系。

情景一:一名同学因被舍友孤立而感到很苦恼。"也不知道为什么,可能是我不大注意自己的说话方式。我感到大家开始用讽刺的口吻跟我说话。我若无意识说了哪位同学,大家就一起帮她。我感到很苦恼,觉得回宿舍也没什么意思,怕说错话引起更大的麻烦。所以每天很早就起床,背着书包到教室看书,晚上很晚才回宿舍。"

情景二:"我们宿舍的同学相处得挺好,可是大家的生活习惯不太一样,有的同学睡得比较晚,或者上网,或者与同学闲聊,我躺着半天也睡不着,每天一直要等到他们睡觉才行。我又习惯早起,所以每天都感觉昏昏沉沉的。"

宿舍关系有一个特别的现象,就是宿舍是家又不是"家"。有的同学把宿舍当成了家,觉得想怎么做都可以,他人都应该能体谅,别人的东西也可以共享。但遗憾的是,宿舍不是真正的家,每个人的东西都是私有的,不能共享,谁也没有权利向别人发号施令。在处理宿舍内的人际关系时,要注意以下几点。

1. 多自我反省,寻找自己身上的问题及其对宿舍关系造成的影响。宿舍内部的矛盾突出反映在琐碎的小事上,如乱放垃圾、制造噪音、计较小钱、作息紊乱、言论霸权等。若自己有不妥的地方,要及时改正,调整自己的作息时间,改变自己的说话方式,用他人可以接受的方式来和他人相处。

2. 多沟通、多交流。宿舍内的矛盾很多时候都是由小事产生的,但大家基于情面都不肯说出来,而逐渐疏远了关系。因此,大家相互间要主动沟通交流,只有这样才能更好地理解他人,也使他人能更好地理解自己,消除彼此的误会。

3. 对他人多加包容。要拥有和谐的人际关系,一定要有宽广的胸怀,多吸收别人的优点,包容他人的缺点。平时对生活中出现的鸡毛蒜皮的纠纷,不要耿耿于怀,该忘的就忘,该谅解的就谅解,即所谓“大事聪明,小事糊涂”,把有限的精力用在主要的事情上。

第四节　提高人际交往能力

良好的人际关系,需要真诚和热情,也需要人际交往原则与技巧。掌握必要的交往艺术,能提高交往能力、消除交往障碍、改善人际关系,是大学生取得成功的必备条件。

一、成功交往的心理品质

(一)积极进取,奋发向上

著名的成功学家陈安之有一句话:“卖产品不如卖自己。”我们要赢得朋友首先就得提高自己的吸引力。当我们拥有一种积极向上的精神面貌时,周围的朋友就会被我们所吸引、影响,也会变得更加进取。

(二)不卑不亢,虚怀若谷

无论在何种情况下,为人处世都要谦虚、自信。谦虚使人常常看到自己的不足与他人的长处,从而取长补短,不断完善。自信的人能使交往主动、积极、从容不迫、落落大方。人际交往只能够有一种投射作用,与一个自信心特别强的人进行交往,你会在不知不觉中增强自信,“自信则人信之”。

(三)心胸宽广,热情大方

中国有一句古话:“将军额前能跑马,宰相肚里能撑船”。斤斤计较不会有好的人际关系,而且难以成就事业。热情给人以温暖,给人以帮助,救人于危难之中,助人于困难之中,你将收获信任与友谊。

（四）诚实守信

诚实守信是中华民族的传统美德，建立在此基础上的人际交往是可靠的、持久的。而建立在虚伪应酬上的人际交往是以互相利用为目的，最终不可能形成良好的人际关系。

知 识 链 接……

以和谐的人际关系陶冶人

人际关系不能简单地进行机械操纵，人际关系是以人的情感与心理沟通为基础的。大学生群体的人际关系说到底是人心之间的关系。比如同学之间、男女生之间、校友之间、干群之间、师生之间、大学生与学管人员之间等，都会存在矛盾和不同意见。如何处理好现实中客观存在的矛盾呢？

1. 调整。人际关系中思想上的矛盾、认识上的分歧、心理上的隔阂经过调整，达到统一思想认识、消除分歧和隔阂的目的。

2. 建立和谐关系。双方彼此之间在相互了解、相互信任、相互尊重、相互关爱的基础上，要付出感情和行动，即关心他人、关心集体、与人为善。

3. 接纳和包容。在以上两条基础上，最后达到心中有他人、心中有集体，以排斥或伤害别人为耻，这时一种整体的、和谐的、健康的人际关系就建立起来了。

这样的人际关系有助于大学生的全面发展，也有利于班集体的建设。在其中，人的积极性可以得到最大限度的调动、创造性可以得到充分发挥，人人互爱、互尊、自律、互律、和谐、共进，使孤独者得到温暖，使缺陷者得到补偿，愚者因而变智，弱者因而变强，强者更强。

二、建立良好人际关系的艺术

（一）正确认识自己

知己知彼，百战百胜，人际交往也是这个道理。正确认识自己是交往的前提。在人际交往过程中，不仅要认识到自己与对方的关系，更要认识到自己在这一关系中所处的地位和所起的作用，这是能够表现出正确的交往态度的关键所在。

要正确认识自己，就要做到客观、公平地评价自我，做到既不清高，不妄自菲薄，又要充分发挥自己的长处。如果过高地评价自己，就容易轻视别人，内心总是得不到满足和愉悦;如果过低地估计自己,则又会时时感到自卑,往往会冷漠地拒绝交往,内心也总受到自我压抑的煎熬。正确认识自己还表现为客观地评价他人。群体中的任何成员都具有各自的优缺点,所谓"天生我材必有用"。大学生在交往中必须看到别人身上的闪光点,虚心学习他人的长处,善于扬长避短,以弥补自己的不足。

要正确地认识自己、了解自己、悦纳自己,还要做到善于与他人进行比较,经常反省自己、检查自己。牢记古训"以铜为镜,可以正衣冠;以古为镜,可以知兴衰;以人为镜,可以明得失"。正确地认识自己、客观地评价自己的能力是成功交往的基础。同时,还要在各种人际交往过程中形成、发展和提高自我评价水平。

(二)优化个人形象

个人能否为别人所接受,关键在于自己在别人心目中的形象如何。可以说,个人形象的好坏决定着与他人关系的好坏,所以,为了广泛建立良好的人际关系,就有必要优化在交往时的个人形象,主要包括良好的个性和个人风范。一个人的个性除了先天遗传因素影响之外,更重要的是受后天环境的影响。现实生活中,一个品格好、能力强或具有某些特长的人,更容易受到人们的喜爱。因此,大学生若要增强人际吸引力,必须提升自己的品格,施展自己的才华,表现自己的特长,使自己的品格、能力、才能不断得到提高,从而不断优化个人形象。调查显示,我国大学生选择朋友,首先考虑的是个性品质,对个性评价最高的是真诚,评价最低的是虚伪。大部分同学都愿意与成熟、热情、坦率、思想活泼、有责任感的人交往。大学生们总是对那些喜欢自己的人、真诚地评价自己的人具有好感,一旦受到他人赏识、喜爱,得到好评,自尊心得到满足,就会在心理上接近他人,从而为建立良好的人际交往提供了心理条件。

大学生的个人风度是成功交往的基本条件,良好的风度制约着一个人在交往对象心目中形成的印象,也制约着对方以何种方式做出反应。一个人的社交风格是其各种心理素质和修养的外在体现,它能够反映出人的道德品格、思想情感、性格气质、学识教养、处世态度乃至交往诚意。交往风度同样也是大学生在交往活动中言行举止的概括,包括精神面貌、待人态度、仪表礼节、行为神态等,其中最主要的是饱满的精神状态、诚恳的待人态度、洒脱的仪表礼节、适当的行为举止、高雅的谈吐。在交往过程中,个人形象如何,直接决定你留给对方的第一印象。由于心理活动中"先入为主"效应的影响,如果能够留给对方一个良好的印象,便有一个非常有利的开端。

(三)学习交谈艺术

交谈艺术是指人与人之间在接触交往过程中,通过交谈的方式,互相交流感情、

传递信息,以增进彼此间的了解和友谊,从而达到和睦相处、愉快合作的目的。交谈、对话是最普遍的交往形式,人们每天都在交谈、对话,交谈的成功与否不仅取决于交谈的内容,而且与交谈的方式、方法关系极大。俗话说:"一样话,十样说。"不同的交谈方式会产生不同的效果,可以说,善于交谈,不仅在于能说会道,而且还在于所表达的内容能最大限度地达到人际交往的目的。交谈是否得体,是否恰到好处,这里面有许多学问。恰当的谈话方式会给你带来良好的人际关系,得体的话语则会成为你生活中的一抹亮色。

1. 正确使用称呼

人际称呼反映了人与人之间关系与感情的密切程度,人际称呼适当,能使人们在良好的心理气氛中顺利地交往,获得心理上的满足。对长辈的称呼要表示出尊敬,对同辈则要亲切友好;对很亲密的朋友,面对面交往中可略去其姓,而对不太熟悉的人则宜用全称,以免唐突或显得过于随便。

2. 措辞文雅,态度自然,使用的言词富于感情,显示善意

要学会用清新、流利、文雅的词句表达自己的意见和观点,注意用词的准确和通俗,非特定场合不宜用专业术语。交往开始时彼此问候,可表现出对对方亲切的态度,增添友好气氛。告辞时,表示以后还想再见的愿望有利于保持良好而持久的人际关系,态度要谦和、诚挚。此外,幽默的谈吐可使交谈轻松愉快,增添活跃的气氛,但讲笑话应注意场合,内容不能有损别人的自尊心。

3. 谈话态度要诚恳、适度

态度过于恭维,给人以虚情假意之感;过于傲慢,使人难以接近,亦容易伤害感情。同学之间的交往要坦诚相待,使气氛和谐愉快,增加双方的心理相容度。同时,谈话内容要能引起对方的兴趣,有了兴趣,哪怕是一丁点,也能使双方的距离拉近,反之则没有共同语言。

4. 交谈时目光要适时注视对方

听人讲话时东张西望,会显得不礼貌和不尊重,易伤害对方的自尊心,同时还应注意,谈话时不要做小动作,如压指节、搔后脑勺、理头发等。根据言谈内容,可运用手势、身姿、表情等表达自己的思想感情,但要恰到好处,不要过于频繁,更不要手舞足蹈,以免有轻浮之嫌。

5. 善用赞扬与批评

赞扬能够释放出一个人身上的能量以调动人的积极性。真心诚意、适时适度地赞美对方,往往能有效地增进彼此的吸引力,因为人们欢迎喜欢自己的人。赞扬是一种良性刺激,批评是一种负性刺激,但并非不可以批评,用意善良、符合事实、方法得当的批评不会恶化人际关系,反而有助于人际关系的发展。当然,批评必须讲求方法,一般来说,可以批评对方的行为,不可批评对方的人格,不能只是指出对方的错误,更应该告诉对方如何改正和防止再犯,不宜当众批评;批评时应针对现在的事,而不要把以前的错误、缺点重新拿出来讲,措辞和态度应是友好的、真诚的。

(四)学会与人相处的技巧

与人相处是一门艺术,高超的处世技巧可以唤起别人与你友好相处的热情,打通与人接近和沟通的渠道,密切双方的关系。

1. 选择交往距离

交往距离是人际交往中不可缺少的条件。选择恰当的交往距离,对于建立和发展良好的人际关系、保持交往者的风度和魅力大有裨益。交往距离包括两个方面:一是心理距离;二是身体所处的空间距离。无论是心理距离还是空间距离,都同人与人之间的关系密切程度有直接的关系,同时也与不同的文化背景有关。恰当地处理和选择合适的交往距离,要做到以下两点:①人与人之间应该保持一定的心理距离。②把握人与人的空间交往距离时应该注意,要根据对方所具有的不同文化背景来选择适当的交往距离。比如,美国人、英国人和瑞典人在交往时站的距离比较远,南欧人一般在交往时站的距离比较近,南美人、巴基斯坦人、阿拉伯人交往时站得最近,而中国人则视双方关系的远近决定空间的交往距离。同时,要依据双方的性别,选择合适的交往距离,异性交往比同性交往空间距离远,当然恋人除外。一般情况下,空间的交往距离依赖于双方的心理距离,心理距离近,则空间的交往距离也近,反之亦然。

2. 选择交往频率

交往频率是指在特定的时间里人与人之间的接触、见面、来往的次数,它也是人际交往中不可忽视的条件。合理地掌握交往的频率,是维护自己的形象、开拓事业、发展友谊的重要因素。应注意:①无事不登三宝殿。有内容的交往,通常被人们所重视,是正常现象,而无内容的走形式的交往通常被人们所轻视。因此,如果你想得到对方热情的接待,在日常生活中应当尽量减少无内容的交往。②欲速则不达。在人际交往方面应当把握交往的频率,急于取得对方的信任,往往欲速则不达,应当顺应普遍的心理规律,以心灵的沟通来发展和深化人与人之间的情感联系,逐渐地相互了解,不断地深化交往方式,方能获得交往的成功。③保持交往的频率与人际距离的关系。这里的人际距离是指人与人的心理距离。人际距离较近即相互之间的感情较

深,人际的交往活动就频繁,也就是说,在特定时间内交往的次数就多;人际距离远,相互之间没有什么深厚的感情,人际交往的频率就比较低,次数就较少。

3. 语言沟通

语言沟通是人类社会交往的一种最主要的形式,与人交往时要注意:(1)寻找话题,使得彼此能顺利地进入一种有共同语言、可以交流的沟通境界。(2)注意对话,不要只顾自己滔滔不绝地说,应当相互问答,给对方以说话的机会,对对方的每一句话做出反应,并能在自己说的话中适当引用、重复。(3)尽量少用"我"字,少讲"我看"。

课 外 活 动 ●●●●●●●●

人际关系自我评定量表

请你仔细阅读下列 16 个问题。每一个问题后面各有 A、B、C 3 个答案,请你按照自己的实际情况任选其一。

1. 在人际关系中,我的信条是( )。

A. 大多数人是友善的,可与之为友

B. 人群中有一半是狡诈的,一半是善良的,我将选择善良者为友

C. 大多数人是狡诈虚伪的,不可与之为友

2. 最近我交了一批朋友,这是因为( )。

A. 我需要他们

B. 他们喜欢我

C. 我发现他们很有意思,令人感兴趣

3. 外出旅行时,我总是( )。

A. 很容易交上新朋友

B. 喜欢一个人独处

C. 想交朋友,但又感到很困难

4. 我已经和朋友约定要去看望他,但因为太累而失约了,在这种情况下我感到( )。

A. 这是无所谓的,对方肯定会谅解我

B. 有些不安,但又总是在自我安慰

C. 很想了解对方是否对自己有不满意的情绪

5. 我与朋友友情持续的时间通常是(   )。

A. 数年之久

B. 不一定,合得来的朋友能长久相处

C. 时间不长,经常更换

6. 一位朋友告诉我一件极有趣的个人私事,我(   )。

A. 尽量为其保密,不对任何人讲

B. 根本没有考虑过要继续扩大宣传此事

C. 朋友刚一离开,随即与他人议论此事

7. 当我遇到困难时,我(   )。

A. 通常是靠朋友解决的

B. 要找自己可信赖的朋友商量怎么办

C. 不到万不得已时,绝不求人

8. 当朋友遇到困难时,我觉得(   )。

A. 他们大多喜欢来找我帮忙

B. 只有那些与我关系密切的朋友才来找我商量

C. 一般都不愿意来麻烦我

9. 我交朋友的一般途径是(   )。

A. 经过熟人介绍

B. 在各种社交场所

C. 必须经过相当长的时间,并且还相当困难

10. 我认为朋友最重要的品质是(   )。

A. 具有能吸引我的才华

B. 可以信赖

C. 对方对我感兴趣

11. 我给人们的印象是(   )。

A. 经常会引人发笑

B. 经常在启发人们去思考问题

C. 和我相处时别人会感到舒服

12. 在晚会上,如果有人提议让我表演时,我会(   )。

A. 婉言谢绝

B. 欣然接受

C. 直截了当地拒绝

13. 对于朋友的优缺点,我喜欢(　　)。

A. 诚心诚意地当面赞扬他的优点

B. 会诚实地对他提出批评意见

C. 既不奉承,也不批评

14. 我所结交的朋友(　　)。

A. 只是那些与我的利益密切相关的人

B. 通常能和任何人相处

C. 有时愿与同自己志趣相投的人和睦相处

15. 如果朋友们和我开玩笑(恶作剧),我总是(　　)。

A. 和大家一起笑

B. 很生气并有所表示

C. 有时高兴,有时生气,依自己当时的情绪和情况而定

16. 当别人依赖我的时候,我的想法是(　　)。

A. 我不在乎,但我自己却喜欢独立于朋友之中

B. 这很好,我喜欢别人依赖我

C. 要小心点！我要保持冷静、清醒的态度

各题的计分标准如表 3-1 所示:

表 3-1　计分标准

选项	得分															
	1	2	3	4	5	6	7	8	9	10	11	12	13	14	15	16
A	3	1	3	1	3	2	1	3	2	3	2	2	3	1	3	2
B	2	2	2	3	2	3	2	2	3	2	1	3	1	3	1	3
C	1	3	1	2	1	1	3	1	1	1	3	1	2	2	2	1

　　根据你所选定的答案,找出相应的分数,将 16 道题的得分累加起来。这个总分值大致可以评定你的人际关系是否融洽。如果你的总分在 38～48 分之间,说明你的人际关系很融洽,在交往中大家都很喜欢你。如果你的总分在 28～37 分之间,说明你的人际关系并不稳定,有相当数量的人不喜欢你,如果你想受人爱戴,还要付出很大的努力。如果你的总分在 16～27 分之间,说明你的人际关系是不融洽的,你的交往圈子确实是太小了,很有必要扩大你的交际圈。

思考题

1. 影响大学生人际交往的因素是什么？

2. 大学生普遍存在哪些人际交往障碍？如何调适？

3. 大学生人际交往的特点是什么？

4. 大学生如何培养良好的人际交往艺术？

第4章

大学生人格发展

人格是伴随着人的一生不断成长的心理品质。人格的成熟意味着个体心理的成熟,人格的魅力展示着个体心灵的完善。人格是一个丰富而复杂的心理成分,它凝聚着文化、社会、家庭、教育与先天遗传的个体风貌。"人有千面,各有不同"。人格有着鲜明的个性特征,人格的差异铸就了个体千差万别、千姿百态的心理面貌。

案例分析 ••••••

女青年王某、倪某到某超市购物,当二人结完账离开该超市时,超市保安人员追出将二人拦住,责问她们有没有东西还没有付款。二人如实告知已经付清货款,但是保安人员仍不相信,将她们带到收银台,并称店方规定有权查阅顾客携带的东西。王某生气地让他们检查购物袋,保安人员还是不相信,将二人带到办公室盘问,并摘下帽子、解开衣服、打开背包进行检查,逼得两名女青年伤心落泪。最后店方没有搜查出任何东西,只好对二人道歉并放行。王某和倪某感到人格受到了侮辱,名誉受到了损害,精神受到了强烈刺激,造成了严重的精神痛苦,遂向法院起诉。经过法庭调解,超市承认错误,赔偿二原告精神损害赔偿金各20000元,二原告撤诉。

点评:本案是以侵害名誉权起诉,但是它所涉及的并不仅仅是名誉权的保护问题,而是涉及人格尊严及对一般人格权的承认和保护的问题。

第一节　人格概述

一、人格的含义

"人格"一词是我们日常生活中的高频词汇,我们经常说"他具有高尚的人格""他出卖了自己的人格""他具有健全的人格"等。人格一词涵盖了法律、道德、社会、哲学等领域。人格(personality)一词最初来源于古希腊语 Persona,是指演员的面具,面具会随着角色的变化而不断变化,后来此词被用作描述人的心理。心理学上的人格内涵极其丰富,但基本包含两方面的意义:一是个体在人生舞台上所表现出的种种言行所遵从的社会准则,这就是我们可以观察到的外显的行为和人格品质;另一方面是内隐的人格成分,即面具后面的真实自我,是人格的内在特征。

(1)人格是构成一个人的思想、情感及行为的特有的统合模式,这个模式包含了一个人区别于他人的稳定而统一的思想品质。

(2)人格是指稳定的行为方式。

(3)查尔德认为人格是使个体的行为保持时间的一致性,并且区别于相似情境下的其他个体行为的比较稳定的内部因素。

(4)人格是"稳定的""内部的""一致的""区别于"他人的心理品质。人格存在于个体内部,并不是外部行为。

二、人格的特征

(一)独特性

个体的人格是在遗传、成熟、环境、教育等环境交互作用下形成的。不同的遗传、生存及教育环境,形成了各自独特的心理特点,我们经常所说的"人心不同,各如其面"就是指的这个意思。如有的人开放自然,有的人顽固自守,有的人沉默寡言,有的人豪爽,有的人谨慎等。环境会使某一人格品质在不同人身上表现出不同的含义。如独立性这一人格特质,在缺乏父母爱护的家庭中成长的孩子,独立带有靠自己努力的含义;而在一个民主型家庭成长的孩子,独立则作为健全人格培养的重要部分。

(二)稳定性

人格的稳定性是指那些经常表现出来的特点,是一贯的行为方式的总和。正如我们所说:"江山易改,本性难移。"一个人的某种人格特质一旦稳定下来,要改变是较

为困难的事。这种稳定性还表现在人格特征在不同时空下的一致性。例如,一个性格外向的大学生,他不仅在家庭中非常活跃,而且在班级活动中也表现出积极主动的一面,在老师面前能自然地表现自己,不仅大学四年如此,即使毕业若干年再相逢,这个特质依旧不变。

(三)统合性

人是极其复杂的,人的行为表现出多元性、多层次的特点。人格的组合千变万化并非死水一潭,各种人格结构的组合千变万化,因而使人格表现得色彩纷呈。在每个人的人格世界里,各种特征并非简单的堆积,而是如同宇宙世界一样,依据一定的内容、秩序与规则有机组合起来的动力系统。人格的有机结构具有内在一致性,受自我意识的调控。当一个人的人格结构的各方面彼此和谐一致时,就会呈现出健康的人格特征,否则就会出现各种心理冲突,导致"人格分裂"。

(四)功能性

人格是一个人生活成败、喜怒哀乐的根源。正如人们常说的"性格决定命运"。人格决定了一个人的生活方式,甚至有时会决定一个人的命运。人们常常使用人格特征解释某人的言行及事件的原因。面对挫折与失败,有志者认真总结经验教训,在失败的废墟上重建人生的辉煌;而怯懦的人一蹶不振,失去了奋斗的目标。当人格功能发挥正常时,表现为健康而有力,支配着人的生活与成败;当人格功能失调时,就会表现出懦弱、无力、失控甚至变态。

三、人格研究的主要流派

(一)精神分析学派

精神分析学派主张无意识的冲突对人的行为的主导作用和重要影响,非理性的欲望与外界现实在内心引起的冲突是精神异常的原因。该学说首创人弗洛伊德确立了精神分析的方法与理论体系。弗洛伊德认为人格结构有三个组成部分:本我、自我、超我。这三者在意识、无意识活动的机制下,在发展的关系中形成。本我是一种原始的力量来源,是遗传下来的本能。本我要求满足基本的生物要求,毫无掩盖与约束,寻找直接的肉体快乐。这种要求若有迟缓或减弱就会感到烦扰、懊恼,其结果不是这种原动力消失或减弱,而是企图满足的要求更加迫切;自我是人格结构的表层,但也只是部分意识而已。人若在本我控制的社会中,危险与恐惧则是难以想象的。因为本我不受任何管制,幸而本我得到人格中自我的检查。自我是本我的对立面,在与环境接触过程中由本我发展而来。在与环境的交互中,儿童不仅发展了自我,而且还知道了什么是对的、什么是错的，能够对正确与错误做出辨别。这就是人格中的超我，超我遵从理性原则，从理性角度思索什么是可以做的，什么是不可以做的。本我的快乐原则、自我的现实原则与超我的理性原则共同构成了人格的三层结构。精神分析学派重视无意识即本我对人格的影响及儿童早期生活经历对人格的影响。

（二）特质流派

特质流派的主要代表人物是奥尔波特、卡特尔与艾森克。奥尔波特于 1937 年首次提出人格特质理论，他将人格分为共同特质和个人特质。共同特质是指在某一社会文化形态下，大多数人或群体所具有的共同特质。个人特质是个体身上独有的特质，依照生活中所起作用的大小，分为首要特质（个体最典型、最具概括性的特质）、中心特质（即构成个体独特性的几个重要特质，一般每个人身上有 5～10 个）、次要特质（只在特殊情况下才表现出来）。

卡特尔认为人格基本结构的元素是特质。认为特质是人在不同时间和情境中都保持的一致性。他还认为人格特质是有层次的，第一层次是个别特质和共同特质。第二层次是表面特质和根源特质。表面特质是指外部表现能直接观察到的行为或特征，表面上看相似的行为却有着不同的动因；根源特质是指具有相互关联的特征或行为以相同原因为基础。例如，大学生考试作弊相同的表面特质后面有着不同的心理动因；而考前睡眠不好、考试紧张、体育测试双腿发抖等都源于同样的根源特质——焦虑。1949 年卡特尔用因素分析法筛选出 16 种人格根源特质：乐群性、聪慧性、稳定性、恃强性、兴奋性、有恒性、敢为性、敏感性、怀疑性、幻想性、世故性、忧虑性、实验性、独立性、自律性、紧张性，被广泛使用在人格测验上。

表 4-1 卡特尔的 16 种根源特质

	人格因素	低分者特征	高分者特征
A	乐群性	缄默孤独	乐群外向
B	聪慧性	迟钝、知识面窄	聪慧、富有才识
C	稳定性	情绪激动	情绪稳定
E	恃强性	谦逊、顺从	支配、攻击
F	兴奋性	严肃、审慎	轻松、兴奋
G	有恒性	敷衍了事	有恒、负责
H	敢为性	畏怯退缩	冒险敢为
I	敏感性	理智、着重实际	敏感、感情用事
L	怀疑性	信赖随和	怀疑刚愎

续表

	人格因素	低分者特征	高分者特征
M	幻想性	现实、合乎成规	幻想、狂放不羁
N	世故性	坦白直率、天真	聪明能干、世故
O	忧虑性	沉着、有自信心	忧虑抑郁、烦恼多
Q1	实验性	保守、服从传统	自由、批评、激进
Q2	独立性	依赖、随声附和	自立、当机立断
Q3	自律性	矛盾冲突、不拘小节	知己知彼、自律严谨
Q4	紧张性	心平气和	紧张困扰

艾森克依据因素分析方法提出了人格的三因素模型。一是外倾性,表现为内、外倾的差异;二是神经质,表现为情绪稳定性的差异;三是精神质,表现为孤独、冷酷、敌视等偏于负面的人格特征。之后,艾森克编制了人格问卷(eysenck personality questionnaire,EPQ);并为提高人格测量的信效度,在三维度的基础上,增加了 Lie 因素,指说谎引起的自身隐蔽。前三者为人格的三种维度,它们是彼此独立的。EPQ 在大量被试身上应用的结果表明:各量表记分以 E 最高,N 次之,L 再次之,P 最低;男女需要分别记分;P、E、N 记分随年龄逐降,L 则逐升,青少年被试各量表的年龄记分与成人的大致相反。艾森克以神经过程兴奋—抑制为基础构建各水平的人格层次结构,按照他的理论,人格的结构主要包括人格的行为方面(如行为外倾)和人格的体质方面(如体质外倾)。行为外倾可以通过量表,如 EPQ 或 EPI 等进行测定。体质外倾则可以在各种程度上采用实验测得。尽管艾森克认为他的人格和行为观点并没有排除环境的作用,但人格的生物倾向性仍是他理论的主要方面。

近年来,研究者们在人格描述模式上形成了比较一致的共识,提出了人格的五大模式,研究者通过词汇学的方法,发现大约有五种特质可以涵盖人格描述的所有方面。

外倾性(extraversion):好交际对不好交际,爱娱乐对严肃,感情丰富对含蓄,表现出热情、社交、果断、活跃、冒险、乐观等特点。

神经质或情绪稳定性(neuroticism):烦恼对平静,不安全感对安全感,自怜对自我满意,包括焦虑、敌对、压抑、自我意识、冲动、脆弱等特质。

开放性(openness):富于想象对务实,寻求变化对遵守惯例,自主对顺从。具有想象、审美、情感丰富、求异、创造、智慧等特征。

随和性(agreeableness):热心对无情,信赖对怀疑,乐于助人对不合作。包括信任、利他、直率、谦虚、移情等品质。

尽责性（conscientiousness）：有序对无序，谨慎细心对粗心大意，自律对意志薄弱。包括胜任、公正、条理、尽职、成就、自律、谨慎、克制等特点。

（三）行为主义流派

行为主义流派的代表人物是华生、斯金纳和赫尔。行为主义将人格看作是个体的独特行为方式或这些方式的组合。对人格的研究是对个体的特殊学习经历或独特遗传背景的系统考察，发现有机体与强化之间的独特联系。人格研究只有建立了科学的判断标准才是合理的。行为主义注重从个人所处环境的强化程序来考察人格的发展与改变。由于行为主义的人格理论主要是在对低等动物的研究中得出的，只注重行为的外显性，反对内省法和对内部事件的研究，而且人格研究忽视了人格机能的基本方面，即整体系统中部分的功能作用。

（四）社会学习理论流派

社会学习理论的代表人物是班杜拉。社会学习理论注重交互作用，即有机体与环境的相互作用的过程，强调有机体对变化着的环境的反应能力。在对人格的研究中，行为的个体差异取决于我们特定的学习经验，而不是天生的人格特质。例如，我们通过观察学习，发现了哪些行为更易被奖励或被惩罚，这是替代强化。班杜拉还强调，行为是由我们的行动自己掌控或自生成的。自我调节包括自我观察、个人标准和自我反应过程。

（五）人本主义流派

在人本主义心理学阵营中，最具有代表性的是马斯洛。马斯洛不同意行为主义与精神分析学派的人格学说，而是着力于创立一门研究人类的积极本性的心理学。他的学说的重心是动机理论。他坚定不移地主张人类有一些本能化的需要。这种内在的需要即使有其生物学基础，也很微弱，很容易被压抑、埋没或被扼杀。基于此，马斯洛把人的需要分为五个层次：一是生理的需要，是人与动物所共有的，包括饮食、性、排泄和睡眠；二是安全需要，是住宅、工作场地、秩序、安全感和可预言性，这一层次需要的首要目标是要减少生活中的不确定性；三是归属的需要，即个体要有组织、家庭、社会的归属感，归属感的建立是个体社会中重要的组成部分；四是爱和尊重的需要，它包括两个方面，一是要求别人对自己重视，相应地产生了威信、认可、地位等情感；二是要求自尊，与此相应的是适应、胜任、信心等情感；五是自我实现的需要，即使自己成为自己理想的人，达到个人潜能的最高之巅，这是每个个体内心真正需求的。

（六）认知学派

该学派的重要代表人物是凯利。凯利人格理论的核心是建构，是个体的行为所依赖的解释。一个建构就是一种思想、一种观点、一种看法，人们用它来解释个人自己的经验。建构一旦创建，人就受它的制约。换句话说，一个人的生活受到他自己的经验的巨大影响。他认为，当人遇到新情境时，产生的行动具有 CPC（circumspection preemption control）循环的特征，即周视期、先取期、控制期，因而人们并不寻找强化或回避疼痛，人们寻找自己构念系统的有效性。因此，人的主要目标是在自己生活中缩减不确定性。通过对 CPC 周期的循环，人们就可逐渐形成人格和获得良好的适应。

四、人格的结构

人格是由不同成分构成的一个结构系统，不同成分从不同侧面反映了个体的差异。人格结构系统包括认知、动机、气质、性格、自我调控等成分。气质与性格是人格的重要方面。

（一）气质

气质是指个体表现在心理活动的强度、速度、灵活性与指向性的一种稳定的心理特征。这种特征既决定了个体心理活动的动力特征，又给每个人的心理活动蒙上了一层独特的色彩。

胆汁质——夏天里的一团火。这类人精力旺盛，直率、热情，行动敏捷，情绪易于激动，心境变换剧烈。这类大学生有理想、有抱负，有独立见解，反应迅速，行为果断，表里如一，不愿受人指挥，而喜欢指挥别人，一旦认准目标，就希望尽快实现，百折不挠，学习和工作带有明显的周期性特点，能以极大的热情和旺盛的精力投入学习和工作，一旦精力消耗殆尽时，便会失去信心，情绪顿时转为沮丧和心灰意冷。

多血质——喜形于色，可塑性强。多血质的人具有活泼好动，反应迅速，情绪发生快而多变，兴趣容易转移等特征。这类大学生易于适应环境的变化，性格活泼、热情，善于交际，在群体中精神愉快，相处自然，常能机智地摆脱困境。他们在学习和工作上肯动脑、主意多，不安于机械、刻板、循规蹈矩，常表现出较强的工作能力和办事效率，对外界事物兴趣广泛，但容易浮躁、见异思迁。

黏液质——冰冷耐寒。黏液质的人安静、稳重，反应慢，沉默寡言，情绪不易外露，注意力稳定难于转移，善于忍耐。这类大学生反应较为迟缓，但无论环境如何变化，都能基本保持心理平衡，凡事深思熟虑，力求稳妥，一般不做无把握的事情，在各种情况下都表现出较强的自我克制能力。他们外柔内刚,沉静多思,不愿流露内心的真情实感,与人交往时,态度适度,不卑不亢,不爱抛头露面;学习、工作有板有眼,踏实肯干,严格恪守既定的生活秩序和制度。但他们过于拘谨,不善于随机应变,固定性有余而灵活性不足,有墨守成规、因循守旧的表现。

抑郁质——秋风落叶。抑郁质的人孤僻、行动迟缓、情感体验深刻,善于觉察别人不易觉察到的细小事物。这类大学生在生理上难以忍受或大或小的神经紧张,厌恶那些强烈的刺激。他们的感情细腻而脆弱,常因为小事引起情绪波动,自己心里有话,也不愿向别人倾诉,喜欢独处,与人交往时显得腼腆,善于领会别人的意图,在团结友爱的集体中,很可能是一个容易相处的人,遇事三思而行,求稳不求快,对力所能及的工作能认真负责地完成,在学习、工作一段时间后,常比别人更感疲倦,在困难面前常怯懦、自卑和优柔寡断。

气质本身无优劣之分,任何一种气质都有其积极和消极的方面,气质也不能决定一个人活动的社会价值和成就的高低。因此,大学生要正确对待自己的气质类型,经常有意识地控制自己气质的消极品质,发扬积极品质,以有利于形成良好的个性。

（二）性格

性格是一种与社会最密切相关的人格特征,它是一个人对现实稳定的态度和与之相适应的习惯化了的行为方式的总和。性格表现了人们对现实与周围世界的态度,对自己、对别人、对事物的态度。

从不同角度和侧面可以对性格类型进行不同的划分,如按照知、情、意、行在性格中的表现程度,可分为理智型、情绪型和意志型三种。理智型的人以理智支配自己的行动;情绪型的人,情绪体验深刻,举止容易受情绪左右;意志型的人具有较明确的目标,行为主动。

按照个体的心理倾向,可分为外倾型和内倾型。外倾型的人心理活动倾向于外部,活泼开朗,善于交际,感情易于外露,处事不拘小节,独立性较强,但有时粗心、轻率;内倾型的人心理活动倾向于内部,一般表现为感情含蓄,处事谨慎,自制力强,交际面窄,适应环境比较困难。

按照个体独立性程度,可分为独立型和顺从型。独立型的人不易受外来事物的干扰,他们具有坚定的信念,能独立地判断事物,发现问题解决问题,在紧急和困难的情况下不慌张,易于发挥自己的力量,但有时会把自己的意志强加于人,固执己见,不易合群;顺从型的人随和、谦虚,易与人合作,但独立性较差,易受暗示,容易接受别人的意见,在紧急情况下易惊慌失措。

性格与气质都是构成人格的重要因素,二者相互渗透,相互影响,彼此制约。二者所不同的是,性格是人格中涉及社会评价的内容,更多受到环境的影响,具有较大的可塑性。性格具有社会评价的意义,反映了社会文化的内涵,有好坏之分,而气质更多受生理上和心理上的特点制约,虽然在后天的环境影响下也有所改变,但与性格相比,它更具有稳定性,变化比较缓慢。

第二节　人格的影响因素

塑造和培养良好的人格是个体成长与发展的关键。在一个人的人生发展历程中,有许多因素会影响到人格的发展,人格的塑造是先天、后天因素共同作用的结果。研究表明:人格是环境与遗传交互作用的产物。在人格培养过程中,既要看到个体的生物遗传的影响,更要看到社会文化的决定作用。

一、生物遗传因素

心理学家对"生物遗传因素对人格具有何种影响"的研究已经持续很久了。由于人格具有较强的稳定性特征,因此人格研究者也会注重遗传因素对人格的影响。

双生子的研究被许多心理学家认为是研究人格遗传因素的最好办法,并提出了双生子的研究原则:同卵双生子既然具有相同的基因形态,那么他们之间的任何差异都可以归于环境因素造成的。而异卵双生子的基因虽然不同,但在环境上有许多相似性,如出生顺序、母亲年龄等,因此也提供了环境控制的可能性。系统研究这两种双生子,就可以看出不同环境对相同基因的影响,或者是相同环境下不同基因的表现。研究结果表明:由于同卵双生子具有相同的基因,因此他们间的任何差异一定是环境造成的;由于异卵双生子在遗传上的不同,他们有许多相同的环境条件,故可提供一些有关环境控制的测量;同时研究同卵双生子与异卵双生子,就可能评估相同基因类型下不同环境的作用,以及在相同或类似环境下不同基因类型的作用。

研究结果表明:遗传是人格不可缺少的影响因素,但遗传因素对人格的作用程度因人格特征的不同而不同。通常在智力、气质这些与生物因素相关较大的特征上,遗传因素较为重要;而在价值观、信念、性格等与社会因素关系紧密的特征上,后天环境因素更重要。人格发展过程是遗传与环境交互作用的结果,遗传因素影响人格发展方向及形成的难易。

人既是一个生物个体，又是一个社会个体。人出生后，各种环境因素的影响就开始了，并会作用于人的一生。后天环境的因素是多种多样的，小到家庭因素，大到社会文化因素，这些因素对大学生人格的发展更为重要。

二、社会文化因素

人一出生，便置身于社会文化之中并受社会文化的熏陶与影响，文化对人格的影响伴随着人的一生。社会文化塑造了社会成员的人格特征，使其成员的人格结构朝着相似性的方向发展，而这种相似性又具有维系社会稳定的功能。这种共同的人格特征又使得个人正好稳稳地"嵌入"整个文化形态中。社会文化对人格的影响力因文化而异。越严格，其影响力就越大。影响力的强弱也视其行为的社会意义的大小，对于不太具有社会意义的行为，社会允许较大的变异，但对在社会功能上十分重要的行为，就不太允许太大的变异，社会文化的制约作用就越大。但是，若个人极端偏离其社会文化所要求的人格基本特征，不能融入社会文化环境之中，可能就会被视为行为偏差或心理疾病。

社会文化具有塑造人格的功能，这反映在不同文化的民族有其固有的民族性格，不同的地域有着不同的文化传统，不同的文化发展时期有着不同的文化认同。例如，米德等人研究了新几内亚的三个民族的人格特征，结果表明：来自于同一祖先的不同民族各具特色，鲜明地体现了社会文化对个体的影响力。居住在山丘地带的阿拉佩什族，崇尚男女平等的生活原则，成员之间互相友爱、团结协作，没有恃强凌弱，没有争强好胜，一派亲和景象。居住在河川地带的蒙杜古马族，生活以狩猎为主，男女间有权力与地位之争，对孩子处罚严厉。这个民族的成员表现出攻击性强、冷酷无情、嫉妒心强、妄自尊大、争强好胜等人格特征。居住在湖泊地带的德昌布利族，男女角色差异明显，女性是这个社会的主体，她们每日操作劳动，掌握着经济实权。而男性则处于从属地位，其主要活动是艺术、工艺与祭祀活动，并承担孩子的养育责任。这种社会分工使女人表现出刚毅、支配、自主与快活的性格，男人则有明显的自卑感。

社会文化对人格的影响力一直被人们所认可，它对人格的形成与发育具有重要的作用，特别是后天形成的一些人格特征，如性格、价值观等。社会文化因素决定了人格的共同特征，它使同一社会的人在人格上具有一定程度的相似性，如民族性格等。

值得重视的是：随着对文化因素的强调而产生的生物因素与文化因素之间的平衡，使得文化在个体人格发展中的作用受到进一步重视。

三、家庭环境因素

家庭常被视为人类性格的加工厂,它塑造了人们不同的人格特征。家庭虽然是一个微观的社会单元,但它对人格的培育起到了至关重要的作用。家庭是社会的细胞,家庭不仅具有其自然的遗传因素,也有着社会的遗传因素。这种社会遗传因素主要表现为家庭对子女的教育作用,俗话说"有其父必有其子",不无一定的道理。父母按照自己的意愿和方式教育孩子,使他们逐渐形成了某些人格特征。

强调人格的家庭成因,重点在于探讨家庭间的差异对人格发展的影响,探讨不同的教养方式对人格差异所构成的影响。西蒙斯研究认为:"儿童人格的发展和他与父母之间的关系息息相关。这意味着当我们考虑亲子关系时,不仅要注意它们对造成心理情绪失调和心理病理状态的影响,也得留意它们与正常、领导力和天才发展的关系。"

孩子的人格是在与父母的持续相互作用中逐渐形成的,富于感情的父母将会示范并鼓励孩子采取更富情感性的反应,因此也加强了孩子的利他行为模式而不是攻击行为模式。孩子的人格就是在父母与他们的相互磨合中形成的。孩子在批评中学会了责难,在敌意中学会了争斗,在虐待中学会了伤害,在支配中学会了依赖,在干涉中变得被动与胆怯,在娇宠中学会了任性,在否定中学会了拒绝,在鼓励中增加了自信,在公平中学会了正义,在宽容中学会了耐心,在赞赏中学会了欣赏,在关爱中学会了爱人。

家庭教养方式一般可以分为三类。第一类是权威型教养方式,这类父母在对子女的教育中,支配欲特强,孩子的一切由父母来控制。成长在这种教育环境下的孩子容易消极、被动、依赖、服从、懦弱,做事缺乏主动性,甚至会形成不诚实的人格特征。第二类是放纵型教养方式,这类父母对孩子过于溺爱,孩子多表现为任性、幼稚、自私、野蛮、无礼、独立性差、唯我独尊、蛮横胡闹等。第三类是民主型教养方式,父母与孩子在家庭中处于一个平等和谐的氛围中,父母尊重孩子,给孩子一定的自主权,并给予孩子积极正确的指导。父母的这种教养方式使孩子形成了一些积极的人格品质,如活泼、快乐、直爽、自立、彬彬有礼、善于交往、富于合作、思想活跃等。

普朗明在他的《天性与教养》中对人格的天性与教养进行了研究,提出了共享环境,即子女们在同一家庭成长所享有的环境,而非共享环境是指在同一家庭成长却不被子女们共同享有的环境,如性别差异、排行顺序或特定生活事件而被父母区别对待。研究结果表明:重要的不是家庭单位,而是每个孩子在家庭中的独特经验,即孩子在家庭中的非共享环境。儿童在家庭内与家庭外得到的经验对其人格发展都有重要影响。

由此可见,家庭是社会文化的媒介,它对人格具有强大的塑造力。其中,父母教养方式的恰当性会直接决定孩子人格特征的形成。父母在养育孩子的过程中,表现出了自己的人格,并有意无意地影响和塑造着孩子的人格,形成家庭中的"社会遗传性"。

四、儿童早期经验

"早期的亲子关系定出了行为模式,塑成一切日后的行为。"这是有关早期童年经验对人格影响力的一个总结。中国也有句俗话:"三岁看大,七岁看老。"人生早期所发生的事情对人格的影响,历来为人格心理学家所重视,特别是弗洛伊德。为什么人格心理学家会如此看重早期经验对人格的作用呢?

斯皮茨在对孤儿院里的儿童所进行的研究中,发现这些早期没被父母照顾的孩子,长大以后在各方面的发展均受到影响。许多孩子表现出哭泣、僵直、退缩、表情木然,并且有人提出没有父母的孩子容易产生心理疾病,孩子会形成攻击、反叛的人格。

艾斯沃斯将婴儿依恋模式分为安全依恋、回避依恋与矛盾依恋三类,并做了数十年的追踪研究,将婴儿时期的依恋对人格的发展进行了相关研究,结果表明:早期安全依恋的婴儿在长大后有更强的自信与自尊,确定的目标更高,表现出对目标更大的坚持性、更小的依赖性,并容易与同伴建立亲密的友谊。

早期童年经验的问题引发了许多的争论,如早期经验对人格产生何种影响?这种影响是否为永久性的?我们认为,人格发展的确受到童年经验的影响,幸福的童年有利于儿童健康人格发展,不幸的童年会使儿童形成不良人格。但二者不存在一一对应的关系,溺爱也可使孩子形成不良人格特点,逆境也可磨炼出孩子坚强的性格。早期经验不能单独对人格起决定作用,它与其他因素共同决定人格。早期儿童经验是否对人格造成永久性影响因人而异,对于正常人来说,随着年龄的增长、心理的成熟化,童年的影响会逐渐缩小、减弱,其效果不会永久不衰。

五、学校教育因素

学校是有目的、有计划地向学生施加影响的教育场所。教师、班集体、同学与同伴等都是学校教育的元素。

教师对学生人格的发展具有指导定向作用。教师的人格特征、行为模式与思维

方式对学生产生巨大影响。每个教师都有自己独特的风格,这种风格为学生设定了一个"气氛区",在教师的不同气氛中,学生表现出不同的行为表现。有学者在一项教育研究中发现,在性情冷酷、刻板、专横的老师所管辖的班集体中,学生的欺骗行为增多,而在友好、民主的教师气氛中,学生欺骗行为减少。心理学家勒温等人也研究了不同管教风格的教师对学生人格的影响作用。他们发现在专制型、放任型和民主型的管理风格下,学生表现出不同的人格特点。

教师的公平公正性对学生有着至关重要的影响。一项有关教师公正性对中学生学业与品德发展的研究结果表明,学生极为看重教师对他们是否公正、公平,教师的不公正表现会导致中学生的学业成绩和道德品质的降低。"皮格马利翁效应"就说明了每个学生都需要老师的关爱,在教师的关注下,他们会朝着老师期望的方向发展。实验研究表明,如果教师把自己的热情与期望投放在学生身上,学生会体察出老师的希望,并努力奋斗。很多学生都有受老师鼓励开始发奋图强,受老师批评而导致学习兴趣变化的人生体验。一位大学毕业生在谈及他的大学经历时说道:大一高数不及格,正是高数老师的积极鼓励使他重新开始认识与定位大学生活,如果不是老师及时而积极的鼓励,也许他会放弃,正是老师的鼓励使他更加珍惜大学生活。

学校是同龄群体会聚的场所,同伴群体对学生人格具有巨大的影响。班集体是学校的基本组织结构,班集体的特点、要求、舆论和评价对于学生人格的发展具有"弃恶扬善"的作用。

少年同伴群体也是一个结构分明的集体,群体内有具有上下级关系的"统领者"和"服从者",有平行关系的"合作者"和"互助者"。这个群体中体现着不同于孩童与成人的青少年亚文化特征。与幼童不同的是,孩子离开父母或被父母拒绝是幼童焦虑的最大根源,而少年的焦虑不安则来自同辈群体的拒绝。在少年这个相对"自由轻松"的群体中,他们学习待人接物的礼节与规范,他们了解了什么样的性格容易被群体所接纳。在这个少年团体中,他们拥戴的是品学兼优的同伴。有人曾做过测验,分析了中学生喜欢哪种类型的学生领袖。结果是他们更喜欢学业优秀、办事老练、具有良好道德素质的学生领袖,而不是风头正劲、具有漂亮外表及体育成绩优异的人。他们喜欢有能力、能胜任工作、高智商、精力充沛、富于创造的同伴。在少年时期,男孩子比女孩子倾向于更大、更活跃的团体,他们多少会有些无视成人权威的倾向,而女孩子的团体则更显得合作与平和。一般来说,少年同伴团体性质是良好的,但也存在着不良少年团伙,对少年造成了极坏的影响。学生对这种群体要避而远之,学校、家长及社会要用强有力的教育手段来"拆散"他们,防止他们对学校及社会产生不良危害。

总之,学校对人格形成与发展的影响是不可忽视的,学校是人格社会化的主要场所。教师对学生人格发展具有导向作用,同伴群体对人格发展具有"弃恶扬善"的作用。

六、自然物理因素

生态环境、气候条件、空间拥挤程度等这些物理因素都会影响人格。一个著名的跨文化心理学研究实例是,关于北美洲的爱斯基摩人和非洲的特姆尼人的比较研究。这个研究说明了生态环境对人格的影响作用。

因纽特人以渔猎为生,夏天在船上打渔,冬天在冰上打猎。主食肉,没有蔬菜。过着流浪生活,以帐篷遮风避雨。这个民族以家庭为单元,男女平等,社会结构比较松散,除了家庭约束外,很少有持久、集中的政治与宗教权威。在这种生存环境下,父母对孩子的教养原则是能够适应成人的独立生存能力。男孩由父亲在外面教打猎,女孩由母亲在家里教家务。儿女教育比较宽松、自由,鼓励孩子自立,使孩子逐渐形成了坚定、独立、冒险的人格特征。而特姆尼人生活在杂色灌木丛生地带,以农业为主,种田为生。居住环境固定,一般为 $300 \sim 500$ 人的村落。社会结构紧固,有比较分化的社会阶层,建立了比较完善的部落规则。在哺乳期时,父母对孩子很疼爱,断奶后就要接受严格管教,使孩子形成了依赖、服从、保守的人格特点。由此可见,生存环境影响了人格的形成。

另外,气温也会导致人的某些人格特征的频率提高。如热天会使人烦躁不安,易对他人采取负面反应,甚至进攻,发生反社会行为。世界上炎热的地方,也是攻击行为较多的地方。另一项有关的实验室研究也进一步证实了这一点。

自然环境对人格不起决定性影响作用,更多的表现为一时性影响,而且多体现在行为层面上。自然物理环境对特定行为具有一定的解释作用。在不同的物理环境中,人可以表现出不同的行为特点。

七、自我调控因素

上述各因素体现的是人格培养的外因,而外因是通过内因起作用的。人格的自我调控系统就是人格发展的内部因素。人格调控系统是以自我意识为核心的。自我意识是人对自身及对自己同客观世界的关系的意识,具有自我认知、自我体验、自我控制三个子系统。自我调控系统的主要作用是对人格的各个成分进行调控,保证人

格的完整、统一、和谐。它属于人格中的内控系统或自控系统。

自我认知是对自己的洞察和理解,包括自我观察和自我评价,其中自我评价是自我调节的重要条件。自我观察是对自己的感知、期望、行为及人格特征的评价和评估。当一个人不能正确地认识自我,只看到自己的不足,觉得自己处处不如人,就会自卑、丧失信心,做事畏缩不前,甚至失败,相反,过高地评价自己,盲目乐观,也会导致出现失误。因此准确地认识自我,实事求是地评价自己,是自我调节和人格完善的重要途径之一。

自我体验是自我意识在情感上的表现,是伴随自我认识而产生的内心体验。当一个人对自己做正向的评价时,就会产生自尊感;做负向评价时,便会产生自卑感。自我体验的调节作用体现在它可以使自我认识转化为信念,进而指导其言行。同时,自我体验还能够伴随自我评价激励积极向上的行为或抑制不当行为。在一个人认识到自己不当行为的后果时,会产生内疚、羞愧的情绪,从而收敛并制止自己的不当行为再次发生。

自我控制是自我意识在行为上的表现,是实现自我意识调节作用的最终环节。当个体认识到社会要求后,会力求使自己的行为符合社会准则,从而激发起自我控制的动机,并付诸行动。当一个学生意识到学习对于自己的发展具有重要意义时,会激发起他努力学习的动力,从而在行为上表现为刻苦学习、不怕困难、持之以恒、积极进取。自我控制包括自我监控、自我激励、自我教育等。

自我意识是通过自我认知、自我体验和自我控制三个方面来对个体进行调控的,使个体心理的各个方面和谐统一,使人格达到统一与完善。

综上所述,在人格的培育过程中,各种因素对人格的形成与发展起到了不同的作用。遗传决定了人格发展的可能性,环境决定了人格发展的现实性。

第三节　大学生健全人格的培养

一、健全人格的含义

健全人格指各种良好人格特征在个体身上的集中体现,国内外学者都对健全人格做了研究。有学者综合许多心理学家的意见,认为个体具有以下九种有价值的心理特质即为心理健康:①幸福感,这是最有价值的特质;②和谐,包括内在和谐及与环境的和谐;③自尊感;④个人的成长,即潜能的发挥;⑤个人的成熟;⑥人格的统一;⑦

与环境保持良好接触;⑧在环境中保持有效的适应;⑨在环境中保持相对独立。

罗杰斯提出了"机能充分发挥型人"的特征:①接受自身体验的意愿;②对自我的信任;③自我依赖;④作为人而继续成长的意愿。

阿尔伯特提出了人格健康的六条标准:①力争自我的成长;②能客观地看待自己;③人生观的统一;④有与别人建立和睦关系的能力;⑤人生所需的能力、知识和技能的获得;⑥具有同情心。

人本主义心理学家弗洛姆提出"创发者"模式,他认为"创发者"有四个特征:①创发性爱情;②创发性思维;③有真正的幸福感;④以良心为其定向系统。

白博文提出了健康人格的条件:①自知之明;②自我统整;③良好的人际关系;④乐观进取的工作态度;⑤明达的人生观。

我国学者高玉祥认为,健全人格的特点有:①内部心理和谐发展;②人格健全者能够正确处理人际关系,发展友谊;③人格健全者能把自己的智慧和能力有效地运用到能获得成功的工作和事业上。

这些阐述都是人格健全者的标志,生活中很多人达不到这个标准,但这些都为我们健全人格的培养提供了一种范式。我们认为,大学生健全人格包括以下几个方面:

一是自我悦纳,接纳他人。人格健全的学生能够积极地开放自我,正确地认识自己,坦率地接受自己的缺点并对生活持乐观向上的态度。

二是人际关系和谐。人格健全者心胸开阔,善解人意,宽容他人,尊重自己也尊重他人,对不同的人际交往对象表现出合宜的态度,既不狂妄自大,也不妄自菲薄,在人际关系中具有吸引力,深受大家的喜欢。

三是独立自尊。人格健全者的人生态度乐观向上,生活态度积极热情,有正确的人生观与价值观,能够用理性分析生活事件,头脑中非理性观念较少。

四是能够发挥自己的潜能。人格健全的大学生具有自我发展、自我塑造与自我完善的能力。能够充分开发自身的创造力,创造性地生活,发现生命的意义并选择有意义的活动。

⑩⑥⑥ ------

小路大学毕业后被招聘到一家大型家电公司做销售工作。小伙子来自农村,有一股拼劲儿,而且对销售工作很热衷,所以业绩一直不错。但美中不足的是,小路和主管的关系总是有些不协调。终于有一天,因为一件也许根本就不值一提的事情,两

人吵了起来,最后小路一怒之下递交了辞呈。老总对小路的印象一直是不错的,他考虑了良久,最后说:"把你手中的业务整理一下交给我,我会同意的。"

三个小时后,小路交给老总四份文件。第一份,关于自己本月内需要结算的各种业务上的经济数据往来;第二份,关于目前已经建立良好合作的单位名称,上面有每个负责人的地址和电话,甚至包括了各个老板的喜好;第三份,目前正在争取的客户名单,资料中列举了这些单位经理的籍贯和简历;第四份,对于还没有开展业务地区的攻关计划。

面对小路的"临走交代",老总有些吃惊。他最后的批复是:小路留下做主管,而那位主管被降职调离这个部门。当那位主管向老总讨个说法时,老总说:"像小路这样的人才,你和他处不好关系,这本身就是失职。"一个人对自身品质的坚持,既可能表现在你求职时,也可能表现在你辞职时,这就是所谓的人格魅力。

二、大学生人格障碍的类型

所谓人格障碍,指一种人格发展的内在不协调,在没有认知过程障碍或者没有智力障碍的情况下出现的情绪反应、动机和行为活动的异常。这种人格在发展和结构上明显偏离正常,致使个体不能适应正常的社会生活。常见的人格障碍有以下几种类型。

(一)偏执型人格障碍

偏执型人格又叫妄想型人格,这是一种以猜疑和偏执为主要特点的人格障碍,其行为特点常常表现为:对自己的能力估计过高,好胜心强,有强烈的自尊心,对批评或挫折过分敏感;看问题主观片面,工作和学习上往往言过其实,失败时常迁怒于他人而原谅自己;生性嫉妒,往往认为自己成了别人阴谋的牺牲品;多疑,易将别人无意的或友好的行为误解为敌意或轻蔑而产生歪曲体验。偏执型人格障碍主要表现在以下几方面。

(1)广泛猜疑,常将他人无意的、非恶意的,甚至友好的行为误解为敌意或歧视,或无足够根据就怀疑会被人利用或伤害,因此过分警惕与防卫。

(2)将周围事物解释为不符合实际情况的"阴谋"。

(3)易产生病态嫉妒。

(4)过分自负,若有挫折或失败则归咎于他人,总认为自己正确。

(5)好嫉恨别人,对他人过错不能宽容。

(6)脱离实际地好争辩与敌对,固执地追求个人不够合理的"权利"或利益。

(7)忽视或不相信与来访者想法不相符合的客观证据,因而很难以说理或事实来改变来访者的想法。

偏执型人格的人很少有自知之明,他们往往对自己的偏执行为持否认态度,因此在社会上的人数和比例不详。但在相关调查研究中还发现,偏执型人格障碍患者中以男性较为多见,且以胆汁质或外向型性格的人居多。

(二)强迫型人格障碍

强迫型人格的最主要特征就是要求严格和完美,容易把冲突理智化,具有强烈的自制心理和自控行为。这类人在平时没有安全感。对自我过分克制,过分注意自己的行为是否正确,举止是否适当,因此表现得特别死板,缺乏灵活性。他们责任感特别强,往往用十全十美的高标准要求自己,追求完美。在处事方面,过于谨小慎微,常常由于过分认真而重视细节,忽视全局,怕犯错误,遇事优柔寡断,难以做出决定。他们的情感以焦虑、紧张、悔恨较多,轻松愉快满意较少。不能平易近人,难于热情待人,缺乏幽默感。由于对人对己都感到不满而易招怨恨。

强迫型人格障碍是一种较常见的人格障碍,强迫型人格障碍主要表现在以下七个方面:

(1)做任何事情都要求完美无缺、按部就班、有条不紊,因此有时反而会影响工作效率。

(2)不合理地坚持别人要严格地按照他的方式做事,否则心里很不痛快,对别人做事很不放心。

(3)犹豫不决,常推迟或避免做出决定。

(4)常没有安全感,穷思竭虑、反复考虑计划是不是得当,反复核对检查,唯恐疏忽和差错。

(5)拘泥细节,甚至生活小节也要"程序化",不遵照一定的规矩就感到不安或要重做。

(6)完成一件工作之后常缺乏愉快和满足的体验,相反,容易悔恨和内疚。

(7)对自己要求严格,过分沉溺于职责义务与道德规范,无业余爱好,拘谨吝啬,缺少往来。

(三)反社会型人格障碍

反社会型人格障碍亦称悖德型人格障碍,这是一种以行为不符合社会规范为主要特点的人格障碍。其最大特点是缺乏道德情感,忽视社会道德规范、行为准则和义务,没有怜悯同情之心,对他人的感受漠不关心。这种人的智力发育良好,但行为未

加深思熟虑,也不考虑后果,常因微小刺激便引起攻击、冲动和暴行。对自己的行为不负责任,从无内疚感,不能从经验中吸取教训,一犯再犯而不知悔改,所以屡教不改。说起话来似乎头头是道,但给人以蛮不讲理和似是而非的印象,不论出了什么问题,总是责怪别人。

反社会型人格障碍者对坏人和同伙的诱惑缺乏抵抗力,对过错缺乏内疚,他们的冲动和无法自制的欲望是由于家庭成员对自己行为的无原则、无道德标准和缺乏抑制等造成的。男性多于女性。反社会型人格障碍主要表现在以下三个方面。

(1)智力正常,没有精神病症状和非理性行为,也没有幻觉、妄想或思维障碍,初次给人很好的印象,能帮助别人排忧解难。

(2)没有神经性焦虑,不敏感。对家人、朋友不忠实,对工作没有责任心,判断能力差,做错事情不后悔,也不能吸取教训。

(3)从童年开始出现偷窃、任性、离家出走、逃学等反抗行为;少年期过早出现性行为或性犯罪,经常酗酒、破坏公物和不遵守规章制度;成年后表现差,常旷课、旷工,对家庭不负责,欠款不还,犯规违法。叙述自己的行为时态度随便,即使撒谎被识破也泰然自若。

（四）自恋型人格障碍

自恋型人格障碍的基本特征是对自我价值感的夸大和缺乏对他人的共感性。这类人会没有理由地夸大自己的成就和才干,过分关心自己,以自我为中心。而在实际生活中,他们稍微有不如意时,又会体验到自我无价值感。他们总是幻想自己很成功,拥有权力、美貌和智慧,一旦遇到比他们更成功的人就会产生强烈的嫉妒心。他们的自尊心很脆弱,过分关心别人对他们的评价,要求别人持续的注意和赞美;对别人的批评则感到愤怒和羞辱,通常以外表的冷淡和无动于衷来掩饰。他们不能理解别人的细微情感,缺乏将心比心的共感性,因此人际关系常常出现问题。他们常有特权感,期望自己能够得到特殊的待遇,多是基于利益来选择朋友。

自恋型人格障碍以年轻男性较多见。自恋型人格障碍主要表现在以下八个方面。

(1)对批评的反应是愤怒、羞愧或感到耻辱(尽管不一定当即表现出来)。

(2)喜欢指使他人,要他人为自己服务。

(2)过分自高自大,对自己的才能夸大其词,希望受人特别关注。

(3)坚信自己关注的问题是世上独有的,仅能被某些特殊的人物了解。

(4)对无限的成功、权力、光荣、美丽或理想的爱情有非分的幻想。

（5）认为自己应享有他人没有的特权。

（6）渴望持久的关注与赞美。

（7）缺乏同情心。

（8）有很强的嫉妒心。

（五）戏剧型人格障碍

戏剧型人格障碍是大学生人格障碍中最为常见的一种，以女性居多。戏剧型人格也叫癔症型人格。典型的特征是心理和情感发育不成熟。具有这种人格的人最大的特点是做作、情感表露过分，总希望引起他人的注意。戏剧型人格障碍的特点是：喜欢引人注意，情绪带有戏剧化色彩，把玩弄别人作为达到自我目的的手段。戏剧型人格障碍主要表现在以下三个方面。

（1）常以做作、夸张的行为引人注意。暗示性和依赖性特别强，以高度自我为中心，不为他人考虑，情绪变化多端，易激动。

（2）对人感情肤浅，难以与他人保持长久关系，但又渴望得到他人的理解和评价。爱幻想，常把想象当成现实，耐不住寂寞，希望生活像演戏一样热闹和不平静。

（3）言行举止类似于儿童，常打扮得花枝招展，卖弄风骚，甚至调情或诱惑人。

（六）分裂型人格障碍

分裂型人格障碍又称关闭型人格障碍。这种人表现为退缩、孤独、沉默、不爱交际和冷漠，不仅自己不能体验到快乐，待人亦缺乏温暖，爱好不多，过分敏感，怪癖，活动能力差，缺乏进取心，对人际关系采取不介入态度，多见于男性。分裂型人格障碍主要表现在以下三个方面。

（1）有怪异的信念和与社会文化背景不相符的行为，身着奇装异服。如相信自己有透视力、心灵感应、特异功能等。

（2）声称自己有不同寻常的知觉体验，言语怪异、离题、繁简失当或言语表达不清等，与其智力和文化程度不相符。如表述自己超脱凡尘，能看见不存在的人，能与不存在的物体进行交流、沟通等。

（3）表情淡漠，对人冷淡，对家人缺乏情感和体贴，常单独行动，与人交往仅限于生活和工作，除家人外无亲密朋友，对别人的意见漠不关心，无论是批评还是赞扬均无动于衷。

（七）依赖型人格障碍

当事人极度依赖别人，虽有较强的工作能力，但缺乏自信，总需求助于他人来应付自己的日常事务或做出决策。其特点是当事人自小受人宠爱，生活条件优越；依

赖性极强,以自我为中心,缺乏道德感、义务感和同情心,不守公德,不讲道理,适应能力差,一旦遭受挫折,容易自暴自弃。依赖型人格障碍主要表现在以下三个方面。

(1)深感自己软弱无助,有一种"我是小可怜"的感觉。当需要自己拿主意时,便一筹莫展,像一只迷失了方向的小船,又像失去了母亲的小姑娘。

(2)理所当然地认为别人比自己优秀,比自己有吸引力,比自己能干。

(3)无意识地倾向于以别人的看法来评价自己。

案例分析

魏某,男,22岁,某大学的学生,该生性格固执、多疑、情绪不稳、心胸狭窄、自我评价高,不愿接受不同意见。在日常生活和学习过程中遇到挫折总是责备别的同学,办了错事常把责任推给别人。常常把同学提出的中性的甚至是友好的建议看作敌视或蔑视行为,常与人发生摩擦,几乎与同寝室的同学都吵过架。

魏某学习成绩和组织能力一般,缺乏自知之明,他常说老师和同学不信任他,同学们常对其敬而远之。一周前该生的一本复习资料丢失,他认为是同寝室同学联合起来整他,想让他考试不及格,与同寝室同学多次发生争吵,并要求班主任调换寝室。由于该生性格多疑敏感,同学间人际关系紧张,故其他寝室同学都不愿接纳他。辅导员曾经多次找他谈话,给他做思想工作,均无任何效果。

点评:魏某有明显的偏执型人格障碍,可以找心理咨询师寻求帮助。

(八)冲动型人格障碍

冲动型人格障碍又称爆发型或攻击型人格障碍。其发作过程有突发性,类似于癫痫。这类人格始于童年期,往往因为极小的事情和精神刺激就会爆发暴力行为,自己控制不住自己,从而破坏或伤害他人。主要特征是以被动的方式表现其强烈的攻击性倾向,外表表现被动、服从和百依百顺,内心却充满敌意和攻击性,他们仇视他人但不敢表露在外,满腹牢骚却又依赖权威。一般男性多于女性,冲动型人格障碍主要表现在以下三个方面。

(1)有不可预测和不考虑后果的行为倾向,行为爆发不受控制。不良行为或犯罪行为反复无常,可以是有计划的,也可以是无计划的,行动之前有强烈的紧张感,行动之后体验到愉快、满足和放松,无真正的悔恨和罪恶感。

(2)情绪反复无常,容易与他人争吵或发生冲突,特别是当受到批评或行动受阻时,容易暴怒或出现无法自控的行为。冲动可以是有意识的,也可以是无意识的。

(3)做事没有计划性和缺乏毅力。人际关系具有强烈性、不稳定性,要么与人关系极好,要么没有老朋友。

三、大学生健全人格的培养

大学生健康人格的塑造,需要全社会、学校、家庭和大学生自身的共同努力。而健康人格的塑造,最关键的还在于大学生自身。人格是稳定的,但在后天的努力下既能培养良好的人格品质,也可以改变不良的人格品质,为此,大学生可采取以下方法和途径。

(一)认识自我

认识自我是改变自我的开始。大学生要想有效地进行人格塑造,就应当充分了解自己的人格状况,深刻理解这种要求实现的动机,明确人格塑造的目标、内容、途径和方法。

人格塑造是为了实现人格优化,以达到人格健全。人格优化的方法就是择优汰劣。择优即选择某些良好的人格品质作为自己努力的目标,如自信、勇敢、热情、勤奋、坚毅、诚恳、善良、正直等;汰劣即针对自己人格上的缺点、弱点予以纠正,如自卑、胆怯、冷漠、懒散、任性、急躁等。

(二)拥有正确的"三观"

一个人有了正确的人生观、世界观和价值观,才能对社会、对人生抱有正确的认识和看法。当遇到困难或挫折时,能够站得高,看得远,正确地分析事物,采取适当的态度和行为,稳妥地处理事情。这样的大学生更容易形成心胸开阔、乐观豁达的人格品质,更有利于心理健康。

(三)学习知识

学习科学文化知识、增长智慧的过程也是塑造和优化人格的过程。同时,各学科的全面发展是人格健全发展的智力基础,培根说:"读史使人明智,读诗使人灵秀,数学使人周密,科学使人深刻,伦理学使人庄重,逻辑修辞使人善辩,凡有所学,皆成性格。"所以,注重知识的丰富和积累也是非常重要的。在现实中,不少人格缺陷甚至障碍都来源于知识的贫乏。无知容易使人粗俗、自卑,而丰富的知识则使人明智、自信、坚强、谦和、大度。

(四)参与实践

学习活动可以培养人格,社会实践活动对大学生人格塑造更具有直观的影响。

社会是一个大舞台,每个人都必须接受社会活动的锻炼,才能把握好自己的角色,形成自己独特的人格。因此可以说,社会实践活动是大学生人格塑造的一个重要途径。实践证明,在大学期间参加社会实践活动的大学生多具有头脑灵活、思路开阔、独立性强、富于创造性、善于交往、自信、果断、讲效率等良好的人格特征。这些学生知识面广,社会经验丰富,毕业后大多能很快地适应新的工作环境。

(五)培养良好习惯

人格优化要从每一件眼前的事情做起。一个人的行为往往是其人格的外化,反过来,一个人日常言行的沉淀成为习惯就是人格。小事不仅有塑造人格的丰富意义,而且无数良好的小事可"聚沙成塔",最终形成优良的人格,诸如一个人的坚韧、细致,乃至开朗、热情、乐观都是长期养成的习惯。

(六)建立良好的人际关系

我们知道人格发展的过程也是个人社会化的过程。人格在集体中形成,也在集体中展现。集体是个人展现人格的平台,也是认识自我的一面镜子。首先,大学生应该接近他人、关心他人,与他人建立和谐的人际关系,了解他人的需求,解决他人的困难。通过关心他人,培养助人为乐的好品格。其次,真诚地与他人交流。真诚友好而适度地开放自己,达到与他人心灵的沟通,是建立良好人际关系的基础。

(七)加强自律

一切客观的环境影响和教育活动都要通过青少年主观的自我调节才能起作用。所以大学生健全人格的形成,也是主要依靠自身的修养。健全人格包含着非常丰富的内容,它的形成是一个长期的自我修养和不断完善的过程。尤其是在当今这个多元价值观念并存的社会,大学生要想形成健全的人格,就要踏踏实实,立场坚定,不丧失信心,持之以恒地反躬自省,努力做到自重、自省、自警、自励,只有这样才能做到人格的完善。

人格的健全是心理健康的根本标志,重视人格的培养,既是健康的需要,也是发展的需要,既是现实的需要,也是未来的需要。大学生要充分认识到健康人格对自身发展的必要性,要充分发现自己的长处,但又要寻找和承认自己的不足,勇敢地面对挑战,不断地发展自己,促进自身人格的完善。

课 外 活 动

艾森克人格问卷(EPQ)

指导语:请回答下列问题。回答"是"时,就在问题旁边打"√";回答"否"时就在问题旁边打"×"。每个答案无所谓正确与错误。这里没有对你不利的题目。请尽快回答,不要在每道题目上花太多思考时间。回答时不要考虑应该怎样,只回答你平时是怎样的。每题都要回答。

1. 你是否有广泛的爱好?

2. 在做任何事情之前,你是否都要考虑?

3. 你的情绪时常波动吗?

4. 当别人做了好事,而周围的人却认为是你做的时候,你是否感到扬扬得意?

5. 你是一个健谈的人吗?

6. 你曾经无缘无故地觉得自己"可怜"吗?

7. 你曾经有过贪心使自己多得额外的物质利益吗?

8. 晚上你是否小心地把门锁好?

9. 你认为自己活泼吗?

10. 当看到小孩(或动物)受折磨时你是否难受?

11. 你是否时常担心你会说出(或做出)不应该说(或做)的事情?

12. 若你说过要做某件事,是否不管遇到什么困难都要把它做成?

13. 在愉快的聚会中,你通常尽情享受?

14. 你是一位易激怒的人吗?

15. 你是否有过自己做错了事反而责备别人的时候?

16. 你喜欢见陌生人吗?

17. 你是否相信储蓄是一种好办法?

18. 你的感情是否容易受到伤害?

19. 你想服用有奇特效果或有危险性的药物吗?

20. 你是否时常感到"极其厌烦"?

21. 你曾多占多得别人的东西(甚至一针一线)吗?

22. 如果条件允许,你喜欢经常外出(旅行)吗?

23. 对你所喜欢的人,你是否为取乐他开过过头的玩笑?

24. 你是否常因"自罪感"而烦恼?

25. 你偶尔会谈论一些你毫无所知的事情?

26. 你宁愿看些书,而不想去会见别人?

27. 有坏人想要害你吗?

28. 你认为自己"神经过敏"吗?

29. 你的朋友多吗?

30. 你是个忧虑重重的人吗?

31. 你在儿童时期是否习惯听从大人的吩咐而毫无怨言?

32. 你是一个无忧无虑、逍遥自在的人吗?

33. 有礼貌、爱整洁对你很重要吗?

34. 你是否担心将会发生可怕的事情?

35. 在结识新朋友时,你通常是主动的吗?

36. 你觉得自己是个非常敏感的人吗?

37. 和别人在一起的时候,你是否不常说话?

38. 你是否认为结婚是个框框,应该废除?

39. 你有时有点自吹自擂吗?

40. 在一个沉闷的场合,你能给大家添点生气吗?

41. 开慢车的司机是否使你讨厌?

42. 你担心自己的健康吗?

43. 你是否喜欢说笑话和谈论有趣的事?

44. 你是否觉得大多数事情对你来说都是无所谓的?

45. 你小时候曾经有过对父母鲁莽无礼的行为吗?

46. 你喜欢和别人打成一片,整天相处在一起吗?

47. 你失眠吗?

48. 你饭前必须洗手吗?

49. 当别人问你话时,你是否对答如流?

50. 你是否喜欢早点动身去赴约会以免迟到?

51. 你经常无缘无故感到疲倦和无精打采吗?

52. 在玩游戏或打牌时你曾经作弊吗?

53. 你喜欢紧张的工作吗?

54. 你时常觉得自己的生活很单调吗?

55. 你曾经为了自己而利用过别人吗?

56. 你是否参加的活动太多,已超过自己可能分配的时间?

57. 是否有那么几个人时常躲着你?

58. 你是否认为人们为保障自己的将来而精打细算勤俭节约所费的时间太多了?

59. 你是否曾经想过去死?

60. 若你确知不会被发现,你会少付人家钱吗?

61. 你能使一个联欢会开得成功吗?

62. 你是否尽力使自己不粗鲁?

63. 一件使你为难的事情过去之后,你会烦恼很久?

64. 你曾坚持要照你的想法办事?

65. 当你去乘火车时,你通常最后一分钟到达?

66. 你是否"神经质"?

67. 你常感到寂寞吗?

68. 你的言行总是一致的吗?

69. 你喜欢和动物一起玩耍吗?

70. 有人对你或你的工作吹毛求疵时,是否容易伤害你的积极性?

71. 你去赴约会或上班时,是否迟到过?

72. 你是否喜欢周围有许多热闹和高兴的事?

73. 你愿意让别人怕你吗?

74. 你是否有时兴致勃勃,有时却很懒散不想动?

75. 你会把今天应做的事拖到明天吗?

76. 别人是否认为你是生机勃勃的?

77. 别人对你说过许多谎话吗?

78. 你是否对有些事情易性急生气?

79. 若你犯了错误,你会愿意承认吗?

80. 你是一个整洁严谨、有条不紊的人吗?

81. 在公园里或马路上,你是否总是把果皮或废纸扔到垃圾箱里?

82. 遇到为难的事情,你是否拿不定主意?

83. 你是否有过随口骂人的时候?

84. 若你乘车或坐飞机外出时,你是否担心会碰撞或出意外?

85. 你是一个爱交往的人吗?

记分方法

E 量表:外向—内向。第 1、5、9、13、16、22、29、32、35、40、43、46、49、53、56、61、72、76、85 题答"是"和第 26、37 题答"否"的每题得 1 分。

N 量表:神经质(又称情绪性)。第 3、6、11、14、18、20、24、28、30、34、36、42、47、51、54、59、63、66、67、70、74、78、82、84 题答"是"每题得 1 分。

P 量表:精神质(又称倔强)。第 19、23、27、38、41、44、57、58、65、69、73、77 题答"是"和第 2、8、10、17、33、50、62、80 题答"否"的每题得 1 分。

L 量表:测定被试的掩饰、假托或自身隐蔽,或者测定其朴实、幼稚水平。第 12、31、48、68、79、81 题答"是"和第 4、7、15、21、25、39、45、52、55、60、64、71、75、83 题答"否"的每题得 1 分。

结果分析

E 量表分:分数高于 15 分,表示人格外向,可能是好交际,渴望刺激和冒险,情感易于冲动。分数低于 8 分,表示人格内向,如好静,富于内省,不喜欢刺激,喜欢有秩序的生活方式,情绪比较稳定。

N 量表分:分数高于 14 分,表示焦虑、忧心忡忡、常郁郁不乐,有强烈情绪反应,甚至出现不够理智的行为。低于 9 分,表示情绪稳定。

P 量表分:分数高于 8 分,表示可能孤独、不关心他人,难以适应外部环境,不近人情,与别人不友好,喜欢寻衅滋事,喜欢干奇特的事情,并且不顾危险。

L 量表分:L 量表分如高于 18 分,显示被试有掩饰倾向,测验结果可能失真。

思考题

1. 人格及人格的特征是什么?

2. 人格研究的主要流派有哪些?

3. 人格的影响因素有哪些?

4. 人格障碍的类型有哪些?

5. 大学生如何塑造健全的人格?

第5章

大学生情绪的调节

在生活中,情绪是人的内心情感的晴雨表,它反映着每个人内在的心理状态。无论我们是欣喜若狂还是悲恸欲绝,是孤独不安还是热情奔放,我们都在体验着各种各样的情绪。大学生正处于青年期,情绪波动较大,情感体验复杂而丰富,面临着各种各样的情绪困扰。对大学生情绪状态的正确认知与疏导,对其学习、生活都很有裨益。

案例分析

小濛,一个来自山区的女孩,在接到录取通知书的一刹那,她就开始憧憬着大学生活。在开学伊始,她对向往已久的大学生活做了很好的规划并落实到行动上,学习是她的第一要务,她很好地延续了高中时期刻苦认真的学习态度,如饥似渴地汲取着专业知识带给她的乐趣。功夫不负有心人,她的学习颇有成效,并以班级第一的成绩为第一学期的大学生活交上了一份满意的答卷。

问题终究还是来了。小濛有时会觉得等同学一起吃饭、一起打水很浪费时间,所以她总是自己率先离去。不久之后,小濛发现宿舍的人开始疏远她,以前一起吃饭、一起打水、一起上课,然而现在她自己却落单了。她身边的朋友一个一个离她而去,小濛开始慌了,她十分忧愁、伤感,心情压抑、苦闷,总感觉身边的同学用一种异样的眼光来看她,舍友都不喜欢她。小濛本来就是一个性格内向、安静少言的女孩,现在有了这样的烦恼,不知道该怎么处理,也不知道要跟谁沟通,所以这些痛苦她都一个人默默承受。

之后,小濛又重新开始把重心放在了学习上,复杂的人际关系让她无所适从,她再也不想去处理人际关系了。她原以为这样就能全身心地投入学习了,但是她心里总是胡思乱想,再也无法集中精力。她开始出现悲伤、抑郁的情绪,什么事都不能令其高兴。这种抑郁的情绪,使得小濛不愿意和同学交往,失去了往日的活力。

我们可以控制自己的情绪吗? 如何将消极的情绪转化为积极的情绪,让我们开始这一章的学习,来帮小濛出谋划策吧!

第一节　情绪概述

一、情绪的定义

(一)情绪的概念

情绪是指高兴、快乐、痛苦、悲哀等,一般发生在表面,时间短暂,而且容易变化。人们通常以愤怒、悲伤、恐惧、快乐、爱、惊讶、厌恶、羞耻等反应来说明情绪。中国人常说的喜、怒、哀、惧、爱、恶、欲七情,也可以被称作情绪。

关于情绪的定义,历史上一直存在众多的争论。《牛津英语字典》上的解释为:心灵、感觉或感情的激动或骚动,泛指任何激动或兴奋的心理状态。

心理学家吴伟士认为情绪是有机体的一种激动状态,各种情绪的反应,都以其引起的情境来定义。例如,愤怒与由他人所引起的不愉快情境相关联,内疚与由自己所招致的不愉快情境相关联,而悲伤则与环境控制的不愉快情境相关联。

情绪总是同人的需要和动机有着密切的关系,如人的某种需要得到满足或目的没有达到时,他将会产生愤怒或者难过等感受。因此,情绪是客观事物是否符合个体的需要所产生的态度体验,是人脑对客观事物与人的需要之间关系的反映。

(二)情绪的要素

人类有数百种情绪,其间又有无数的混合变化与细微的不同,情绪的复杂是远远超过语言所能及的。面对复杂的情绪现象,心理学家通常把情绪归结为三个方面:内省的情绪体验、外在的情绪表现、情绪的生理变化。

1. 内省的情绪体验

简单地说,就是人对情绪状态的自我感受,是在愉快度、紧张度、激动度和确信度四个维度上产生的心理感受。情绪的四维理论是由心理学家伊扎德提出的,在他看来,愉快度表示主观体验的享乐色调,紧张度表示情绪的心理激活水平,包括肌肉紧张和动作抑制等成分的激活水平,激动度表示个体对情绪、情境的突然出现缺乏预料;确信度表示个体胜任、承受感情的程度。内省的情绪体验是人脑对客观环境和客观现实的重要反映形式之一,这种反映形式不同于认知活动,它不是对客观事物本身的反映,而是带有主观色彩的反映。

2. 外在的情绪表现

外在的情绪表现即表情,具体指面部表情、言语表情和体态表情。表情在情绪活动中具有独特作用,是情绪本身不可分割的发生机制,也是传递情绪信息的外在表现。如有的人遇到伤心、悲痛的事就捶胸顿足、呼天喊地,遇到高兴的事就手舞足蹈。表情与情绪之间的关系如表 5-1 所示:

表 5-1　表情和与之关系最紧密的情绪

表情	可能的情绪	表情	可能的情绪
脸红	羞愧、羞怯	尖叫、出汗	痛苦
紧握拳头	生气	毛发直立	害怕、气愤
哭泣	悲伤	耸肩	顺从
皱眉	生气、受到挫折	嘘声	藐视
笑	高兴	发抖	害怕、担心

3. 情绪的生理变化

当情绪产生时,人们身体的各系统器官都会发生相应的生理变化(如心跳)和物理反应,其生理机制就是大脑皮层的不同神经元产生兴奋,皮下中枢,包括海马、丘脑和脑干网状结构,不断传递和反馈信息,协调和支持脑的激活水平和情绪状态。随着脑和神经系统的变化,机体的其他内脏器官也随之产生不同的生理变化,如呼吸急促、心跳加快等。情绪的生理变化既是主观体验的深化,又是外在情绪表现的基础,在情绪结构中起着承上启下的作用。

(三)情绪与情感

在日常生活中,我们对"情绪""情感"的使用非常随意。但在心理学中,情绪和情感是两个不同的概念。西方心理学界虽未对情绪和情感做严格区分,但普遍认为,情绪包含着情绪表现(表情)和情绪体验(情感)。我国心理学界对情绪和情感作了严格区分,认为情绪分为心境、应激和激情,情感分为道德感、美感和理智感。心境是指深入持久而微弱的情绪状态,激情是指强烈爆发的短暂的情绪状态,应激是指出乎意料

的紧张引起的情绪状态。

情绪与情感的关系有以下三个方面:

(1)从所联系的心理层次看:情绪的心理层次低一些,是先天的、与生理需要相联系的;情感则与人的社会性需要相联系,属于高级心理现象。

(2)从所具有的品性看:情绪一般不稳定,具有较大波动性;情感则较稳定,持续时间较长,甚至影响人的一生。

(3)情绪与情感相联系和依存。情感是在情绪的基础上产生的,进而发展成为情绪的深层核心,它通过情绪得以实现;情绪包含着情感,受情感的制约,是情感的外在表现。二者相互依存、制约和发展。

二、情绪的成分

情绪并不是单一的现象,而是由多种成分组成的,它不仅包含了行为、行动和社会相互作用的倾向性或习性,还提供给我们一种理解世界的不同方式——感受事物。

一般认为,情绪是由以下四种成分组成的:

(1)情绪涉及身体的变化,这些变化多数是情绪的表达形式。

(2)情绪是行动的准备阶段,一些人称之为"行动潜能"。

(3)情绪涉及有意识的体验。当我们感知事物时,就会存在情绪体验。

(4)情绪涉及认知的成分,包括:注意、知觉、记忆与情绪的关系,刺激的意义与情绪的关系,情绪信息在大脑中的表征,情绪的认知发展,以及情绪的解释和情绪的认知评价,等等。这是情绪的重要方面。

情绪的成分可用詹姆斯的例子来说明。假设你正在森林中欣赏周围的自然美景,突然随着一声吼叫,一只熊出现在你面前。你立马心跳加快、口干舌燥、肌肉紧张,感到非常害怕。在这个例子中,当你在树林里遇到熊时,你的情绪表现是很害怕、恐惧的。害怕的同时伴随着生理上的变化,如口干舌燥、肌肉紧张、心跳加速等。此外,你的害怕还以准备行动为特征——要么打,要么逃。害怕的另一部分是感受,你感到非常害怕。最后是认知成分,你之所以感到害怕是因为你意识到熊对你的生存构成了威胁。

由上述事例再加以分析,强烈的情绪可包括以下几种成分:

第一是身体的反应。当我们的情绪发作时,往往会伴有许多生理的变化。生理学家研究发现,当愤怒和恐惧时,肾上腺素的分泌特别多,胃腺的分泌特别少,呼吸短促,血压增高,心跳加速,交感神经系统的活动亢进。具体可参见表5-2。

表 5-2　情绪体验的身体反应

客观的（生理的）	主观的（情绪的）
1. 心跳加快	1. 心脏猛烈跳动
2. 血液迅速流到皮肤表面	2. 脸红
3. 胃动过速	3. 胃感到不舒服
4. 肾上腺素增加	4. 感到更强而有力
5. 肌肉紧张度增加	5. 紧张的情绪
6. 唾液分泌减少	6. 口干舌燥

第二是伴随情绪而来的思考。例如，体验快乐通常包含对快乐原因的思考，如我很高兴，我考上大学了。

第三是面部表情。例如，当人们觉得恶心时往往皱起眉头、张大嘴巴或眯着眼睛。

第四是对体验的反应，包括特定反应。例如，愤怒会导致攻击。

三、情绪的功能

在我们的生活中，情绪不是一种毫无目的、没有任何意义的伴随体验。相反，情绪是在适应外界变化的过程中产生的，是具有重要作用的工具。

（一）自我防御功能

在最简单水平上，情绪能够帮助我们做出更迅速的反应。当身体或人的其他方面受到威胁时，人产生恐惧以应对；当发生利益或权利上的冲突时，人产生愤怒以应对；当吃到不适的食物或污物时，会产生厌恶感以应对。这些情绪反应表现出非常明显的自我保护倾向。

（二）社会适应功能

情绪能够使个体针对不同的刺激事件产生灵活自如的适应性反应，并调节或保持个体与环境间的关系。情绪之所以具有灵活性特征，是因为情绪的机能不仅可以来源于个体全部的先天机能，而且还来源于学习及认知活动。许多种情绪都具有调控群体间的互动功能。譬如，羞怯感可以加强个体与社会习俗的一致性，当个体对他人造成伤害时，内疚感可激发社会公平重建。其他的情绪，诸如同情、喜欢、友爱等，也能起到构建和保持社会关系的作用。它们可以增强群体内的凝聚力，而且有提高个体的社会适应能力的作用。

（三）动力功能

达尔文认为,人类的祖先在捕猎和搏斗时,会发生愤怒的情绪反应,有助于增强体力,战胜猎物或敌人。现代科学更清楚地揭示了人在紧张情绪发生时会表现出一系列的生理变化,如血压升高、呼吸频率提高、肾上腺素分泌增加等。这一切都有助于一个人充分调动体力,去应付紧急状况。适度的情绪反应能够激励人的活动,提高人的活动效率,进而推动人们有效地完成工作任务。

（四）强化功能

大量研究表明,当出现紧急情况时,消极的情绪(如愤怒和恐惧)能够唤起大脑的警觉水平,积极的情绪(如高兴)能使一个人的感觉、知觉变得敏锐,记忆获得增强,思维更加灵活,有助于一个人内在潜能的充分发挥。

（五）信号功能

一个人不仅能凭借表情传递情感信息,而且也能凭借表情传递自己的某种思想和愿望。表情是思想的信号,如微笑表示赞赏,点头表示默认,摇头表示反对。中国有"出门看天色,进门看脸色"的俗语,意思是说通过别人的情绪反馈信息,领悟到别人对自己的态度。

知 识 链 接 ● ● ● ● ● ●

情绪的力量

在法庭上,律师拿出一封信问洛克菲勒:"先生,你收到我寄给你的信了吗? 你回信了吗?"

"收到了!"洛克菲勒回答他,"没有回信!"

律师又拿出二十几封信,一一地询问洛克菲勒,而洛克菲勒都以相同的表情,一一给予相同的回答。

律师控制不住自己的情绪,暴跳如雷、不断咒骂。

最后,法庭宣布洛克菲勒胜诉! 因为律师因情绪的失控让自己乱了章法。

你也许会说:"大名鼎鼎的洛克菲勒为什么用如此的手段取胜?"好吧,我们不论这些,也不管洛克菲勒的方法是否正确,但最终的结果是,那位律师因为情绪失控而败下阵来。生活中,面对不同的环境、不同的对手,有时候采用何种手段已不太重要,保持好自己的情绪才是至关重要的。每个人都有自己的情绪,而情绪是一种很滑溜的东西,有时滑溜得让人捉摸不到,但是,不管怎么滑溜,你都要想办法将它捏得紧紧的。因为这关系到你能否在社会上游刃有余地生存。有许多人能把情绪收放自如,这个时候,情绪已不仅是一种感情上的表达,而成了攻防中使用的武器。有时候,掌控不住情绪,不管三七二十一发泄一通,结果搞得场面十分难堪。生活中,每个人都难免会碰到这种擦枪走火的状况。自古以来,评价人的标准,只看一个人的涵养和行事的风格,就知其是否可以成为可塑之才,是否有大将之风,因此要成为人上人,除了常识与能力之外,全视其能否将情绪操控得当。情绪处理得好,可以将阻力化为助力,帮你解危化险、人心和顺;情绪若处理得不好,便容易激怒,产生一些非理性的言行举止,轻则误事受挫,重则违法乱纪。

四、情绪的发展

(一)儿童的情绪发展

早在 1932 年,心理学家布里奇斯就通过观察婴儿从出生到 2 岁时的情绪发展,提出人类情绪发展的模式。他用连续分化的观点说明婴儿的情绪发展,认为婴儿情绪是由兴奋状态开始的,而后首先分化出痛苦与快乐,痛苦再分化为愤怒、厌恶、恐惧与嫉妒,快乐分化为喜爱和高兴。到了 2 岁末,婴儿的情绪分化大致完成,其情绪生活变得多样而丰富了,此时情绪发作更少了,但是引起情绪反应的情境则多样化了。

观察婴儿和幼儿可发现,他们的情绪是具有爆发性的,他们的情绪为平静和爆发互相交替。在 2～7 岁,其情绪与外部事物分离的意识增加了,在情绪上和人之间有更多的联合,他们通过游戏、模仿和语言来表达情绪。在 7～11 岁,儿童的情绪是由于特殊的人或情境而产生的,通常更多把情绪看作一个人的内心体验,而且表现出了比较精细的情绪。

(二)青少年的情绪发展

青少年时期被称为"风暴期""狂飙期""叛逆期",情绪具有突出的不成熟和不稳定的特征。首先,青少年的情绪是不稳定的,情绪反应的激动及起伏程度较高,同时对情绪刺激敏感多疑;其次,青少年的情绪具有易冲动性与易爆发性;再次,青少年的情绪开始向稳定过渡,尽管青少年容易受暗示并且倾向从众,但随着年龄递增和经验的累积,他们的情绪将趋于稳定;最后,青少年的情绪反应直接、情绪力量强烈、情绪变化快速,比较容易产生情绪问题。

随着研究的深入,心理学家提出"情绪高涨"的观点来说明青少年阶段的情绪发展。所谓"情绪高涨"是一个相对的用词,是指比一个人正常状态时的情绪又多一些,

也就是比较个体在平常的情绪反应与在特定时间的情绪反应。青少年时期就是这样一个情绪高涨的时期,他们的情绪,如生气、害怕、嫉妒、高兴等都会比平常更强烈、更持久。

(三)成年人的情绪发展

成年期是一个情绪相对稳定的时期。心理学家研究发现,人的表面情绪发作的强度和次数随着年龄增长而减少,成年后,人的情绪并非不存在,而是已经发生但被控制了,它还是可以因意外的痛苦而爆发的。如心理学家印迪克、西肖尔和斯莱辛格研究了由壮年期到成年期的情绪状况,他们发现,成年人情绪烦乱的主要根由——与职业有关的紧张——随年龄而稳定并大大降低了,而且作为情绪克制指标的身心疾病症状亦随年龄而降低。人类基本情绪的发展如表 5-3 所示。

表 5-3　人类基本情绪的发展

年龄 ＼ 情绪表现	愉快	担心	生气
0～3	自发的微笑	惊吓	不舒服的感觉
3	愉快	—	生气、沮丧
4～5	欣喜、主动微笑	担心、忧愁	—
7	高兴	—	—
9	—	恐惧、厌恶陌生人	—
12	非常开心	焦虑、恐惧	恼怒、愤怒
18	自己有正向评价	害羞	挑战
24	喜欢	—	有意伤害
36	骄傲、爱	—	内疚

第二节　大学生的情绪特点

情绪是个体与环境、事物之间关系的反映,它具有独特的主观体验和外部表现形式,对人的活动有着非常重要的影响。作为特殊的群体,大学生的生理基本成熟而心理尚未完全成熟,易受到外界的干扰,因而对人、事、社会等各种现象特别关注,对新鲜事物十分好奇,对学业和未来充满信心,朝气蓬勃、积极进取,拥有许多积极的情绪,他们的每一个心理过程都是在某种特定的情绪背景下进行的,并受其影响和调节。

一、大学生的情绪特点

大学时期是青年心理成熟的重要时期,也是情绪丰富多变、相对不稳定的时期。随着社会地位、知识素养的提高及所处特定年龄阶段的影响,大学生的情绪带有鲜明的特征。具体表现在以下五个方面:

(一)丰富性和复杂性

从生理发展阶段来看,大学生正处于多梦的年龄阶段,几乎人类所具有的各种情绪,都可在大学生身上体现出来,并且各类情绪的强度不一,例如,有悲哀、遗憾、失望、难过、悲伤、哀痛、绝望之分。从自我意识的发展来看,大学生表现出较多的自我体验,自我尊重的需要强烈,易产生自卑、自负等情绪体验。从社交方面来看,大学生的交际范围日益扩大,与同学、朋友及师长之间的交往更细腻、更复杂,有的大学生还开始体验一种更突出的情感——恋爱,而恋爱活动往往又伴随着深刻的情绪体验,这种特殊的体验对大学生有十分重要的影响。在情绪体验的内容上,大学生的情绪呈现出相当丰富多彩的特征,以惧怕的情绪来说,大学生所怕的事物,主要与社会的、文化的、想象的、抽象复杂的事物和情势有关,诸如怕考试、怕陌生人、怕惩罚、怕寂寞等。

(二)波动性和两极性

入学时期是人生面临多种选择的时期,学习、交友、恋爱等人生大事基本在这一阶段完成。社会、家庭、学校及生活中的事件,都会对大学生的情绪产生影响。尽管大学生的认识水平有了一定的提高,对自己的情绪已有了一定的控制能力,情绪亦趋于稳定,但同成年人相比,大学生相对敏感,情绪带有明显的波动性,一句善意的话语,一个感人的故事,一支动听的歌曲,一首情理交融的诗歌,都可以使大学生的情绪发生骤然变化。特别是在社会转型过程中,社会的变迁、体制的变革、新旧价值观的更替,种种复杂的社会现象更容易使大学生困惑和迷茫,产生情绪的困扰与波动。

同时,由于大学生正处于情绪表现的"动荡"时期,自我认知、生涯发展及心理发展还未成熟,他们的情绪起伏较大,带有明显的两极化特征:胜利时得意忘形,受挫时垂头丧气,喜欢时花草皆笑,悲伤时草木流泪,情绪的反应摇摆不定、跌宕起伏。大学生的情绪经常两极波动,忽高忽低,忽愉快忽愁闷"。

（三）冲动性与爆发性

心理学家霍尔认为青年期处于"蒙昧时代"向"文明时代"演化的过渡期，其特点是动摇的、起伏的，他把这一时期称为"狂风暴雨"时期。由于知识水平和认知能力的提高，大学生对自己的情绪能够有所控制，但由于他们兴趣广泛，对外界事物较为敏感，加之年少气盛和从众心理，因而在许多情况下，其情绪易被激发，犹如疾风骤雨般不计后果，带有很大的冲动性。他们往往对符合自己信念、观点和理想的事件或行为迅速发生热烈的情绪；对于不符合自己信念、观点和理想的事件或行为，则迅速出现否定情绪。个别的有时甚至会盲目的狂热，而一旦遇到挫折或失败又会灰心丧气，情绪来得快，平息得也快。

大学生情绪的冲动性常常是与爆发性相连的。大学生的自制力较弱，一旦出现某种外部强烈的刺激，情绪便会突然爆发，借助于冲动的力量驱使，以至于在语言、神态及动作等方面失去理智的控制，忘却了其他任何事物的存在，极易产生破坏性行为和后果。

（四）阶段性和层次性

大学阶段由于不同年级培养目标和培养重点不同，教育方式和课程设置有所区别，各个年级面临的问题不同，大学生的情绪特点也不同，呈现出阶段性和层次性的特点。大学新生面临的是适应新环境、学习方法的改变、熟悉新的交往对象及确立新的目标等。新生自豪感和自卑感混杂，放松感和压力感并存，新鲜感和恋旧感交替，情绪波动大。二三年级的学生经过了一年级的适应过程，能够融于校园生活中，情绪较为稳定。毕业班学生面临毕业论文（毕业设计）及择业等多方面的重大问题，压力大，情绪波动大，消极情绪多。另外，由于社会、家庭及自身要求、期望不同，能力、心理素质的差别，大学生也会体现出不同的情绪状态。

（五）外显性与内隐性

大学生对外界刺激反应迅速敏感，喜、怒、哀、乐常形于色，比起成年人情绪更外露和直接，但比起中小学生，大学生会文饰、隐藏或抑制自己的真实情感，表现出内隐、含蓄的特点。一般而言，大学生的很多情绪是一眼就能看出的，如考试第一名或赢得一场球赛，马上就会喜形于色。但由于自制力的逐渐增强，思维的独立性和自尊心的发展，他们情绪的外在表现和内心体验并不总是一致的，在某些场合和特定问题上，有些大学生会隐藏或抑制自己的真实情感，有时会表现出内隐、含蓄的特点。例如，对学习、交友、恋爱和择业等具体问题，他们往往深藏不露，具有很大的内隐性。另外，随着大学生社会化的逐渐完成与心理的逐渐成熟，他们能够根据特有条件、规范或目标来表达自己的情绪,使得自己的外部表情与内部体验不一致。例如,有的学生对异性萌生了爱慕之情,却故意常常贬低、冷落对方。

二、大学生情绪健康的标准

健康的情绪是健全人格的必要条件之一。一般而言,情绪的目的性恰当、反应适度,不带有幼稚的、冲动的特征,符合社会规范的要求,就是情绪健康的标准。

心理学家瑞尼斯等人提出了情绪健康的六项指标:

(1)发展出某些技巧以应对挫折情境;

(2)能重新解释与接纳自己与情绪的关系,不会一直自我防卫,能避免挫折并安排替代的目标;

(3)知觉某些情境会引起挫折,可以避开并找寻替代目标,以获得情绪满足;

(4)能找出方法,缓解生活中的不愉快;

(5)能认清各种防卫机制的功能,包括幻想、退化、反抗、投射、合理化、补偿,避免成为错误的习惯,以至防卫过度,造成情绪困扰;

(6)能寻求专家的帮助。

心理学家索尔指出了情绪健康的八个特点:

(1)独立,不依赖父母;

(2)增强责任感及工作能力;

(3)去除自卑情结、个人主义及竞争心理;

(4)适度的社会化与教化,能与人合作,并符合个人良心;

(5)成熟的性态度,能组织幸福家庭;

(6)培养适应,避免敌意与攻击;

(7)对现实有正确的了解;

(8)具有弹性及适应力。

对大学生来说,情绪健康的具体表现为:情绪的基调是积极、乐观、愉快、稳定的,对不良情绪具有自我调控能力,情绪反应适度;高级的社会情感(理智感、道德感、美感等)能得到良好的发展。

三、情绪对大学生的影响

(一)情绪对大学生健康的影响

根据现代生理学、心理学和医学的研究成果表明,情绪对人的身心健康具有直接

影响。若能保持愉快的心境，为人开朗乐观、积极向上，则人体免疫功能活跃旺盛，可以减少患病的机会，有益健康。良好的情绪不仅使大学生对生活充满希望，对自己满怀自信，而且能够使他们的求知欲增强、思维敏捷、富于创造力、爱好广泛、建立良好的人际关系，促进大学生的全方位发展。

与此相反，消极的情绪对人的身心健康危害极大，在压抑、紧张、焦虑、恐惧等消极情绪的长期作用下，人的免疫能力下降，容易患各种传染性疾病，内脏功能也会受到伤害。许多研究表明，消极情绪是健康的大敌。突然而强烈的紧张情绪会破坏大脑皮层的兴奋和抑制的平衡，使人的意识范围狭窄，判断力减弱，失去理智和自制力。调查发现，大学生中常见的消化性溃疡、紧张性头痛和偏头痛、心律失常、月经失调、神经性皮炎等，都与消极情绪有关。

（二）情绪对大学生学习的影响

情绪不仅与大学生的身心健康有关，而且与大学生的潜能开发、工作效率有关。良好的情绪往往使大学生乐于行动，有兴趣地学习、工作和活动，有助于开阔思路，注意力集中，富有创造性。研究发现，精神愉快、心情舒畅、紧张而轻松是思考和创造的最佳状态。

心理学家用实验方法研究情绪与学习成绩的关系时，通常将焦虑程度与学习成绩分别作为自变量和因变量，然后采用自我评定法和生理反应法来研究它们之间的函数关系。结果表明，适度的焦虑能使大学生取得最好的学习效率，焦虑程度过高或过低，均难以取得优异的学习成绩。在生活中常有这种现象：有的大学生在考试时过分紧张，结果出现"晕场"现象；反之，有的大学生对考试采取不以为然的态度，考试成绩也不高。

（三）情绪对大学生人际关系的影响

具有良好情绪特征的人，例如，乐观、热情、自尊、自信是人际产生相互吸引的重要条件，能彼此间心理距离缩短、情感融洽。而自卑、情绪压抑、爱发怒的人，往往不能与他人正常相处，难沟通，使人与人之间疏远。

情绪具有感染性与传染性，正性情绪大于负性情绪的人，在人群中更受欢迎，更容易获得别人的赞赏，容易形成良好的人际关系。一位大学生这样形容宿舍另一位同学：他的情绪正如六月的天，喜怒无常，无法把握，与他相处，有些如履薄冰，我们时刻要受他情绪的支配与感染。我们认为他没有用坏情绪影响我们好心情的权利，因而我们选择逃避，尽量少与他交往。

与此同时，大学生在人际交往中要注重提高自身修养，学会适度控制与调适自己的情绪,做情绪的主人,才能拥有良好的人际关系。

(四)情绪对大学生行为目标的影响

心理学家埃普斯顿在《人类情绪的生态学研究》这篇文章中,介绍了他对大学生的自我观念、情绪与行为变化之间关系的研究成果。结果表明:当体验到的是积极的情绪,如感到高兴、亲切、安全、平静,大学生的行为目标也往往是积极、生动的,对新经验的接受和开放、对周围人的尊重和理解、对价值和长远目标的献身精神等都有明显增强;当体验到的是痛苦、愤怒、紧张或受威胁等消极情绪时,一部分大学生的社会兴趣下降,反社会行为增加,对新经验持审慎甚至闭锁的态度,另一些大学生的行为并没有向消极方面转化,而是汲取教训,准备再战。

埃普斯顿的实验结果表明:积极的情绪体验与积极的行为变化总是有一致的关系。因此,在大学生活中要尽可能多地缔造这种关系。积极引导消极情绪,使之转化为积极情绪。

第三节　大学生的情绪问题

大学生活总的来说是紧张的,社会期望高、心理压力大、学习负担重、竞争激烈,使大学生的情绪易处于紧张状态。一般认为,适度的、情境性的负性情绪反应,如考试中的紧张和焦虑,失意后的悲伤等情绪是正常的。但是,如果大学生不能很好地处理生活和学习中的各种问题,极易产生不同程度的情绪问题,从而影响身心健康和发展。

一、大学生情绪问题的定义

风华正茂的大学生,本该是最健康的一族,但许多调查资料显示,我国大学生心理障碍和疾病的发病率高达 20%,因各种疾病而休学、退学的比例也呈上升趋势。造成大学生身心不健康的原因是多方面的,但与大学生的情绪关系极为密切,特别是一些强烈而持久的不良情绪问题,对大学生的危害更大。

大学生的情绪问题,一般是指大学生的消极情绪,指因生活事件引起的悲伤、痛苦长时间持续不能消除的状态。一方面,情绪问题导致大学生大脑神经活动功能紊乱,使情绪中枢部位的控制减弱,使其认识范围缩小,自制力、学习效率降低,不能正确评价自我,甚至会产生某些失去理智的行为,造成心理障碍和心理疾病;另一方面,

情绪问题又会降低大学生的免疫功能,导致其正常生理平衡失调,引起心血管、消化、泌尿、呼吸、内分泌等系统的各种疾病。

二、大学生情绪问题的表现

(一)焦虑

焦虑作为一种情绪感受,可以通过身体特征体现出来,如肌肉紧张、出汗、嘴唇干裂和眩晕等,焦虑也伴随认知成分。由于焦虑与恐惧、担心、惊慌等相关,也有人将担心看作焦虑的认知成分。

焦虑是大学生常见的情绪状态,当他们在学习、工作、生活各方面遭遇挫折或担心需要付出巨大努力的事情来临时,便会产生这种体验。焦虑对大学生的影响是复杂的,既可以成为大学生成才的内驱力,起促进作用,也可以起阻碍作用。实验证明,中等焦虑能使学生维持适度的紧张状态,注意力高度集中,促进学习。但过度焦虑则会对学生带来不良的影响。如有的大学生在临考前夜的失眠或考试时"怯场",在竞赛中不能发挥正常水平等,多是高度焦虑所致。被过高的焦虑困扰的大学生,常常会感到内心极度紧张不安、惶恐害怕、心神不定、思维混乱、注意力不能集中,甚至记忆力下降,同时还容易产生头痛、失眠、食欲不振、胃肠不适等不良生理反应。焦虑的大学生内心深处有一种无法解脱、不愿正视的心理问题,焦虑只是矛盾、冲突的外显,借此作为防御机制以避免更深层次的困扰。

大学生常见的焦虑有自我形象焦虑、学习焦虑与情感焦虑。自我形象焦虑是担心自己不够漂亮、没有吸引力、过胖或矮小等,也有的因为粉刺、雀斑等影响形象而引起的焦虑。这类焦虑主要与自我认知有关,需要通过调整自我认知重新接纳自我,建立新的形象;与学习有关的焦虑如学习焦虑、考试焦虑,在学生情绪反应中最为强烈,需要引起重视;情感焦虑多数是由于恋爱受挫而引发的自我否定,认为自己不具备爱人与被爱的能力,因而过度担心而引起焦虑。

克服焦虑的方法主要有:了解大学生焦虑背后深层次的潜在冲突,在此基础上给予支持性的专业心理辅导。

(二)抑郁

抑郁症状不仅指各种感觉,还指情绪、认知与行为特征。抑郁最明显的症状是压抑的心情,表现为仿佛掉入了一个无底洞或黑洞之中,正被淹没或感到窒息。其他感觉包括容易发火,感到愤怒或负罪感。抑郁常常伴随着焦虑,对所有活动失去信心,渴望一个人独居。抑郁也伴随着个体思维方式的转变,这些认知改变可以是一般性的,比如注意力不集中、记忆力衰退或者很难做出决定。在思考中可能有更多的心境转变,会消极地看待世界、自我和未来。因此,抑郁的人很难回忆起美好,常常不适当地责备自己,认为他人更消极地看待自己,对未来感到悲观。与此同时,还伴随着身体症状,如常常乏力,起床变得困难,更严重时睡眠方式都将改变,睡得太多或者早晨醒得太早,并且不能再次入睡。也可能出现饮食紊乱,吃得过多或过少,随之而来的体重激增或剧减。抑郁是一种持续时间较长的低落、消沉的情绪体验,它常常与苦闷、不满、烦恼、困惑等情绪交织在一起。

一般来说,这种情绪多发生在性格内向、孤僻、敏感多疑、依赖性强、不爱交际,生活遭遇挫折,长期努力得不到报偿的大学生身上。那些不喜欢所学专业,有人际关系处理不当、失恋等问题的大学生也会产生抑郁情绪。

案 例 分 析

小洁,某大学女生,从小就在优越的环境中长大,父母都是高中老师,过着衣食无忧的生活,由于父母工作比较忙,从小就把她送到乡下的奶奶家抚养,虽然乡下条件比不上城里,但只要她要什么,奶奶总能满足她,父母也定期来奶奶家看她,而且每次来总拿上很多好吃、好玩的东西和好看的衣服,还给她不少的零花钱。因此当时在乡下的很多小孩眼里,她是最幸福的,小伙伴们都很羡慕她,也喜欢跟着她,从小她就有了一种"众星捧月"的感觉。直到她上中学时奶奶病逝,她才回到城里和父母生活。也许父母是因为之前没能很好地照顾她,感到有点愧疚,所以回到家后的她,更是受到父母的百般呵护,享受着"小公主"般的待遇,这样的生活状态一直伴随着她走进了大学。

刚进大学时,对于小洁来说,一切都是陌生的,离开了父母的呵护,有点茫然了。但她还是挺积极地面对生活,各方面表现得都还不错,身体健康,积极而热情。但是大一时,她参加了学校和系里的各类学生干部、干事的竞选,结果都失败了。长这么大,第一次体会到如此"沉重"的打击,一向好胜的她陷入了自我否定的泥潭。

她这种争强好胜的性格,在寝室里好与人争执,又很少忍让。长此以往,寝室的同学都不敢"惹"她了,人际关系也开始出现了危机,总怀疑别人在议论她,对每个室友都充满了敌意。每次看到别人高兴地在一起玩或学习时,小洁内心充满了孤独感;晚上常常做噩梦,睡眠出现问题,精神状态不佳;没有胃口,常常不知道自己为什么发脾气,也很难控制自己的消极情绪,最终变成了同学眼中的"另类"。小洁很痛苦,也努力尝试过改变自己,但坚持不下来。

点评:这是一例以抑郁为主要特征的情绪案例,具体表现为:情绪不稳定,难以控

制自己的情绪,兴趣减退、体重剧增、消极的自我观念、注意力不集中,通过面谈及对她以往生活经历的追踪,通过引导已经使她有所好转。

(三)愤怒

愤怒是由于客观事物与人的主观愿望相违背,或因愿望无法实现时,人们内心产生的一种激烈的情绪反应。心理学研究表明,当愤怒发生时,可能导致人心跳加快、心律失常、血压升高,同时还会使人的自制力减弱甚至丧失,思维受阻、行为冲动,甚至干出一些事后后悔不迭的蠢事或造成不可挽回的损失。

愤怒是大学生常见的一种消极情绪,处于精力充沛、血气方刚的青年时期的大学生,在情绪情感发展上往往容易产生好激动、易动怒的特点。如有的大学生因一句刺耳的话或一件不顺心的小事而暴跳如雷;有的因人际协调受阻而怒不可遏、恶语伤人;有的因别人的观点或意见与自己相左而恼羞成怒;有的因一时的成功、得意而忘乎所以;有的因暂时的挫折或失败而悲观失望、痛不欲生。如此种种遇事缺乏冷静的分析与思考,图一时之快,逞一时之勇的好激动、易动怒的不良情绪特点,在一些大学生身上时有体现。这种情绪对大学生是极其有害的,因而有人说:"愤怒是以愚蠢开始,以后悔结束"。

案 例 分 析

这是一位大一女生的自述:"我来自一个小康家庭,父亲非常爱我,但在我童年时,发生过重大创伤性的生活事件,自从这件事发生后,我不再相信任何人,也不再相信很多人们确信不移的比如友谊、爱情等,我想通过努力学习离开原来的生活环境,开始新的生活,摆脱童年生活的阴影。来到大学后,看到同学们都快乐无忧地生活着,长久潜藏于心的愤怒悄悄地滋长着,我不知道如何排解这种情绪,便经常翻同学的书柜,将他们正在看的参考书藏起来,我并不是为了看书,而是看到他们焦虑、着急的样子,我内心的愤怒便得到了宣泄,可这样我还不解气,我将同学的存折悄悄取出,并将钱全部花掉以化解我心中的愤怒。"

点评:这位女大学生在童年遭受了挫折与伤害,因为缺乏必要的心理辅导与心理支持,在她升入大学后,她的心理问题并没有及时得到解决,因此她潜在的愤怒并没有得到释放,相反是压抑起来,并以不当的方式进行发泄,最后导致受到学校纪律处分的严重后果。

（四）嫉妒

嫉妒是指因他人在某些方面胜过自己引起的不快甚至是痛苦的情绪体验。嫉妒是自尊心的一种异常表现，在大学生中普遍存在。具体表现为当看到他人学识能力、品行荣誉甚至穿着打扮超过自己时内心产生的不平、痛苦、愤怒等感觉；当别人身陷不幸或处于困境时则幸灾乐祸，甚至落井下石，在人后恶语中伤、诽谤。嫉妒是一种情绪障碍，它扭曲人的心灵，妨碍人与人之间正常真诚的交往。

嫉妒是由于别人胜过自己而引起抵触的消极的情绪体验。在日常生活中，嫉妒的存在是很普遍的。当看到别人比自己强时，心里就酸溜溜的不是滋味，于是就产生一种包含着憎恶与羡慕、愤怒与怨恨、猜疑与失望、屈辱与虚荣及伤心与悲痛的复杂情感，这种情感就是嫉妒。嫉妒者不能容忍别人超过自己，害怕别人得到自己无法得到的名誉、地位等，在他看来，自己办不到的事别人也不要办成，自己得不到的东西别人也别想得到。

嫉妒是人本质上的疵点，嫉妒心强的人容易得身心疾病。长期处于不良的情绪状态中，会产生压抑感，容易引发忧愁、消沉、怀疑、痛苦、自卑等消极情绪，会严重损害身心健康。嫉妒心还会影响大学生成长，不良情绪会大大降低学习的效率。另外，嫉妒心强可能使我们结交不到知心朋友。嫉妒心强的人往往事事好胜，常想方设法阻止别人的发展，总想压倒别人。这可能使同学们想躲开你，不愿与你交往。从而给自己造成一个不良的人际关系氛围，从而感到孤独、寂寞。

嫉妒对人的心理健康不利。一是破坏人际关系的和谐。当一个人嫉妒另一个人的时候，就不会对对方友善、热情，两个人的关系必然冷淡。嫉妒的对象越多，关系冷淡的对象越多，这就给人际交往带来极大的障碍。甚者，还会破坏集体的团结和良好的心理氛围。二是造成个人的内心痛苦。一个嫉妒心强的人，常常陷入苦恼之中而不能自拔。时间长了会产生自卑，甚至可能采取不正当的手段去伤害别人，使自己陷入更恶劣的处境。巴尔扎克曾经说过："嫉妒者比任何不幸的人更为痛苦，因为别人的幸福和他自己的不幸，都将使他痛苦万分。"

克服嫉妒首先要开阔视野，开阔心胸，懂得"天外有天，人外有人""强中自有强中手"的客观规律。真正做到豁达开朗并非易事，如果正处在愤怒、兴奋或消极的情绪下，能较平静、客观地面对现实，是能达到克服嫉妒的目标的。其次要学会转移注意力，需要积极进取，使生活充实起来，以期取得成功。培根说过："每一个埋头沉入自己事业的人，是没有工夫去嫉妒别人的。"因此，积极参与各种有益身心的活动，使大

学生活真正充实起来,嫉妒的毒素就不会滋生、蔓延。为了缓解失败给自己带来的心理上的不平衡感,可以找一些理由,使自己不再嫉妒别人。三是学习并欣赏别人的长处,化嫉妒为动力。一个人在嫉妒别人时,总是关注别人的优点,忽视自己的优点。一般而言,嫉妒心理较多地产生于自身周围年龄相仿、生活背景大致相同的人群中。因此,只有采取正确的比较方法,将己之长比人之短,而不是以己之短比人之长。有意识地想一想自己比对方强的地方,这样就会使自己失衡的心理天平重新恢复到平衡的状态。四是建立正确的自我意识,提高自我意识水平,正确地评价自己和别人。嫉妒是一种突出自我的表现。在这种心理支配下,待人处事常常以自我为中心,无论什么事,首先考虑到的是自身的得失,因而引起一系列的不良后果。若出现嫉妒苗头时,应加强自我约束,摆正自身位置,努力驱除嫉妒心,这样就会感到"心底无私天地宽"。

案例分析

这是发生在两位大学生之间的事:学生 A、B 是某名牌大学的学生,大学期间两人是形影不离的好友,在研究生学习期间,两人同时参加出国考试并被美国大学录取,只因 A 申请的学校排名高于 B 申请的学校,B 膨胀的嫉妒心使她无法面对 A 优于她的现实,于是,她以 A 的名义向 A 申请的学校写了一封信,拒绝去美读书,当 A 得知最终结果时,她无论如何不能相信事实,而 B 的理由只有一条:嫉妒。这一致命的弱点毁掉了两个青年的前程。

(五)冷漠

冷漠是指人对外界刺激缺乏相应的情感反应,对生活中的悲欢离合都无动于衷。具体表现为:凡事漠不关心、冷淡、退让的消极情绪体验。如有的大学生对周围的人和事漠不关心,对集体和同学态度冷淡,对自己的前途命运、国家大事等漠然置之,似乎自己已看破红尘、超凡脱俗。于是,把自己游离于社会群体之外,独来独往,对各种刺激无动于衷。这种冷漠的情绪状态,多是压抑内心情感情绪的一种消极逃避反应。具有这种情绪的人从表面上看虽表现为平静、冷漠,但内心却往往有强烈的痛苦、孤寂和压抑感。如果大学生长时间地处于这种情绪状态下,巨大的心理能量无法释放,超过了一定限度时,就会以排山倒海的形式爆发出来,致使心理平衡遭到破坏,影响身心健康。

冷漠与退缩一样,是一种消极情绪的内化而非外显的行为,事实上,冷漠比攻击更可怕。冷漠会带来责任感的下降、生活意义的缺失与自我价值的放弃。可以说是有百害而无一利的消极情绪体验。冷漠的形成多数与人生重大生活事件有关,也与个体的生活经历有关。

克服冷漠最根本的办法是改变认知,发现生活的意义,发现自我的价值,改变长此以往形成的对人生消极的看法。从行为上,积极投身各种有意义的活动中,融入集体中,进行积极的自我暗示与自我提升,正确认识自我与他人、个体与社会,并不断矫正自己的非理性观念。

三、大学生情绪问题产生的原因

当今中国正处于高速发展时期,多变的外在环境给大学生的心理带来了极大的冲击。由于大学生正处于生理、心理及思想变化时期,心理状态及情绪状态不稳定,且缺乏社会生活的磨炼,心理承受能力相对薄弱,在这些巨大冲击面前,缺乏恰当的适应能力,极易导致焦虑、抑郁、自卑、逆反等情绪的产生。归纳起来,大学生的情绪问题主要受以下因素影响:

（一）客观因素

1. 社会环境

随着社会主义市场经济体制的建立和发展、竞争机制的引入、生活节奏的加快、传统价值观念多变,以及转型时期腐败、职工下岗、社会治安和贫富差距加大等社会问题出现,这些社会刺激给社会阅历浅、心理应对和承受能力弱的大学生带来了很大的冲击,容易引发大学生的心理与行为严重失调,产生不良情绪。如大学校园中曾一度流行过"六十分万岁"的口号,随着国家就业体制改革的深入,这句口号将永远成为历史。大学生的任务就是要全方位塑造自己,将自己推向市场,接受市场的选择。不少学生由于对自己信心不足,时常出现过于焦虑和担心的情绪。

2. 学校环境影响

就学校环境来看,随着我国高校教育体制改革的深入,只重学习成绩或一纸文凭的时代将永远成为历史。高校为了适应市场的需要,提高自身办学水平、培养优秀人才,对学生的学习、综合素质等方面也要求更高,并制订了完善的考核标准。大学生稍有松懈就会在竞争中失利,这也成为产生大学生消极情绪的诱因之一。另外,由于目前高校改革的不断深化,招生不断扩大,由此带来了高校办学的一系列变化,教育产业化实行的上学交费制度、奖贷金制度、考试淘汰机制及择业制度的变更、完善,无

不牵动着每一个大学生,冲击着当代大学生动荡不安的心理,影响着大学生的情绪。

3. 家庭因素的影响

家庭是人才成长的启蒙学校,家庭经济状况,家长教育态度、内容与方式,家庭成员之间的亲疏关系,对学生情绪、情感水平的培养起着非常重要的影响。当前,生活节奏的加快、社会的转型,对家庭的冲击较大,单亲家庭、下岗家庭等问题家庭增多,越来越深刻地影响着大学生的情绪。另外,家长对子女过高的期望值或要求,过于急切的"望子成龙"的心态,对加重其子女的心理负担,使之产生焦虑不安的情绪体验起了推波助澜的作用。一些大学生因为害怕不能满足家长的要求或不能为家庭增添光彩,引发了高度焦虑和极度苦闷的情绪反应。个别大学生因体验不到家庭的温暖或感受不到来自教师、同学对他的关爱和体贴,也极易使他们产生"冷眼看世界"的消极情绪体验和反应。

(二)主观因素

外在的环境刺激对大学生情绪问题的产生影响固然深刻,但大学生的情绪变化的决定性因素还取决于大学生自身。

1. 不能正确地评价自我

每位大学生的过去都有一段"辉煌的历史",但是,大学校园是群英荟萃、人才济济的,这样的变化常常会使一部分学生感到失落,变得不知所措而逐渐产生自卑感。因此,每个大学生都需要重新认识自我,摆正位置,寻找新的起点。如果一味沉溺于过去,不愿正视现实,遇到困难挫折时很容易产生自负自卑的情绪。相反,习惯于过高地估计自己,心里常常觉得自己什么都比别人强,自然容易使其滋生骄傲自满的情绪体验,一旦遇到挫折,就会一蹶不振、自暴自弃。

2. 依赖性与自主性的矛盾

在大学时代,大学生进入了较为自由和开放的环境,独立意识日益增强,希望独立自主,凡事想依靠自己的力量,处处想显示个人的主张。他们渴望在各个方面取得成功,关心时事政治,积极参加校内外各种活动,力求处处表现出自己的能力。但是,由于他们的心理成熟落后于生理成熟,认识能力落后于活动能力,在经济上、行为上尚不能完全独立,长期形成的依赖心理一时难以摆脱,面对复杂的环境,常常不知所措。另外,多数大学生是独生子女,独立性比较差,有较强的依赖性,缺乏社会经验和独立生活能力,大学生活中的一切事务都要亲自处理,这对于生活自理能力极差的大学生来说缺乏必要的心理准备。这种依赖性和自主性的矛盾容易导致部分学生对大学生活的严重不适,长期处于悲伤、抑郁状态。

3. 期望值偏高与现实状况的反差

大学生一般比较自信,对自己的前途和未来怀有美好的向往,成就动机很强,自我期望值很高。但现实状况却不尽如人意,如果大学生经过一个阶段的努力仍然不能实现自己的愿望,就会感到理想破灭,一旦遇到困难和挫折,就很容易萎靡不振,情绪低落,或者产生逆反情绪,与社会对立。

ⓐ 案 例 分 析

一个青年带着烦恼去找一位智者,他大学毕业后,曾豪情万丈地为自己树立了许多目标,可是几年下来,依然一事无成。他找到智者时,智者正在河边小屋里读书。智者微笑着听完青年的倾诉,对他说"来,你先帮我烧壶开水",青年看见墙角放着一个极大的水壶,旁边是一个小火灶,可是没发现柴火,于是便出去找。他在外面拾了一些枯枝回来,装满一壶水,放在灶台上,在灶内放了一些柴便烧了起来,可是由于壶太大,那捆柴烧尽了,水也没开。于是他跑出去继续找柴,回来的时候那壶水已经凉得差不多了,这回他学聪明了,没有急于点火,而是再次出去找了些柴,由于柴火准备充足,水不一会儿就烧开了。智者忽然问他:"如果没有足够的柴,你该怎样把水烧开?"青年想了一会儿,摇了摇头。智者说:"你可以把水壶里的水倒掉一些。"青年若有所思地点了点头。智者接着说:"你一开始踌躇满志,树立了太多的目标,就像这个大水壶装了太多水一样,而你又没有足够的柴,所以不能把水烧开,要想把水烧开,你或者倒出一些水,或者先去准备足够的柴。"青年恍然大悟。回去后,他把计划中所列的目标去掉了许多,只留下最近的几个,同时利用业余时间学习各种专业知识。几年后,他的目标基本上都实现了。

点评:只有删繁就简,从最近的目标开始,才会一步步走向成功。万事挂怀,只会半途而废。另外,我们只有不断地捡拾"柴火",才能使人生不断加温,最终让生命沸腾起来。

4. 性和恋爱引起的情绪波动

由于大学生的性机能日益成熟,对感情的欲望逐渐加强,他们渴望与异性交往,追求美好爱情。但由于大学生心理尚未完全成熟,情绪有较大波动性,而且大学生的性格尚未定型,承受挫折的能力不够,对爱情的理解又过于浪漫而不切实际,一旦情感问题遭受挫折(如失恋、单相思)便难以承受而灰心丧气、一蹶不振,甚至走向极端

而采取毁灭行为。

另外,有些大学生由于缺乏必要的性教育而导致谈性色变。性心理常处于受压抑状态,本能的释放性与心理的压抑性矛盾必然导致性焦虑。个别学生会因此蒙受精神上的痛苦,心灵备受煎熬,情绪波动明显,陷入惶恐不安、担心害怕、心神不宁、头昏脑涨、失眠多梦的心境之中。

5. 人际交往的受挫

一些大学生对人际交往具有浓厚的理想主义色彩,对友谊的渴求十分强烈,人际交往的期望值过高,一旦期望值难以达到,就容易对人际交往采取消极冷漠的态度。当出现心理困扰,又苦于无人倾诉排解时,由于得不到及时的帮助与治疗,就可能引发精神上的疾病。

另外,不少学生或多或少地有封闭心理,担心自己在社交场合不善言谈,担心自己缺少社交风度和气质,不被人重视、接纳。有些同学很想正常地与人交往,却因生性内向,过于腼腆,存在思想顾虑,从而游离于校园交际圈之外。一旦在心理上与人群格格不入,就不可避免地陷入紧张、焦虑的情绪之中。

6. 重要丧失

大学期间的重要丧失也会对大学生的情绪产生重大影响。一是与大学生活有关的重要丧失如考试失利、考研失利等,二是与大学生自我发展有关的荣誉的丧失,如入党、评优等,三是情感方面的重要丧失,如失恋、好友失和等;四是重要家人的丧失,如亲人去世、家庭发生重大变故等,都对大学生的情绪构成影响,特别是负性生活事件对大学生不良情绪的滋长与蔓延起着不容忽视的作用。如果不及时调整,容量引发情绪问题。

第四节　情商与大学生的情绪调适

一、情感智商

(一)情商的定义

情商(emotional quotient,EQ)是由美国心理学家高尔曼提出的,他认为:利用智力测验或标准化的成就测验来衡量一个人的智力,并预测其未来的成败,实际上比利用情绪的特质来衡量它更具有意义。情商是相对于智商(intelligence quotient,IQ)的一个概念,是情绪、情感商数的简称,也是情绪评定的量度。情商是情感理论的新发展,情商高,才能情绪稳定、立志坚强、乐观豁达,有利于自身学习、工作及人际关系调整。

具体说来,情商包含以下五种能力:

1. 认识自己的情绪

认识情绪的本质是情感智商的基石,当人们出现了某种情绪时,应该承认并认识这些情绪而不是躲避或推脱。只有了解自己的情绪并能引导自己的情绪往好的方面发展,才能更好地指导自己的人生,更准确地决策婚姻、职业等大事,反之,不了解自身真实情绪的人,必然沦为情绪的奴隶。

2. 妥善管理情绪

情绪管理是指能够自我安慰,能够调控自我的情绪,使之适时、适地、适度。这种能力具体表现在通过自我安慰和运动放松等途径,有效地摆脱焦虑、沮丧、激怒、烦恼等因失败而产生的消极情绪的侵袭,不使自己陷于情绪低潮中。这方面能力较匮乏的人常与低落的情绪交战,而这方面能力高的人可以从人生挫折和失败中迅速跳出,重整旗鼓,迎头赶上。

3. 自我激励

自我激励指能将情绪专注于某个目标上,为了达成目标而调动、指挥情绪的能力。任何方面的成功都必须有情绪的自我控制——延迟满足、控制冲动、统揽全局。拥有这种能力的人能够集中注意力、发挥创造力,积极热情地投入工作,并能取得杰出的成就。缺乏这种能力的人,则易半途而废。

4. 认知他人的情绪

认知他人的情绪即移情的能力,是在自我认知的基础上发展起来的最基本的人际技巧。具有这种能力的人,能通过细微的社会信号敏锐感受到他人的需要与欲望,能分享他人的情感,对他人的处境感同身受,又能客观理解、分析他人情感。此种能力强者,特别适合从事监督、教学、销售与管理的工作。

5. 人际关系的管理

人际关系的管理就是管理他人情绪的艺术。大体而言,人际关系的管理就是调控与他人相关的情绪反应的技巧。这种能力包括展示情感、富于表现力与情绪感染力,以及社交能力(组织能力、谈判能力、冲突能力等)。人际关系管理可以强化一个人的受欢迎程度、领导权威、人际互动的效能等。能充分掌握这项能力的人,常是社交中的佼佼者,反之则易于攻击别人、不易与人协调合作。因此,一个人的人缘、领导能力及人际和谐程度,都与这项能力有关。

（二）情商与智商

长期以来，智商一直作为测量与衡量一个人的智力的指标。但是，大量事实表明，高智商者不一定就踏上了成功的坦途，而智商平平者中也不乏卓越超群的成功者。于是，越来越多的心理学家对智商的权威性提出了质疑与挑战。

情商与智商虽然不同，但并不冲突，每个人都是两者的综合体。智商高而情商低或情商高而智商奇高的人都很少见。一般而言，多数人都是情商与智商协调发展，很多研究表明：情商仍然是大学生人格能否健全、完整发展的重要因素。专家发现，学业上的聪明与情绪的控制关系不大，再聪明的人，也可能因情绪失控而铸成大错。情商是发自内心的智慧，不仅决定着现实智力水平的发挥，还可预示良好的发展趋势。

二、情商与大学生的发展

新世纪要求人才必须具备较高的综合素质，既要有较高的思想政治素质，又要有健康的身心素质；既要有合理的知识结构，又要有多样化的综合能力；既要有竞争意识，又要懂得与人交往、与人合作。因此，情商是当代大学生综合素质中的一个重要方面，并在一定程度上影响着其他素质的提高。

（一）情商与大学生身心健康

大学时期是大学生逐渐向成人过渡的重要时期，是其身心发展的高峰期。健康的身心素质是大学生成才的保证。情绪与大学生的身心健康有着密切的关系。良好的情绪使大学生全身各系统、器官的功能更加协调、健全，有利于其身体健康，并有助于大学生更好地与他人相处，对学习、工作、生活更富有激情和创造力，更有力量去克服挫折与困难。不良情绪不仅会造成大学生生理机制的紊乱，从而导致各种躯体疾病，而且会抑制大学生大脑皮层的高级心智活动，使他们的意识范围变得狭窄，正常判断力减弱，甚至使人精神错乱、神志不清，导致各种神经症和精神病。情商能使大学生通过对自己情绪的认知、调控来保持良好的情绪，促进其身心健康。

（二）情商与大学生的人格完善

人格是一个人素质的重要组成部分，是由许多相互作用、不断变化着的部分组成的。大学阶段正是人格发展、重组、完善的重要时期。情商会在一定程度上促进大学生自我意识的形成，帮助大学生在积极、良好、稳定的情绪状态下正确认识自我发展中的变化与挑战，获得自我一致的心理感受。情商有利于塑造大学生的良好性格，有助于大学生培养乐观向上、积极进取、百折不挠、真诚友好、宽厚大度、善解人意等良好性格。情商也有利于增强大学生的耐挫力，它能针对受挫以后的种种消极情绪，分别施以不同的调节、控制,并使其向积极、健康的情绪转化,提高大学生对挫折的免疫力和抵抗力。

（三）情商与大学生的人际关系

人是社会的人,人必须在与别人的交往中生存。积极的人际交往,多方面、多层次的和谐的人际关系,有助于大学生获得社会生活所必需的人格品质、价值取向、理想信念及社会赞许的行为方式,加快社会化进程,有助于大学生与他人进行交流、比较,深化对自我的认识,有助于大学生获得友谊、理解和支持,增强自我价值感和安全感,降低挫折感,保持身心健康。情绪在人际关系中起着信号作用,是人际交往的重要手段。对自我情绪的认知、表达和调控,对他人情绪的觉察和把握,自身情商的提高,有助于大学生处理好人际交往问题,建立和谐的人际关系,增强自身的人际交往和社会适应能力。

（四）情商与大学生智力

大学生正处在智力增长期,正处于智力发展的黄金时期。当代社会进入知识经济时代,知识更新速度越来越快。这就要求大学生不仅要有学习、储存新知识的能力,更重要的是要有可贵的开拓精神和创新能力。在大学生进行思维活动时,情商具有重要的促进作用。首先,情商对大学生的思维活动具有选择和引导功能;其次,情商对思维活动具有促进和支持功能,使大学生的大脑处于最佳活动状态,思路开阔,并能从多个角度进行思考,打破定势,发挥潜能,进行创造性思维。

三、大学生调适情绪的方法

由于不良情绪会妨碍人的身心健康,因此,心理学家积极主张对大学生的情绪进行科学指导,并提倡大学生进行自我调节。不同情境中的负性情绪可以采取不同方法进行自我调节和控制。以下原则对大多数人会有一定的指导与帮助:

(1)培养乐观向上、积极进取的人生观;

(2)培养广泛的兴趣爱好与主观幸福感,热爱生活;

(3)注重沟通的艺术,学会与人合作,建立宽厚的人际关系;

(4)悦纳自己,用赞赏的目光对待自己;

(5)宽容别人,不苛求别人;

(6)学会忘记过去的失败对自己的伤害;

(7)避免过分自责;

(8)善于控制自己的情绪,并学会消化负性情绪;

（9）不要随意扩大某事的严重性，尽可能做到"大事化小，小事化了"；

（10）学会忽略对自己不利的事情，以避免因此引起的负性情绪体验。

从操作层面看，不良情绪的自我调节方法很多，人们经常使用的有如下几种：

（一）理性情绪疗法

理性情绪疗法（rational therapy，RET）是由美国临床心理学家艾利斯创立的，其核心是去掉非理性的、不合理的信念，建立合理的信念。非理性信念的特点是绝对化、过分概括化、糟糕透顶等。艾利斯认为，非理性信念主要包括十条：

（1）每个人都应该得到在自己生活环境中对自己重要的人的喜爱与赞许。

（2）每个人都必须很有能力，在各方面有成就，这样的人才是有价值的。

（3）有些人是坏的、卑劣的、恶性的，因为他们的恶行，他们应该受到严厉的责备与惩罚。

（4）假如发生的事情是自己不喜欢或不期待的，那么它是糟糕的、很可怕的，事情应该是自己喜欢与期待的那样。

（5）人的不快乐是由外在因素引起的，一个人很少有或根本没有能力控制自己的忧伤和烦闷。

（6）一个人对于危险或可怕的事物应该非常挂心，而且应该随时考虑到它可能发生。

（7）逃避困难、挑战与责任要比面对它们容易。

（8）一个人应该依靠别人，而且需要有一个比自己强的人做依靠。

（9）一个人过去的历史对他目前的行为是极重要的决定因素，因为某事曾影响一个人，它会继续，甚至永远具有同样的影响效果。

（10）一个人碰到种种问题，应该有一个正确、妥当及完善的解决途径，如果无法找到解决方法，那将是糟糕的事。

艾利斯认为：情绪并不是由某一诱发事件本身直接引起的，而是由经历这一事件的个体对这一事件的解释和评价所引起的。这一理论也称为情绪困扰的 ABC 理论，A 是指诱发性事件（activating event），B 指个体所遇到诱发性事件之后产生的相应信念（belief），即他对这一事件的想法、解释和评价，C 指在特定的情景下，个体的情绪及行为的结果（consuence），D 即驳斥、对抗（dispute），通过上述过程能产生有效的治疗效果 E（effect）。

当一名大学生因考试成绩平平（A）而焦虑甚至产生抑郁（C），这是因为他有这样的信念（B）：大学生在各方面都应当是优秀的、出类拔萃的，否则情况就非常糟糕。合理的解释是大学生未必各方面都优秀,做最好的自己是最重要的(E)。人的思想、情感和行动三者都是同时发生的,即当人在思考时,也在感受和行动,同样,当人在感受时,也在思考与行动。情绪问题正是不断地用非理性的观念对自己暗示或指示的结果。

（二）积极的自我暗示

从心理学角度讲,心理暗示就是个人通过语言、形象、想象等方式,对自身施加影响的心理过程。这个概念最初由法国的库埃于 1920 年提出,他的名言是"每一天,我在各方面都变得越来越好"。自我暗示分消极自我暗示与积极自我暗示。积极自我暗示,在不知不觉之中对自己的意志、心理以至生理状态产生影响,积极的自我暗示令我们保持好的心情、乐观的情绪、自信心,从而调动人的内在因素,发挥主观能动性。心理学上所讲的"皮格马利翁效应"也称期望效应,就是积极的自我暗示,而消极的自我暗示会强化我们个性中的弱点,唤醒我们潜藏在心灵深处的自卑、怯懦、嫉妒等,从而影响情绪。

与此同时,我们可以利用语言的指导和暗示作用,来调适和放松心理的紧张状态,使不良情绪得到缓解。心理学的实验表明,当个人静坐时,默默地说"勃然大怒""暴跳如雷""气死我了"等语句时心跳会加剧,呼吸也会加快,仿佛真的发起怒来。相反,如果默念"喜笑颜开""兴高采烈""把人乐坏了"之类的语句,那么他的心里面也会产生一种乐滋滋的体验。由此可见,言语活动既能唤起人们愉快的体验,也能唤起不愉快的体验,既能引起某种情绪反应,也能抑制某种情绪反应。因此,当我们在生活中遇到情绪问题时,我们应当充分利用语言的作用,用内部语言或书面语言对自身进行暗示,缓解不良情绪,保持心理平衡。比如默想或用笔在纸上写出下列词语:"冷静""三思而后行""忍""镇定"等。实践证明,这种暗示对人的不良情绪和行为有奇妙的影响和调控作用,既可以松弛过分紧张的情绪,又可用来激励自己。

（三）转移注意力

注意力转移法就是把注意力从引起不良情绪反应的刺激情境转移到其他事物上去或从事其他活动的自我调节方法。当出现情绪不佳的情况时,要把注意力转移到使自己感兴趣的事上去,如:外出散步,看电影、电视,读读书,打打球,下盘棋,找朋友聊天等,有助于使情绪平静下来,在活动中寻找到新的快乐。这种方法一方面中止了不良刺激源的作用,防止不良情绪的泛化、蔓延;另一方面,通过参与新的活动,特别是自己感兴趣的活动而达到增进积极的情绪体验的目的。

有这样一个故事:一位老太太有两个儿子。大儿子卖伞,二儿子晒盐。每逢晴天

老太太就担心大儿子的伞卖不出去,而每到阴天,她又担心二儿子的盐没法晒。她终于积忧成疾,一病不起。两个儿子很孝顺,四处访医问药。终于,一位智者告诉老太太:"晴天好晒盐,您应该为二儿子高兴。阴天好卖伞,您应该为大儿子高兴。"老太太照此做了,果然心情变好了,身体也日渐恢复了。这就是注意力转移法对情绪的作用。情绪是需要调控的,也是可以调控的。曾经有位名人告诉他的孙子:"当你生气时,从一数到十,假如怒火燃烧,那就数到一百。"他的孙子照这种方法做了,果然与别人争吵的次数越来越少了,与同学相处得越来越融洽了。

（四）适度宣泄

过分压抑只会使情绪困扰加重,而适度宣泄则可以把不良情绪释放出来,从而使紧张情绪得以缓解、放松。因此,遇到不良情绪时,最简单的办法就是宣泄。宣泄一般是在背地里、在知心朋友中进行的。采取的形式或是用过激的言辞抨击、谩骂、抱怨恼怒的对象,或是尽情地向至亲好友倾诉自己认为的不平和委屈等,一旦发泄完毕,心情也就随之平静下来。或是通过体育运动、劳动等方式来尽情发泄;或是到空旷的山林原野,拟定一个假目标大声叫骂,发泄心中怨气。必须指出,在采取宣泄法来调节自己的不良情绪时,必须增强自制力,不要随便发泄不满或者不愉快的情绪,要采取正确的方式,选择适当的场合和对象,以免引起意想不到的不良后果。

（五）自我安慰法

当一个人遇到不幸或挫折时,为了避免精神上的痛苦或不安,可以找出一个合乎内心需要的理由来说明或辩解。如为失败找一个冠冕堂皇的理由,用以安慰自己,或寻找到理由强调自己所有的东西都是好的,以此冲淡内心的不安与痛苦。这种方法,对于帮助人们在大的挫折面前接受现实、保护自己、避免精神崩溃是很有益处的。比如,对于失恋者来说,想到"失恋总比结婚后再离婚要好得多",便可减轻因失恋带来的痛苦。因此,当人们遇到情绪问题时,经常用"胜败乃兵家常事""塞翁失马,焉知非福""坏事变好事"等来进行自我安慰,可以摆脱烦恼,缓解矛盾冲突,消除焦虑、抑郁和失望,达到自我激励、总结经验、吸取教训之目的,有助于保持情绪的安宁和稳定。

（六）交往调节法

某些不良情绪常常是由人际关系矛盾和人际交往障碍引起的。因此,当我们遇到不顺心、不如意的事,有了烦恼时,能主动地找亲朋好友交往、谈心,比一个人独处冥想、自怨自艾要好得多。因此,在情绪不稳定的时候,找人谈一谈,具有缓和、抚慰、稳定情绪的作用。另外,人际交往还有助于交流思想、沟通情感,增强自己战胜不良情绪的信心和勇气,能更理智地去对待不良情绪。

(七)情绪升华法

升华是改变不为社会所接受的动机、欲望而使之符合社会规范和时代要求,是对消极情绪的一种高水平的宣泄,是将消极情感引导到对人、对己、对社会都有利的方向去。如一同学因失恋而痛苦万分,但他没有因此而消沉,而是把注意力转移到学习中,立志做生活的强者,证明自己的能力。

在上述方法都失效的情况下,仍不要灰心,在有条件的情况下,可以去找心理医生进行咨询、倾诉,以便在心理医生的指导、帮助下,克服不良情绪。

课 外 活 动

了解你的情绪类型

我们日常生活中的活动,在多大程度上受理智的控制,又在多大程度上受情绪的支配? 在这方面,人与人之间存在着很大的差异,气质(主要靠遗传获得)、性格、情绪(心理学家称之为"觉醒水平")、阅历、素养等都起着一定的作用。我们只有认清情绪的力量,发挥理性的控制,才能实现情绪反应与表现的均衡适度,确保情绪与环境相适应。本测试将帮助你在这方面确定自己的位置。

下面有 30 道情绪自测题,每题有 A、B、C 三个选项,请你仔细审读,弄清楚每一道题的意思,然后以最快的速度诚实作答,每题只选一项。

1. 你在看电影时会哭或觉得想要哭吗? (　　　)

A. 经常　　　　　　B. 有时　　　　　　C. 从不

2. 你在咖啡店里要了杯咖啡,这时发现邻座有一位姑娘在哭泣,你会怎样? (　　　)

A. 问她是否需要帮助　　　B. 想说些安慰的话,但却羞于启齿

C. 换个座位远离她

3. 一个刚相识的人对你说了一些恭维的话,你的反应如何? (　　　)

A. 非常喜欢听,并开始喜欢对方　　　B. 感到窘迫　　　C. 谨慎地观察对方

4. 遇到朋友时,你经常怎样做? (　　　)

A. 拥抱他们　　　　　　B. 微笑、握手和问候　　　　　　C. 点头问好

5. 对于信件或纪念品,你会如何处理? (　　　)

A. 保存多年　　　　　　B. 两年清理一次　　　　　　C. 刚刚收到就无情地扔掉

6. 在朋友家聚餐之后,朋友和其爱人激烈地吵了起来,你会怎样做? (　　　)

A. 尽力劝和　　　　　　B. 觉得不快,但无能为力　　　C. 立即离开

7. 如果让你选择,你更愿意(　　　)。

A. 同许多人一起工作并亲密接触　　　B. 和少数人一起工作　　　C. 独自工作

8. 同一个很羞怯或紧张的人说话时,你会(　　　)。

A. 觉得逗他说话很有趣　　　B. 因此感到不安　　　C. 有点生气

9. 在一场特别好的演出结束后,你会(　　　)。

A. 用力鼓掌　　　B. 加入鼓掌,但觉得很不自然　　　C. 不愿意鼓掌

10. 一位朋友误解了你的行为,并且正在生你的气,你会怎样?(　　　)

A. 尽快联系,做出解释　　　B. 等待一个好机会再联系,但对误解的事不做解释

C. 等朋友自己清醒过来

11. 你曾毫无理由地感到害怕吗?(　　　)

A. 经常　　　　　　B. 偶尔　　　　　　C. 从不

12. 你喜欢的孩子是下列哪一种?(　　　)

A. 很小而且有些可怜巴巴的　　　　　　B. 能同你谈话,并且形成了自己的个性

C. 大孩子

13. 当你为解闷而读书时,你喜欢(　　　)。

A. 读幻想小说、荒诞小说　　　　　　B. 读历史小说、社会问题小说

C. 读史书、秘闻、传记类

14. 去外地时,你会(　　　)。

A. 陶醉于自然风光　　　B. 希望去更多的地方　　　C. 为亲戚们的平安感到高兴

15. 如果在车上有陌生人要你听他讲自己的经历,你会怎样?(　　　)

A. 真的很感兴趣　　　B. 显示你颇有兴趣　　　C. 打断他,做自己的事

16. 你是否因内疚或痛苦而后悔?(　　　)

A. 是的,一直很久　　　B. 偶尔后悔　　　C. 从不后悔

17. 你是否想过给报纸的问题专栏写稿?(　　　)

A. 想过　　　　　　B. 或许想过　　　　　　C. 绝对没想过

18. 当被问及私人问题时,你会怎样?(　　　)

A. 感到气愤,拒绝回答　　　　　　B. 虽然不快,但还是回答了

C. 平静地说你不愿意回答

19. 你怎样处置不喜欢的礼物?(　　　)

A. 热情地保存起来　　　B. 藏起来,仅在赠者来访时才摆出来　　　C. 立即扔掉

20. 你对示威游行、宗教仪式的态度如何?(　　)

A. 感动得流泪　　　　　B. 感到窘迫　　　　　　　　C. 冷淡

21. 一只迷路的小猫闯进你家,你会怎么办?(　　)

A. 收养并照顾它　　　　B. 想给它找个主人,找不到就让它安乐死　　　C. 扔出去

22. 你在怎样的情况下会送礼物给朋友?(　　)

A. 全凭兴趣　　　　　　B. 你觉得有愧或有求于他们时

C. 仅仅在新年和过生日时

23. 如果你因家事不快,上班时你会(　　)。

A. 继续不快,并显露出来　　　B. 尽量理智,但仍因压不住怒火而乱发脾气

C. 工作起来就把烦恼丢在一边

24. 你对恐怖影片态度如何?(　　)

A. 害怕　　　　　　　　B. 很喜欢　　　　　　　C. 不能忍受

25. 爱人抱怨你花在工作上的时间太长了,你会怎么办?(　　)

A. 试图把时间更多地花在家庭上

B. 对两方面的要求感到矛盾,并试图使两方面都让人满意

C. 解释说这是为了你们两人的共同利益,然后,仍像以前那样去做

26. 生活中的一个重要关系破裂了,你会(　　)。

A. 至少在短时间内感到心痛　　　　　B. 感到伤心,但尽可能正常生活

C. 无法摆脱忧伤的心情

27. 以下哪种情况与你相符?(　　)

A. 爱听新闻,关心别人的生活细节　　　B. 关心熟人的生活

C. 很少关心他人的事

28. 下面哪种情况与你最相符?(　　)

A. 总是凭感情办事　　　　　　B. 十分留心自己的感情

C. 感情没什么要紧,结局才最重要

29. 看到路对面有一个熟人时,你会(　　)。

A. 走过去问好　　　　　B. 招手,如对方没有反应就走开　　　C. 走开

30. 当拿到母校的一份刊物时,你会(　　)。

A. 仔细阅读,并保存起来　　　B. 通读一遍后扔掉　　　C. 不看就扔进垃圾桶

评分标准

评分标准如表5-4所示。

表 5-4 评分标准

题号	1	2	3	4	5	6	7	8	9	10	11	12	13	14	15
A	3	3	3	3	3	3	3	3	3	3	3	3	3	3	3
B	2	2	2	2	2	2	2	2	2	2	2	2		2	2
C	1	1	1	1	1	1	1	1	1	1	1	1	1	1	1
题号	16	17	18	19	20	21	22	23	24	25	26	27	28	29	30
A	3	3	3	3	3	3	3	3	3	3	3	3	3	3	3
B	2	2	2	2	2	2	2	2	2	2	2	2	2	2	2
C	1	1	1	1	1	1	1	1	1	1	1	1	1	1	1

测试结果

30～50分:理智型。很少因什么事而激动,表现出很强的克制力甚至冷漠。对他人的情绪缺乏反应,感情生活平淡而拘谨。理智型的人需要学会放松自己。

51～60分:平衡型。情绪基本保持在有感情但不感情用事、克制但不过于冷漠的状态。即使在心情很差时握起拳头,也仍能从冲动情绪中摆脱出来。因此,很少与人争吵,感情生活十分愉快、轻松。

70～90分:冲动型。非常情绪化,易激动,反应强烈,常会陷入那种短暂的风暴似的感情纠纷中,因此麻烦百出。冲动型的人一定要学会克制自己。

心理评析

情绪是人与生俱来的一种心理反应,如喜、怒、哀、乐,易随情境变化。人在日常生活中免不了会出现好情绪和坏情绪,如果不能很好地调节并保持情绪平稳,你势必会陷入痛苦的泥潭之中。如何主宰自己的情绪,以下是专家提的几点建议:

(1)尊重规律。我们的情绪与身体内在的"生活节奏"有关。吃的食物、健康水平及精力状况,甚至一天中的不同时段都会影响我们的情绪。因此不同的时段要做不同的事情,比如早晨精力旺盛,可做相对烦琐的工作,而下午不宜处理杂事。

(2)保证睡眠。每天睡眠时间最好为 8 小时左右。

(3)亲近自然。

(4)经常运动。

(5)合理饮食。

(6)积极乐观。

思考题

1. 什么是情绪？

2. 大学生的情绪特点是什么？

3. 大学生如何预防与克服不良情绪？

4. 如何正确运用情绪疏导法？

第6章

大学生的恋爱与性心理

大学校园里的爱情是彼此间的依恋和亲近,是无私专一并且无所不尽其心的情感。恋爱双方基于一定的物质基础和共同的生活目标,在各自内心形成对对方的最真挚的情感。在大学阶段,大学生应大胆与异性交往,多参加有益身心的集体活动,多了解和观察自己欣赏的异性同学。同时,也应了解自己的恋爱期待心理特征,调节好恋爱心理的内部期待与外部现实的矛盾。

案例分析

爱意的朦胧

他,坐在蕾米的后座,天天看着她的后脑勺。而蕾米心中纵然对他有万般心思,却无法让自己多看他几眼。蕾米说,他性格很温顺,又很帅,模样像费翔。上课的时候,想着后座的他,不由得心儿怦怦地跳,却不敢回头。下课的时候,她转过身,欲与他说话,他却垂下眼,不知所措,令她也笨嘴笨舌,结结巴巴。她生气了,他却毫无所知。她只能侧转身,有一句没一句地闲扯,他却接不上话,扯不上几句,转身走出了教室。看着他的后脑勺,她有些生气。但转回身,想想他其实并没有错。是的,谁也没有错,可她为什么会难受呢?

蕾米对后座男生的心情,表明蕾米对异性有了与之交往的愿望,但这种喜爱已经到了什么程度呢?可以做做以下的测试题:

(1)他是不是让你第一次感到"心跳"的男孩？

(2)对他的言行举止你是否非常在意？

(3)如果你有意识地忘记他，你做得到吗？

(4)你是否不愿意看到他和其他女同学一起谈笑风生？

蕾米的状况显示了青春期的性心理萌动，希望自己被异性关注，又主动关注着后座的男生，但是对自己心理与情绪的变化有点不知所措。也就是说，意识到了这些心理变化带给她的烦恼，并为自己陷入烦恼而困惑、焦急。那么，她如何处理自己面临的状况呢？

首先该从观念上认识到，自己产生的这一系列情绪是完全正常的。可以说，几乎人人都是怀着这样令人激动的小秘密长大的。因此，应该乐观地接纳自己，不再为自己有如此情绪而自责。只有在认可自己的前提下，才有可能冷静、理智、公平地处理面临的问题。对于像蕾米这样的埋头苦读的女孩，交几个互帮互助的异性朋友，一定会有令人难以预料的效果的。后座的男生真是可爱又可恼，使你想见他又不敢回头，只得暗暗烦恼。如果你不想被这莫名其妙的烦恼、朦胧的爱意牵着鼻子走，你可以采取积极大方的态度，去与他谈话，与他玩耍，并与他交往。在无碍学习、无妨进步的前提下，要让所有涌进心中的情感变成努力学习的动力，让内心迸发出的激情变成人生旅途中照亮幸福的明灯。这样，你便会成长为一个身心健康、热情活泼的优秀女孩。

第一节　大学生的恋爱现状分析

美丽的大学校园，时常出现出双入对的恋人，他们手牵手散步，谈心，出入教室和图书馆，形影不离。有人在这里找到了爱情，有人在这里放弃了爱情，有人在这里等待着爱情……然而，恋爱问题恰恰也是大学生最感困扰的问题之一。他们渴望爱情，但他们又面临繁重的学习任务，必须集中精力认真学习，这就产生了爱情与学业之间的矛盾；他们喜欢异性，爱在心里口难开，由于缺乏与异性交往的经验而自责自怨；他们自视甚高，为难以找到理想对象而心情烦躁。这些苦恼影响了他们的学习、生活和身心健康。学校和老师应帮助他们树立正确的爱情观，处理好学习与爱情之间的关系。

一、大学生恋爱的现状与特点

一般而言,美好的爱情要经历一个萌芽、开花和结果的过程。男女双方培育爱情的过程,称为恋爱。也就是说,恋爱是异性间择偶和培养爱情的过程,是以爱情为中心的社会心理行为。美国耶鲁大学的斯腾柏格教授提出了爱情成分理论,认为人类的爱情基本上由三种成分所组成:

(1)动机成分,是指爱情行为背后的动机,包括性驱力,异性容貌的吸引,对方的地位、钱财、权力等社会资源对自己需求的满足或互补性等。在恋爱动机的驱使下,个体会热情地追求心仪的异性。

(2)情绪成分,是指在恋爱过程中所体验到的酸甜苦辣,包括幸福或仇恨等各种复杂的情绪。

(3)认知成分,是指对爱情的含义、意义与价值,爱情的道德责任、择偶观、自己与恋爱对象的匹配性等理性思考的认识。

(一)大学生恋爱的现状

目前,大学生中恋爱现象比较普遍,大学生恋爱作为一种社会现象,表现出以下几个特征。

1. 恋爱普遍化、公开化

在大学生中流行这样一句话:"恋爱是大学的必修课,如果你在大学期间没有谈过恋爱,那你就不算是一个合格的大学生。"于是,在教室、食堂、操场等公共场合随处可见大学生恋人们的身影。在恋爱中,一些同学也抛开了应有的矜持与含蓄,表现得越发投入与大胆,在公众场合旁若无人。这种表现,在师生中间产生了不良的影响,破坏了大学生的良好形象。

2. 女生的恋爱比例高于男生

一是女生的生理和性心理成熟早,加之有较强的依赖性,因而她们对"感情港湾"的需求程度要强于男生;二是许多理工科院校中,女大学生的绝对数小,占在校生的比例低于男生,所以在"对偶式"的爱情世界中,女生总是处于"供不应求"的优势地位。只要自己愿意,自身条件不占优势的女生同样会找到钟情的知音,而一部分的男生在校园"情场"上则要相对受冷落。

3. 恋爱动机的多样化

据调查统计,以"建立家庭"为恋爱目的的大学生只占30%,更多的是以"丰富生活""摆脱寂寞"为目的,也有为追求金钱、名誉和地位的。他们只注重恋爱过程中情感投入的体验,走出了"认识—恋爱—结婚"的传统爱情三部曲,认为恋爱不必托付终身。于是,校园里便出现了"契约式恋爱",在校时卿卿我我,心理上相互填补空白,甚至有人在校外租房同居,但毕业时互相说声"拜拜"。这种缺乏责任感与严肃感的盲目的"寂寞期恋爱",是十分危险的游戏,是不可取的人生态度。

4. 男生主动性高于女生

在许多理工科院校中,由于在校大学生男、女生比例悬殊,一般情况下,男生只有自己主动出击才能找到心仪的恋人。相对来讲,女生就可以在众多的追求者中选择适合自己的恋人。

5. 文科生的恋爱比例高于理科生

这主要是因为专业性质的影响。文科学生平时的课程较松,思想充满了浪漫主义的色彩,谈恋爱正好可以充实闲暇生活。理工科学生的实验多,课后作业重,学习压力大,因而恋爱比例要低些。

6. 恋爱随意性大

主要表现为恋爱周期缩短,频率增快。由于许多同学恋爱凭的是一时的冲动,对未来的事考虑得不是很清楚,通常是在交往一段时间后发现有一个更适合自己的人,于是马上分手,接着找另一个。"短平快"已经成为当代大学生恋爱的一个特征。大学毕业后分隔两地工作,这也是导致大学生恋人分手的主要原因。每年的五六月份,是毕业的季节,也是分手的季节。

(二)大学生恋爱的心理特点

综观大学生恋爱的现状,可以看出其恋爱方面的以下心理特点:

1. 浪漫性

大学生的爱慕之情是在特殊的生活背景和文化环境中萌生的,很少与婚姻相联系。学生谈恋爱不以结婚为目的,只谈爱慕之情,谈论的大多是人生、社会、学校、娱乐等方面的问题,注重花前月下的浪漫诗意,追求刻骨铭心的精神生活,很少涉及家庭、经济、婚姻等现实问题,这使大学生恋爱富有浓郁的浪漫色彩,这也是大学生恋爱成功率低的原因之一。

2. 冲动性

由于大学生处在生理发展的旺盛时期,情绪易冲动,表现在恋爱方面,往往热情有余,含蓄不足,有好感就采取行动;感情升温快,从初恋到热恋,过渡期短;情感强度大,不易控制,甚至有可能冲破理智防线。

3. 不成熟性

大学的学习和生活氛围对大学生来讲是相对宽松的,有所追求的大学生在这样的环境中如鱼得水。但有的大学生远离父母,刚刚开始独立生活,一时间不知所措;也有的大学生没有远大理想,精神空虚,对未来一片迷茫。因此,有的人想借寻觅"红颜知己",填补内心的空虚,寄托自己的情感;有的人觉得恋爱是大学期间所追求的一个重要目标,认为恋爱能打发寂寞的夜晚和周末时光,恋爱使大学生活变得色彩斑斓,恋爱还可引来一些同学羡慕的目光;有的人完全是为了满足自己的虚荣心,认为别人有异性朋友,而自己没有则是一种无能的表现;有的女生认为有男生追求才表明自己有魅力,追的人越多,就越觉得了不起;甚至有的男生本身就抱着玩弄女性的心理去谈恋爱,也有的人完全是盲目地顺应了这股风气。一些大学生想通过恋爱来激励自己,以优异成绩来回报异性对自己的爱,这是无可厚非的。但恋爱是严肃的,是靠感情调剂的,健康的恋爱可能成为学习、工作上赶超先进的动力,而歪曲的甚至变态的"恋爱"反而会形成难以释怀的压力。

二、大学生恋爱中的心理问题及误区

(一)择偶心理不当

择偶心理不当表现在两个方面:一是择偶标准不实际;二是择偶动机不端正。每个人都希望找一个称心如意的爱人,一生幸福,这是正常的。相当一部分的大学生在择偶时能首先重视对方的内在条件,如性格、品质、兴趣等,强调性格上合得来、体贴人、温和、热情,注意对方的道德品质,把理想、志向、诚实、善良、正直、能力、才华、聪明等放在重要位置。有些大学生根据心中的偶像不切实际地确定理想化的择偶标准,要求对方完美无缺,但在现实中找不到自己所需要的择偶对象,故而失望、懊丧。有的大学生择偶不注重内涵素养等,片面追求外在条件。

(二)自我评价失当

大学生在同异性交往时,相当一部分人不善于同异性交往。一些大学生在同异性交往中自视过高,认为自己条件好,瞧不起身边的同学和交往的异性,这样容易造成同异性交往的障碍。也有些大学生自卑感强,过低地评价自己,虽然渴望与异性交往,但又羞于或畏惧与异性交往。他们总认为异性瞧不起自己,不会接纳自己,不敢坦然地同异性交往,更不敢大胆地表白,尤其害怕在异性面前丢面子,因此陷入深深的苦恼之中,有时陷入单相思中。

（三）草率恋爱，急于求成

爱情本是件神圣纯洁的事情，牛郎织女、梁祝化蝶的故事都为人所尊崇，然而时下大学生的恋爱，毫不夸张地说已悄然进入快餐时代。有的人看见别人谈恋爱自己也不甘寂寞才去找对象，有的人是为了显摆自己的魅力，追求虚荣的东西。大学生恋爱往往会花费大量的时间、金钱、精力，鉴于此，我们更应该理性地看待、慎重地选择，树立正确的恋爱观。

（四）沉溺于爱河，严重荒废学业

大学生的主要任务是学习，但一些人却把主要精力放在恋爱上。为了寻求新奇的表白方式绞尽脑汁，浪漫新颖的表白行为背后必然是荒废学业，以恋爱消耗宝贵的学习时间，实在不值得提倡。第一，人的精力是有限的，将过多的精力用在恋爱上，必然在学习上有所分心，难以学有所成。第二，新奇的求爱，在感动被爱者的同时，也将分散其他大学生的精力，他们会纷纷效仿，为追求爱情大费心思。爱情可以让人积极上进，有时也会让人迷失方向。但从总体上看，恋爱的消极作用明显大于积极作用。有人曾对 22 个恋爱的大学生进行调查，发现除了 2 人成绩有所上升外，其余人的学习成绩都不同程度地下降，有的更是大幅度下降。有的大学生恋爱时不能控制自己的情感，希望天天和恋人在一起；有的大学生要花大量时间逛街、看电影；有的大学生过分关心自己的装束和打扮，同其他同学的关系疏远，不愿参加班级集体活动，严重地影响了学习、工作和身心健康。

（五）失恋

有过恋爱经历的大学生中，约有半数感受过失恋带来的痛苦，失恋给他们增添了许多忧伤和哀愁，给他们的学习生活带来了巨大的影响。失恋，是指恋爱中的一方否认或终止恋爱关系的结果给另一方造成的一种严重挫折。失恋可以说是大学生求学期间遇到的最严重的挫折之一，失恋会给大学生造成一系列消极心理，如羞辱、愤恨、悲伤、失落、孤独、虚无、绝望等。如果这些不良情绪得不到及时的排除或转移，那么便容易导致大学生出现自杀、报复和抑郁等行为，这将给学校和社会带来巨大危害。

（六）恋爱行为不当

大学生恋爱行为不当主要表现在以下几个方面：

（1）喜新厌旧。有少数大学生为了满足与异性交往的欲望，寻求刺激、填补精神上的空虚，见一个爱一个，对感情缺乏责任感。

（2）过度亲昵。高雅的亲昵动作发挥爱情的愉悦感和心理效应，而粗俗的亲昵动作往往引起情感分离的消极心理效果，有损爱情的纯洁与尊严，有损大学生的形象，

同时对旁人也是一种不良的心理刺激。由于性生理和心理本身的作用,大学生在恋爱过程中做出一些牵手、拥抱、接吻的亲昵举动是爱的一种表达方式。但是,这种亲昵行为一定要适度并注意场合。有的男女大学生在大庭广众之下拥抱接吻、勾肩搭背,这是一种不文明的行为,有损于爱情的纯洁和尊严。

(3)婚前性行为。热恋中的大学生,往往因性爱的激情而产生一种难以抑制的性冲动,使情感突破理智的防线,容易发生性交行为。这除了与大学生性心理发育的成熟及角色的特殊性相关外,一方面是受西方"性自由、性解放"的影响,另一方面也与我国在学校性知识教育上的薄弱、大众媒体宣传的不适当有关。在与异性的交往中要学会控制感情,勇于说"不",婚前性行为一旦发生,会给当事人双方造成心理压力和身心痛苦,如果出现未婚先孕,更会产生严重的后果。

知 识 链 接 ......

恋爱中的光晕心理

光晕心理又称晕轮效应。所谓光晕本是一个摄影名词。凡懂得摄影知识的人都知道,摄影成像是由于光线在底片的乳剂层上感光造成的。当光线过于强烈时,它不仅会射进乳剂层,而且会穿过乳剂层到达片基并被片基反射回来,造成乳剂层的二次感光。这样,在像的周围就会出现一圈月晕一样的像影,这被称为光晕现象。光晕现象会影响人们的解像力,使人们对影像的本来面目产生模糊感。心理研究表明,人的心理活动中有时也会出现类似的现象。人们常说的"见其一点,不及其余",从心理上说,可谓光晕作用的极端。

恋爱中的光晕心理,按其反映对象可以分为对自己和对别人两种情况。就对自己和对恋人的评价而言,常会发生下列情况:

(1)当自己某一两方面的条件(如长相、职业、家庭、经济收入、社会关系、住房情况等)比较好的时候,会自恃择偶条件优越,对未来的配偶进行过分的挑剔。

(2)当自己被多个异性同时追求,尤其是在异性的热烈颂扬面前,有可能飘飘然起来,从而出现较高的自我评价倾向。

(3)当自己对某一异性产生同情或感激之情时,对自己内在感情的审度也会走样。

怎样克服恋爱中的光晕心理呢?要记住三个"见"字,即主见、偏见和意见。

（1）要有主见。有了正确的恋爱观和恰当的择偶标准，理智水平就会大大提高，择偶过程中因感情波动而产生的光晕心理就不易缠身。这好比摄影时若光线过强，你可以加滤色镜。恋爱中感情的光线，同样可以通过理智的滤色镜来加以调节。

（2）要戒偏见。对己对人都要做全面的分析。苏东坡诗云："横看成岭侧成峰，远近高低各不同。"只有横向视野而没有纵向视野，或者只有近距离视野，而没有远距离视野，都会产生感觉和认识上的偏差，造成择偶和恋爱中的导向失误。

（3）要听意见。俗话说："当局者迷，旁观者清。"认真听取和分析家长、亲属、朋友等人的意见，集思广益，也能帮助自己获得正确的意见，只是对别人的意见不应盲从，而应"择其善者而从之"。

第二节　大学生的性心理健康

一、性心理健康的含义与标准

性心理健康作为身心健康的一部分，与人的身体构造、生理功能、心理素质和社会适应密切相关，因而影响性心理健康的因素也是多方面的。一是父母的素质，在相当大的程度上，遗传基因和胚胎发育决定身心的状况；二是本人，因为个人自懂事起，便对自己的身心发展拥有一定的支配能力和责任；三是家庭与社会的教育，凡生活在能够科学文明地对待社会和家庭环境的人，往往都能自然、自主而愉悦地面对性、对待性，而在"谈性色变"的家庭或社会环境里，人被迫对性产生肮脏、神秘、不光彩的心理，这种逆自然性的精神状态，与自然的人生需求的矛盾和抗争，往往扭曲人性。这不仅导致性心理的不健康，而且还会对人的一生产生不良影响。

根据性心理健康的内涵，个体的性心理健康应该符合以下标准：①能够正确认识自我，愉快地接纳自己的性别；②具有正常的性欲望；③个体性心理特点和性行为符合相应的性心理发展年龄特征；④性心理健康的人具有较强的性适应能力；⑤性心理健康的人能和异性保持和谐的人际关系。

二、大学生性心理的困扰

大学生性心理发展过程中常见性心理困扰主要表现在以下三个方面：

（一）性体像意识的困扰

这主要表现为大学生男女不能正确、客观地认识自己的身体及其第二性征。对

青春期出现的第二性征感到害羞、不安和不理解。女性对自己的乳房发育不满意,为形体的胖瘦而烦恼。有的青少年由于片面追求苗条而形成体像障碍,男性对自己的生殖器不满意,为身材矮小而苦恼。有的青少年认识不到生长的突增在身体的各个部位并不同时开始,因而产生体像和自信心方面的问题。

(二)性意识的困扰

个体在进入青春期后,伴随着生理的发育成熟,性意识也开始觉醒。大学生的性意识常见的有被异性吸引、常想性问题、性幻想及性梦等。这些性心理活动在大学生中十分普遍,许多同学也能正确对待,但在一部分大学生中,性心理活动却成了困扰其心理、行为的不良因素,并且发生率极高。

(三)性行为的困扰

青少年的性行为主要是自慰性行为、边缘性行为和婚前性行为,其中以自慰行为最为常见。自慰性行为(手淫)是构成心理困扰的重要原因之一。青少年常常为自己染上手淫习惯而担忧,不知道手淫是否会对身体和情感产生有害的影响,不知道这是不是一种少有的或不正常的活动,不知道其他人是否也有过手淫,也不知道这是否会影响以后的性生活。关于手淫会产生痤疮、精神失常或不育等种种荒诞的说法仍然到处传播。

案 例 分 析 ·······

性梦并不可怕

我今年21岁,是一名大三的男生。平时性格比较内向,不善于与人交往,从没有和哪个女孩子特别亲近。然而不久前,我做了一个梦,梦中居然和别人发生了性关系。梦醒后我愧疚不已,感到犯了乱伦的罪过,无颜面对他人。后来又做了一个梦,梦中和班中的女团支书发生了关系,潜意识中似乎在说明什么。我不相信自己道德如此败坏,竟这样下流无耻,我很担心团支书因此受到伤害,以至于不敢面对她,强烈的罪恶感使我不能安心学习,担心自己要变成性犯罪分子,有时还怀疑自己是不是得了精神病,为什么会如此不正常。心理的负荷使我不敢入睡,生怕"旧梦重温",万般苦闷中的我向你们求助。

点评:使这位大学生苦恼不已的梦叫作性梦。这位大学生不能自拔的原因是荒诞怪异的梦使他产生了强烈的内疚心理,以至于怀疑自己,害怕睡觉。人之所以会做性梦,是生理和心理综合活动的结果。梦中的情景,都与梦者平时的经验和思想活动有关。由于梦是一种典型的无意识的想象过程,所以性梦不免荒诞离奇。在性梦中出现的不合常规的行为既不表明其人格特征,也不表明性梦者的伦理道德修养水平,因而性梦之后完全没有必要自责。弗洛伊德认为,梦的功能是保护睡眠,当人睡着时,自我警惕松弛了,被压抑的愿望(经常是性方面的)威胁着要冲进意识,来打断睡眠,这些愿望被允许以梦这样的伪装形式来得到部分表达,这种将无意识的愿望转变成梦的想象过程被称为梦的工作。性梦的内容十分广泛,性对象多为相识的,甚至是自己的亲人。梦境凌乱、模糊,所体验到的情绪大多是愉快的,少数为忧虑、恐惧的。性梦的结局常以达到性高潮而破梦。其实适当的性梦有利于缓解性压力,只有严重者才会对自身的生理、心理健康带来负面影响,也对他们与异性的正常交往带来障碍。

三、性心理的自我调节

性生理、性心理的正常发展是大学生走向人格成熟的重要方面,也是大学生心理健康的重要标志。因此,如何正确认识自己的性心理活动并对自己已出现的性心理问题进行调节和处理,是学生保持和增进心理健康的重要途径。一般来说,性心理的自我调节主要有以下一些方法:

(一)正确认识,端正思想

了解青春期性生理、性心理发展变化的规律,正确认识这些变化所带来的各种情绪和行为反应,是学生自我调节的重要基础,因为学生的许多性心理问题的产生都是与其不正确的认识密不可分的。具体而言,正确的认识包括:

1. 正确看待身体的变化,愉快地接纳自己的性身份

随着第一性征的发育成熟和第二性征的显现,男女青少年的身体会发生显著的变化。这些变化是非常自然的,青少年无须为此感到害怕与不安。适当关注身材体态和容貌是一种正常需求,但因为个子比同龄人矮或脸蛋不如别人漂亮、帅气就自感低人一等,担心交不上异性朋友或被人歧视,产生自卑心理,是完全没有必要,且不利于自我发展的。在交往中学会认识自我,包括以下几个方面:面对现实,承认现实,"尺有所短,寸有所长",认识自己的优点和长处,做到悦纳自我,自信、自尊、自强。不嫉妒他人,接受人与人之间的差异,不要总是拿自己的不足去和别人的优势相比,引起自卑。应意识到自己的长处,增强信心。善于观察和学习别人的长处和优点,作为自己近期努力奋斗的目标和前进的动力。做到"取人之长,补己之短"。因此,愉快地

接纳自己的性身份与性特征,是学生心理健康的重要保证。

案例分析......

正确看待性焦虑

我今年19岁,14岁时跟兄长一起看过色情影片,影片中的图像让我久久不能忘怀。现在我见到异性,心里就局促不安,心慌意乱,头上冒汗,担心自己性功能不行,担心将来不能结婚,害怕见到熟悉自己的人,担心别人知道自己的心理状况。

点评: 这名大学生反复陈述以性器官或性功能为核心的躯体症状,属于性器官功能官能性症状,与其在青春期受到不良刺激有关,可以采取体育锻炼和其他的方法转移注意力,消除其焦虑情绪。

如果认为自己第二性征中重点的体征不如己意,而且很难改变它时,就会出现烦恼和焦虑。如有的女同学认为自己个子太矮、体毛过多、身材不佳等,影响了自己的性吸引力。这些认识成为她们在性生理发育问题上一个主要的思想负担和心理压力。有人对1260名女大学生进行过调查,对自己乳房等性发育问题感到焦虑的有856人,占回答该问题人数的67.9%,这足以说明女大学生在性体征方面普遍感到焦虑。除了对形体不满带来的不安外,女大学生还为自己的心理行为是否与性角色相吻合而忧虑,比如一些女生觉得自己温柔不够、细心不足。在性生理发育问题上,一些女大学生除了因对自己的体征和性角色不满而产生一些烦恼和焦虑外,有些人还怀疑自己的性功能有问题。从调查来看,13.3%的大学生曾怀疑自己的性功能有问题。这种焦虑并没有科学依据,因为他们中的多数人并没有实践经验,也没有进行过这方面的检查,只是捕风捉影地听人误说或看到书上讲到一些性功能方面的问题,就胡思乱想,杞人忧天。所以,这是一种自扰行为,是在对性问题似懂非懂的情况下出现的思想混乱。由此可见,对大学生进行性教育是非常必要的。

2. 正确看待性意识活动,树立科学与健康的性意识观念

作为青春期的学生,应该科学地学习性生理、性心理的有关知识,了解青春期性意识发展的规律,正确看待和处理自己的性幻想、性梦。性是人类的自然生理现象,是人类正常生活的组成部分。性活动不仅是为了生育后代,也是一种欢愉的活动,使人获得快乐与幸福。性是表达爱的一种动力,爱是性满足的基础。性是青少年异性交往的内驱力,塑造着健康的人格和性别角色。性是重要的,但它并没有重要到可以涵盖整个人生。性快感是重要的,但它并不能包容人世间所有的快乐。性欲也是重要的,但它并不比生存的欲望、发展的欲望、安全的欲望、创造的欲望更加重要。然而,适当的冲突和心理失调是成熟的代价。青年人正是通过无数冲突和紧张的历练,学会自我协调并获得成长。对于性问题的困扰也是这样,关键是要形成科学的性认知、培养负责的性态度、选择适当的性行为,以一个健康的性心理去直面性的烦恼。

3. 正确看待性冲动和自慰行为,确立顺其自然的坦然态度

我国学者潘绥铭对北京高校 1026 名大学生的信函调查统计表明:男生中有手淫行为的占 89.7%,女生中有手淫行为的占 49.4%。可见手淫在青春期男女中是较为普遍的现象。首先,发生自慰有生理方面的原因。其次,自慰有其功能与作用。自慰有害吗?西方性医学认为,性的冲动是一种能量,必须要让它找到宣泄的途径。自慰是一个自我限定的行为。自慰后的恐惧心理、犯罪感、自我谴责、悔恨心理才是一切自慰危害的真正根源。自慰不可滥用,说自慰无害,并不意味它可以无节制地运用,更不能不顾及具体方法而滥用。生活中确有某些人自慰成"癖",或者是以病态方式呈现手淫,这种情况被称之为"生理伤害性手淫"。

对于因自慰带来某些心理困扰的大学生,建议:①尊重科学,确立"手淫无害"的观念;②"顺其自然,为所当为"的治疗原则,懂得性欲的产生是每个男女的自然生理现象,不必大惊小怪,在心理上接纳手淫是人的自然性使然,在行为上该做什么就做什么,避免自寻烦恼;③开阔心胸,充实生活,转移对性或手淫问题的关注。如果大学生都能如此心理平静地对待手淫,既不上瘾成癖,又不自责自罪,何需担心因手淫而引起性心理异常呢?

4. 正确看待恋爱问题,明确恋爱与学习的关系

如何看待恋爱问题、处理好恋爱与学习的关系,是学生面临的重要一课。如果把爱情比作水,把学业比作舟的话,水可以载舟,亦可以覆舟。真正的爱情,是学业进步的动力,是事业成功的保障。它给人以鼓舞,给人以力量,使人在沉沦中奋起,在艰难中拼搏。对于大学生来说,以学业维系爱情,以爱情促进学业,是完全有可能的。

(二)积极引导,良好适应

在正确认识性心理发展规律的基础上,如何去顺应这种变化以达到良好的适应,是自我调节的第二个重要方面。

1. 树立正确的人生观,培养远大的理想

青春期的性生理发展给青少年学生带来了心理上的骚动,他们虽然感到自己有性欲望和性冲动,但是社会道德规范的限制,要求他们必须给予控制、延缓性的满足,

这令他们感到压抑和烦恼。但是这种矛盾并不是不可调和的,它可以通过注意力的转移和情感的升华来达到。因而树立正确的人生观,培养远大的理想是首要的,因为有了正确的人生观和远大的理想,就可以使自己明确奋斗的目的和方向,并通过积极的行动来达到所确立的目标。在这过程中,性心理的欲望及其带来的困扰成了个人生活中的一个小插曲,并会随自己的成功而变得理性和成熟。当然,不可将性心理的欲望看成是实现理想的绊脚石,而应该顺其自然,有性幻想和其他性心理表现时无须惊慌,只要认识到这是正常反应并加以适当调适即可。

2. 积极参加集体活动,消除心理紧张

性生理和性心理的发展成熟,带来了一些生理和心理上的紧张,而这种紧张必须给予适当的释放才有利于心理健康。积极参加集体活动,可以满足与异性交往的需要,而且参加各种社团活动、体能和艺术竞赛、野外活动等,有助于个体释放多余的能量,获得生理和心理的放松。此外,参加集体活动,也有助于将自身的注意力转移到有益的活动中,并在活动中增加自信,扩展视野,拓宽胸襟,增进心理健康。

3. 建立正常的异性交往,促进心理发展成熟

男女生的交往不仅是正常的,而且是必要的,有益于我们的身心健康成长。心理学的研究和实际观察发现:青春期交往范围广,既有同性知己,又有异性朋友,比那些缺少朋友,或只有同性朋友的人的个性发展更完善,情绪波动小,情感丰富,自制力较强,心理健康水平较高,容易形成积极乐观、开朗豁达的性格。

(1)自然交往。在与异性交往的过程中,言语、表情、行为举止、情感流露及所思所想要做到自然、顺畅,既不过分夸张,也不闪烁其词,既不盲目冲动,也不矫揉造作。消除异性交往中的不自然是建立正常异性关系的前提。自然原则的最好体现是同学关系不会因为异性因素而变得不舒服或不自在。

(2)适度交往。异性交往的程度和方式要恰到好处,应为大多数人所接受。既不因异性交往过早地萌动情爱,也不因回避或拒绝异性而对交往双方造成心灵伤害。当然,要做到为大多数人所接受有时也并不容易,建议你只要做到自然适度,心中无愧,就不必过多顾虑。

(3)真实坦诚。这是指异性交往的态度问题,要像结交同性朋友那样结交真朋友,又要留有余地。虽然是结交知心朋友,但是异性交往中,所言所行要留有余地,不能毫无顾忌。比如谈话中涉及一些敏感话题时要及时回避,交往中的身体接触要有分寸等。特别是在与某位异性的长期交往中,要把握好双方关系的程度。

案 例 分 析

低年级男生小周暗恋一位年轻女教师,每当该教师站在讲台上时,小周便会产生强烈的感情冲动,不能自已。小周性格内向,不善于向他人诉说自己的心事,只能把对女教师的爱恋之情深深地埋在自己内心深处,稍有闲暇便在脑海中想象与老师亲密地在一起的情景,通过这种想象,满足自己的精神需求,并以此作为自己的情感依托,久而久之,这种幻想成了他生活的一部分。时间一长,小周出现了上课注意力不集中、走神、发呆的现象,学习成绩下降,还伴随有复杂的罪恶感,严重地影响了其正常的学习和生活。可见,如果过分沉溺于性幻想之中,也可能会导致性心理和行为的异常,给身心健康带来不良后果。

点评:出现这类情况时,可以求助于学校心理咨询中心,倾诉压抑的情感,并在学习生活中多参加实践活动,转移注意力,树立健康的性爱观念,缓解心理压力。严重时也可以在咨询老师的指导下,采用系统脱敏等行为疗法以求逐步从严重的性幻想中解脱出来。

(三)发现问题,及时处理

性心理困扰是大学生常见的问题,因此了解性心理困扰常见的原因和表现,并能及早发现和给予积极的处理,是大学生自我调节的第三个方面。通常,性心理困扰的直接后果是出现自卑、自责和自我否定的倾向,它不仅影响学生的情绪,也影响学生的人际交往和学习效率。所以一旦发现自己存在性心理问题,则应及时处理。具体来说,可以采取下面一些措施:

1. 阅读有关书籍,修正自己错误的认识

性心理困扰与性知识缺乏有密切关系,因此,寻找一些性生理和性心理的科普书籍来阅读,对青年性心理发展的规律及其行为表现给予正确的了解,将有助于帮助自己消除误解,解除心理负担,进而避免自卑、自责等不良情绪。要强调的是:阅读有关书籍并不包括那些"黄色书刊"。因为青年对性生理与性心理的许多错误的认识及由此而产生的性心理困扰大多来自于这样一些不科学的、富有煽动性的书刊。事实上,淫秽书刊、色情影片等会对大学生性心理和性行为的形成带来畸形冲击。所以,大学生应选择健康、科学的性知识书刊来阅读。

2. 找好友交谈,帮助自我认识

许多大学生的性心理困扰源于对自己性身份、性幻想、性欲望、性冲动的害怕,他

们以为只有自己才遇到这些困扰,因而担心、恐惧。如果自己的这种不安心情没有找人倾诉,而是压抑在心里,则会出现问题。相反,如果找好友交谈,一方面有助于宣泄自己的不良情绪,更重要的是它会使你了解到原来每个人都有同样的烦恼,因而心理会放松许多。通过与好友交流,还可以从他人处获得一些如何应付青春期烦恼的信息和经验,从而有助于自我调节。

3. 找专家进行心理咨询,消除心理困扰

有时,同学与好友的意见和建议并不是完全正确和适当的,而且对一些严重的心理问题,比如关于失恋后的自贬心理、社交恐惧症、性心理变态等,也无法通过好友的交谈来解决问题。所以,向心理学专家请教更为必要和有效。心理学专家不仅能够帮助解决一个具体的问题,还能协助个体实现心理和人格的健全发展,因此咨询的意义更为深远。

大学生处于青年发展的中期,其身心发展最明显的特征是性机能的成熟和性心理走向成熟。而性生理的成熟、欲望的增强与性心理发展不平衡的矛盾,必然给大学生带来一系列的心理困扰和烦恼,要求他们去适应。对此,有的人能正确地认识和较好地应付,但有的人却因为种种原因而不能很好地适应和调节,导致不良的情绪和行为反应,甚至出现明显的心理障碍。因此,分析大学生的性生理和性心理特点,了解他们性心理困扰的表现和产生原因,帮助他们学会正确地处理各种性心理发展的矛盾冲突和挫折,对增进大学生的心理健康有着非常重要的意义。

第三节　树立健康的恋爱观

一、培养健康的恋爱心理行为

(一)培养健康的恋爱心理行为

爱情就像玫瑰花,它给我们带来馨香的同时,有时也会刺伤我们脆弱的心灵。恋爱的过程常会伴随各种矛盾冲突。这些矛盾冲突的解决有赖于人格的产生、心理的健全,同样,矛盾冲突的解决又会促进或阻碍人格的发展和心理的健全。

1. 发展健全理智感情

树立正确的恋爱观,不理智的恋爱不可能把人引向幸福。坠入情网时,有理智的人首先不会忘记审视一下自己的感情,判断什么是真正的爱情,什么是一时的狂热迷恋。一时的狂热迷恋是一种要求与异性接近的渴望,一种生理上的彼此需要,而真正的爱情则是理性思考的结果。爱不仅是一种权利，更是一种责任和义务，必须以高度负责的态度对待恋爱。爱的权利和义务是分割不了的，只强调爱的义务，无视人有爱的权利，那是对人性的奴役，必须予以否定。但是，如果从一个极端走向另一个极端，只强调爱的权力，而不承担爱的责任，就陷入了非理性主义的泥潭。这种爱的权力和责任的统一，是恋爱生活的基础。大学生要摆正爱情在人生中的位置。爱情在人生中占有重要地位，没有爱情的人生是不完美的，但爱情不是人生的根本宗旨，更不是人生的全部，只为爱情而活的人生是苍白的。人生的主题应当是事业，只有伟大的事业对人生才具有决定意义。大学生要摆正爱情在大学生活中的位置。大学生要理解，今天的学习与未来的事业息息相关，也是安全美满的基础。那种抛开学业谈恋爱的做法，不仅有碍成就事业，也难以获得幸福的爱情。大学生要用理想的感召力焕发学习的激情，把兴奋中心转移到学习上来，把时间和精力投放到学习上，从而真正把学习放在第一位，以爱情促进学业。

知 识 链 接

爱是一种能力

　　一个男孩喜欢上了一个女孩，他总是想办法接近她。一次女孩生病了，男孩见不到女孩，便说自己无法读书，要回家，老师也没办法。他父母了解了情况后说："你喜欢上一个女孩子，这不是一件好事吗？不过，等你们结婚的时候，需要住房、汽车、漂亮的结婚礼服，你们在一起外出旅游需要一大笔钱。你若好好读书，并且成为一个有本事的人，这一切肯定能如愿以偿。可如今你连自己都照顾不了，又怎么能照顾好你未来的妻子呢？你爱她，就必须有能力给她带来幸福、快乐，你们的爱情才会美满。"

　　苏联著名教育家马卡连柯说："爱的力量只能在人类非性欲的爱情素养中存在。他的非性欲的爱情范围愈广，他的性爱也就愈高尚。"发展爱的能力，并不是非要具体到对某一异性的爱，可以是更广泛意义上的爱。发展爱的能力，就是要培养无私的品格和奉献精神，要培养善于处理矛盾的能力，有效地化解消除恋爱和家庭生活中的矛盾纠纷，为恋人负责，为社会负责，才能创造出幸福美满的婚恋。成熟的爱情以自爱为基础，知道自己需要怎样的爱，并且具有给予爱和拒绝爱的能力。

2. 培养爱的能力

大学生应培养积极的人生观、价值观，确立恰当的择偶标准。培养独立的人格，

能体贴、关怀、尊重他人。恋爱不是一种纯粹的精神活动，它是个人生理、心理发展的需要，更是一种社会行为，体现了一个人的追求。具有独立人格的人能够正确认识自己，悦纳自己，发展自己，对自己充满信心。而人格未完全独立的人感情容易飘忽不定，一旦恋爱则陷入激情中难以自拔，倘若失败，便对自己做出负性评价，丧失自信。

大学生还应培养与异性交往的能力。与异性交往时应注意：不要过分强调目的性；注意交往的范围、间距、场合、分寸；如果没有对某一对象萌发爱意，不要轻易涉入一对一的单独活动，切不可过于频繁地与某一对象长期交往，否则容易引起恋爱幻想。

知 识 链 接 ••••••

保持你的美丽——写给女生

要有吸引人的双唇，请说好意的言语。

要有美丽的双眼，请发现他人的优点。

要有纤细的身材，请与饥民分享你的食物。

要有自信的态度，请学习你不曾学过的知识。

人之所以为人，是必须充满精力，能自我悔改、自我成长，并非只会向人抱怨。

请记得，你永远有两只手，一只帮助自己，一只帮助他人。

女人的美丽不存在于她的服饰、珠宝、发型；女人的美丽必须从她的眼中找到，因为这才是她的心灵之窗。

保持你的风度——写给男生

绅士就是具备时代精神的男人，他同时扮演不同的角色——工作人、家庭人、社会人，等等。现代男人面临的挑战使他必须同时扮演好这些角色。说话要温文尔雅。

对衣着破烂的人和衣冠楚楚的人要一视同仁。总是看着别人的眼睛说话。一个绅士在咖啡桌上放什么书显示了他的品位和趣味。绅士的服饰总是随意而优雅，他总是朝人略倾着身子，泰然自若，彬彬有礼。一个绅士必须保持他的自我与时代的平衡。

3. 正确选择恋人

心理学家曾经调查了大量幸福美满的家庭，最后得出结论：爱情和谐至少需要以下三项保证:相互了解、地位背景相配、气质类型相投。要使恋爱生活和谐,减轻恋爱对心理健康的不良影响,有必要选择与自己心理特点相匹配的恋人。

(1)胆汁质的人

他们心理活动一般较强,心理变化比较频繁,对爱情的追求具有主动狂热的特点。他们对自己的内心秘密毫不掩饰,对异性也非常热情,一旦确定目标就会毫不羞涩地向对方表白自己的爱。这种气质特征的缺点是热情有余而冷静不足,造成爱情不能专一持久,两性关系较随便。

(2)多血质的人

他们敏感而感情丰富,能灵活地适应环境。他们善于交际,易博得异性好感,其表露爱情的方式也较大胆直率,而且多血质的人有较高的创造性,这使他们的爱情生活充满情趣,但这种气质的人在爱情的稳定性方面稍显不足。

(3)抑郁质的人

他们怯懦腼腆,不擅长与异性交往。他们的感情深沉内向,经常缺乏表露的勇气,这使得他们的感情生活并不顺利。但这种气质的人对爱情的体验非常深刻持久,不易改变。

(4)黏液质的人

他们做事较有计划,他们对异性的追求也是如此。通常是先对异性进行周密的考察,再制订一套计划,按步骤行动。他们在爱情追求上有锲而不舍的韧劲。

各种气质都有其优缺点。气质相投主要是指一种互补效应。从择偶心理上说,人们容易对相同气质的人排斥,而想通过恋爱弥补自己的缺点。一般说来,胆汁质男性宜选黏液质女性;抑郁质男性宜选择胆汁质女性;多血质和黏液质男女可以相互选择。这并不是说其他的选择就不可取,选择气质互补的恋人可以使恋爱生活处于平衡的状态。

4. 学会中止恋爱

随着交往频度的增加与了解的加深,当你发现对方并非自己理想的爱人时,便要提出中断恋爱的要求。但即使有足够的理由中断爱情,也应当讲究方式,谈恋爱时要真诚,提出中断恋爱时也要真诚。如何中断恋爱,提出分手的一方,要注意以下几点:一是选择恰当的时机;二是使用策略;三是艺术地说明原因;四是不逃避责任;五是不拖泥带水。被动的一方,要注意控制自己的情绪,不可自暴自弃,也不可死缠烂打,更不可意气用事,寻求报复。值得注意的是,中止恋爱关系不要给对方留有余地,比如"以兄妹相称""再相处一段时间看看"等,特别是两性恋爱关系中止后,都需要一段时

间认真冷静地面对这段感情。恋人分手时可采取以下三种方法:一是面谈方式,选择适当的地方,见面说明。首先肯定对方在恋爱期间对自己的爱护与关怀,再表明分手的原因。二是书信方式,此方法有更大的缓冲余地,措辞也能更冷静、得体。三是寻求中介人,采用此方式需注意,中介人应是对方也认识并了解的,最好是对方信得过又非常尊重的人,可以顺势对其进行开导、安慰。

5. 正确对待失恋

失恋是个令人觉得有些沉重的字眼,无论是双方协议分手,还是单方做出决定都会让人难过好一阵子。长大必然得经历伤痛,没有伤痛就不会成熟,一如没有苦难就没有完整的人生,这就是成长的代价。从心理学视角看,恋爱,尤其是初恋,往往是向对方的心理能量的最大集聚,而这种集聚起来的心理能量突然失去了宣泄的对象,就可能使人产生在茫茫宇宙间迷失了方向的感觉,难以排遣的这种心理能量,在内心寻找着"喷射口"。当它以疯狂的方式再度喷向昔日的对象时,就会导致可悲的后果。

如何走出失恋阴影?

(1)转移注意力:找一件自己一直想做,但却还没有机会完成的事,或者找最信任的朋友吐吐苦水,还可以打个电话回家同家人聊聊。因为对缓解失恋痛苦最有效的就是时间,时间可以带走一切,无论当时是如何悲恸欲绝,都会随时光的流逝而逐渐变淡。

(2)不钻牛角尖:不是我不够好,也不是我不够美丽(帅气)。

(3)改变沟通的技巧:不想再失恋,就得学着调整自己表达想法的方式,将性格中某些特质做适度调整,让自己在两性关系处理上,试着多了解异性的想法、增进沟通的技巧。试着让自己从这段逝去的恋情中有所成长,找到自己可以变得更好的方向。

一次不成功的恋爱,收获往往比失去的多,有时候转个念头想会更好,全世界那么多人,你干嘛死守一人,只要肯张开眼认真瞧瞧这世界,心情便会振奋起来。

(二)让性爱美丽

爱情不是一般意义的爱意和情意,而总是与异性吸引相关。英国哲学家休谟在《人性论》一书中认为人类的爱情有三种情感成分:一是由性审美产生的愉快感觉;二是肉体上的生殖欲望;三是浓厚的好感和善意。大学生作为接受高等教育的高素质群体,应以理智对待性爱,使两性之爱健康发展。

1. 加强大学生性教育

性教育是道德教育、文明教育、健康教育,也是人格教育。大学生只有在与异性同学正常交往和性心理进一步发展成熟的前提下,才有可能有健康的恋爱心理和文明的恋爱行为,也才有可能获得纯洁和美满的爱情。为此,要切记《爱是不能忘记的》这部小说中的一段忠言:"人在年轻的时候,并不一定了解自己追求的、需要的是什么,甚至别人的起哄也会促成一桩婚姻,等到你再长大一些,更成熟一些的时候,你才会知道你真正需要什么。可那时,你已经干了许多悔恨得使你锥心的蠢事。"那么,大学生怎样才有可能在宝贵且短暂的大学生活中把握自己的需求,适时调节各方面的性心理问题,真正达到身心健康和学业、能力及素质全面发展呢?

(1)性生理与卫生教育

人类有许多生理的需求,包括饥、渴、冷、暖及性,但不论是饥、渴、冷或暖的满足都只牵涉到物质的供应,唯有性的满足牵涉到另一个个体,涉及生理、心理、人际、社会文化等因素。因此,我们在面对它时,常感到迷惑。有时将它过分复杂化,有时又看得过分单纯,因此当我们要了解所谓的"性"时,不妨就从单纯的生理层面开始。了解、认识两性生理至少有下列好处:

①避免产生不必要的负向情绪和对性生理状况做不正确的判断或处理。月经来潮、梦遗、勃起或性冲动的感觉并不是个人特有的经验,但因为对生理机能的不了解,常使我们无法采取适当的应对措施,反而产生惶恐、厌恶、尴尬等负向情绪。若能拥有这方面的常识,就可以平心对待。

②避免因不当的性行为而导致生理的伤害。若我们对正确性行为的方法有所了解,就不会被色情录影带中的行为所迷惑。若我们对性行为所可能带来的后果有所了解,就可采取正确措施,避免因不当的性行为而导致性病、未婚怀孕或性器官受损等生理上的伤害,而这些生理上的伤害,通常也都会造成心理上的阴影。

③促进两性情感正常发展。了解、认识两性生理,可使我们在与异性交往时互相体谅、包容。男性不会因女性在生理期间情绪的变化而觉得女性"不可理喻",女性也不至于因男性的生理反应而认为男性不尊重自己或控制力太差。男女朋友可以彼此体谅、互相协助,不使生理反应影响情感的发展。

(2)性心理与道德教育

进入青春期,许多青年人怀着好奇心或秘密或公开地探求性的知识。了解性知识,不仅是正当的,而且是必要的。适时调节传播性心理和道德教育主要从以下几方面进行:

①关注性特征。几乎所有的大学生都关注与自己性别相关的体形特征。男同学希望自己魁梧高大,英俊潇洒;女同学希望自己苗条美丽。如果男生觉得自己矮小、瘦弱、相貌丑陋,就会感到自卑;女生如果认为自己长相平凡、太胖等,就会感到苦恼。

大学生应学会接受自己,扬长避短,追求学业上的发展。

②正确看待对异性的爱慕与追求。青年男女彼此向往与追求是青年性心理的正常表现。大学生虽处在学习阶段,但大家也经常在一起谈论理想的异性,谈论自己的恋爱实践,憧憬未来的家庭生活。

③正确看待性欲望和性冲动、性幻想、性梦、性自慰。要认识到性欲望和性冲动本身并不是一件不正常或可怕的、下流的事情。由于青春期性激素的生物动因,以及与性有关的外界刺激和情感、想象、记忆等心理动因,产生对性的臆想,感受到自身生理性反应等。绝大部分大学生都可以自觉控制自己的性欲望。不穿紧身裤,避免摩擦刺激,有助于克服不该产生的性冲动,可以避免很多不必要的尴尬。而性幻想、性梦和性自慰都属于正常的生理、心理现象,通常是无害甚或有益的。但如果不加节制地沉迷其中,那就要及时寻求咨询和帮助。

案 例 分 析

　　小露是某系二年级学生,在与男友谈恋爱的过程中发生过许多次性关系,虽然内心并不是很愿意,但怕男友有其他想法,对男友的性要求她从来不懂得拒绝。而且周围的同学有性经历的也不少,甚至有些女生以没有性经历为耻,想想这些,小露也就释怀了。但由于平时不注意保护措施,小露不得不瞒着父母去医院做了几次人流,手术后,小露觉得身体越来越差,同时感觉男友对自己也越来越不关心。很多时候,她甚至有离开这个世界、了断现在的生活以求解脱的想法。

　　点评:小露的例子在高校中并不少见。在两性关系中,女性因其生理特征等原因,比男性更易受伤害。调查显示,80后、90后的女大学生的性观念更为开放,性行为也更为频繁。作为女性,要赢得长久的爱情,应懂得控制自己并学会如何拒绝。

2. 拒绝婚前性行为

我们认为,大学生婚前性行为不利于其自身发展,主要是基于以下原因。

(1)从主流文化的角度看

我们的主流文化并未对婚前性行为持认同态度,对大学生在大学期间发生性行为基本持否定性评价。翻阅各高校的学生手册,各学校都有相应的规定,从校规校纪上规范大学生的性行为,这也是基于大学生生理心理的健康成长而考虑的。

(2)从大学生性行为的特点看

大学生婚前性行为具有突发性、自愿性、非理性等特点，由于年龄与观念的影响，一旦发生性行为，便会多次发生，可能造成未婚先孕等不良后果。一些研究表明，有婚前性行为的人婚姻满意度普遍低于没有婚前性行为者，而且婚前性行为还直接影响婚姻质量。

（3）从医学角度看

和谐性行为需要安全、私密、舒适的环境，而大学生的婚前性行为多数在隐蔽状态下进行，常常伴随着内心的恐惧、紧张、害怕，担心怀孕及不洁感、不道德感、羞愧感，容易引起性反应抑制和性焦虑，导致男性阳痿早泄和心因性性功能障碍。特别地，流产对女大学生的心理与身体伤害极为巨大。一是身体不能得到很好的恢复，手术后，由于在集体宿舍住宿，担心被老师同学发现，还要应付繁重的课业负担，身体与心理恢复困难；二是容易损伤外生殖器，发生意外事故，特别是容易引发多种并发症。

（4）从心理学角度看

婚前性行为给双方带来巨大的心理压力，如恐惧、焦虑、自卑、心理冲突加剧等，当有性行为后，双方更容易争吵，但当事人并不知道性行为是其中的重要原因。由于两性心理的差异，女性在有亲密行为后，容易以身相许，希望与对方走向婚姻。性行为使女性由心理上的优势转化为劣势；而对男性而言，婚前性行为会提高他们的心理优势，使其对容易到手的东西产生厌倦而不承担由此带来的后果，对女性造成更大的心理伤害。

性爱是人性中至真至美的伊甸园，在这块园地里，应该绽放着绚烂美丽的花朵，而不应该被亵渎，不应泯灭园地上空文明的星辉。人类的性爱应遵循：精神——肉体——精神。这一由精神到精神的过程，是一个回归，也是一种升华。

爱情的意义在于帮助对方提高，同时自己也得到提高。青年大学生朋友们，请把握生命，追求更精彩的人生，让性爱在人性和理性中交相辉映，健康发展！

知 识 链 接

爱是一种能力

一、"爱"究竟是什么？

一般人常界定爱是没有理由，是可以克服一切的。这样太高估了爱，未考虑"现实"与"理想"间的差距，所以常等到结婚后才开始面对现实而感到失望。真正的爱或

许是一个不太完美的配对,爱是两个人共同适应这个爱的世界。爱不是诗人和哲人所描述的那么完美,也没有个人的自主性。真正的爱情,应该是彼此可以共同相处、分享,分开后也可以独立生活。爱是对对方最深刻的理解和宽容,爱的本质是给予,是相互的给予。感情的互动、快乐与平等是对爱情最基本的诠释。一句话,爱不仅是一种情感,爱更是一种能力。所以在投入爱情之前,若能先了解爱是什么,同时仔细思索自己心中的白马王子或白雪公主的形象,并且衡量自己的条件,则可避免过度理想化,或只是盲目地追寻心中的他。

二、怎样去爱?

当你发现了心目中的他,该如何去邀约他? 如何去建立与维持一种亲密关系?

1. 替对方着想,尊重、支持与了解

(1)彼此对对方的期望不要过多,不要妄想改造他;

(2)替对方着想,而且尊重并考虑对方的要求和建议;

(3)顾虑对方的时间、精力,不做过分要求。

2. 关系的重视与延续

(1)心存感激,能与对方有长久的情谊;

(2)把对方放在心里的重要位置,期待关系无限期延续下去;

(3)鼓励他,在他沮丧时,设法使他情绪好转,在对方生气时不要与其怄气;

(4)多让他自我袒露,也常表达自己的感受,有真诚的交流机会。

三、如何排解爱的困惑?

有人对爱有困惑,表现在"我总感到自己缺乏被爱的吸引力,不敢坦然与异性交往""我为自己还没有恋人而自卑,认为别人瞧不起自己""我害怕在异性面前失误,只好用回避与异性接触的办法保护自尊心,极力掩盖内心深处的痛苦与失落"。

这些心理困境形成的原因主要是两个方面。一是自我评价出现偏差。这样的同学往往过于关注别人对自己怎么看,却从未认真考虑过自己如何给自己一个客观的评价。二是对恋爱吸引力缺乏科学的认知。表面上看,似乎人们的择偶心理倾向于外在魅力,实际上,男女大学生在选择异性对象时,大多都认为性格、才能、心理相貌、人品和兴趣爱好更具吸引性的作用。有这种心理困境的学生应从各方面多寻找自己的长处,挖掘和排列一下自己能吸引他人的闪光点及特征。大学生还应学会辩证地思考问题,看到事物的两面性。一个人是否对异性有吸引力,是否非要在大学期间拥有如意恋人,有恋人并不意味着你今后的生活如何成功,"迟到的爱"也许会是真爱,早得到的爱也许会很快消失。

课 外 活 动 •••••

恋爱观测试

1. 恋爱作为人生中一个极其重要的环节,其最终所要达到的目的应当是(   )。

A. 找到一个情投意合的爱侣   B. 成家过日子,抚育儿女

C. 满足性饥渴   D. 只是觉得新鲜有趣,没有明确的想法

2. 你决定和对方确定恋爱关系时,所依据的心理根据是(   )。

A. 彼此各有千秋,但大体相当   B. 我比对方优越

C. 对方比我优越   D. 没想过

3. (男女单独做)

你是个小伙子,你对未来妻子的要求最主要的是(   )。

A. 善于理家做活,利落能干   B. 漂亮有气质

C. 人品不错,能帮助自己   D. 只要爱,其他一切都无所谓

你是个姑娘,你在选择未来丈夫时首先考虑的是(   )。

A. 潇洒大方,有男子风度   B. 有钱有势,社会能力强

C. 为人诚实正直,有进取心,待人和蔼可亲   D. 只要他爱我,其他都无所谓

4. 对最佳恋爱时间的考虑是(   )。

A. 自己已经成熟,懂得了人生的意义和爱情的内涵,并且确定了事业上的主攻
   方向

B. 随着年龄增长,自有贤妻与佳婿光临,"月老"不会忘记每个人的

C. 先下手为强,越早越主动

D. 还没想过

5. 你希望自己是怎样结识恋人的?(   )

A. 青梅竹马,情深意长   B. 一见钟情,难舍难分

C. 在工作和学习中逐渐产生恋情   D. 经熟人介绍

6. 你认为推进爱情的良策是(   )。

A. 极力讨好、取悦对方   B. 尽力使自己变得更完美

C. 百依百顺,言听计从   D. 无计可施

7. 人们通常认为:恋爱过程是个相互了解、相互适应和培养感情的过程。既如

此,了解、适应就需要花时间。那么,你希望确定恋爱关系的时间是(　　)。

　　A. 越短越好,最好是"闪电式"　　　　B. 依进展而定

　　C. 要拖长些　　　　　　　　　　　　D. 自己无主张,全听对方的

8. 谁都希望完整全面地了解对方,你觉得了解他(她)的最佳途径是(　　)。

　　A. 精心布置特殊场面,对恋人进行考验　　B. 坦诚恳切地交谈,细心观察

　　C. 通过朋友打听　　　　　　　　　　D. 没想过

9. 你十分倾心的恋人,随着时间的推移,暴露出一些缺点和不足,这时你(　　)。

　　A. 采用婉转的方式告诉并帮助对方　　B. 因出乎意料而伤脑筋

　　C. 嫌弃对方,犹豫动摇　　　　　　　D. 不知如何是好

10. 当你已有男(女)朋友,一位条件更好的异性对你表示爱慕时,你会(　　)。

　　A. 说明实情　　　　　　　　　　　　B. 对其冷淡,但维持友谊

　　C. 瞒着恋人和其来往　　　　　　　　D. 感到茫然失措

11. 当你倾慕一异性并发出爱的信息时,你忽然发现对方另有所爱,你怎么办?(　　)

　　A. 静观待变,进退自如　　　　　　　B. 参与角逐,继续穷追

　　C. 抽身止步,成人之美　　　　　　　D. 不知道

12. 恋爱进程很少会一帆风顺,而你对恋爱中出现的矛盾、波折怎么看呢?(　　)

　　A. 最好平顺些。既然已经出现,也是件好事,双方正好乘此考验和了解对方

　　B. 感到伤心难过,认为这是不幸

　　C. 疑虑顿生,就此提出分手

　　D. 束手无策

13. 由于性情不和或其他原因,你们的恋爱搁浅了,对方提出分手,这时你(　　)。

　　A. 千方百计缠着对方　　　　　　　　B. 到处诋毁对方名誉

　　C. 说声再见,各奔前程　　　　　　　D. 不知所措

14. 若你十分信赖的恋人背信弃义,喜新厌旧,伤害了你,你怎么办?(　　)

　　A. 权当自己看错了人　　　　　　　　B. 你不仁,我不义

　　C. 吸取教训,重新开始　　　　　　　D. 痛苦得难以自拔

15. 你爱情坎坷,多次恋爱均以失败告终,随着年龄增长进入"老大难"的行列,你(　　)。

　　A. 一如从前,宁缺毋滥　　　　　　　B. 厌弃追求,随便凑合一个

　　C. 检查一下择偶标准是否实际　　　　D. 叹息命运不佳,从此绝望

评分标准

评分标准如表 6-1 所示。

表 6-1　评分标准

题号	A	B	C	D
1	3	2	1	0
2	3	2	1	0
3	2	1	3	0
4	3	2	1	0
5	2	1	3	0
6	1	3	2	0
7	1	3	2	0
8	1	3	2	0
9	3	2	1	0
10	3	2	1	0
11	2	1	3	0
12	3	2	1	0
13	2	1	3	0
14	2	1	3	0
15	2	1	3	0

结论与忠告

得分为 35～45 分:恋爱观科学正确

你是一个成熟的青年,你懂得应该爱什么和为什么爱,这是你进入情场的最佳入场券。不要怕挫折和失败,它们是考验你的纸老虎,终将在你的高尚和热忱面前逃遁。尽管大胆地走向你梦中的恋人吧,你的婚姻注定美满幸福。

得分为 25～34 分:恋爱观尚可

你向往真挚而美好的爱情,然而屡屡失误,一时难以如愿。你不要气馁,将恋爱作为圣洁无比的追求,不断校正爱情之舟的航线,这样你与幸福就相隔不远了。

得分为 15～24 分:恋爱观需要认真端正

你的恋爱观存在不少问题,甚至有不健康之处。它们使你辛勤播撒的爱情种子难以发芽,更难结出甜蜜的果实。

7 题以上得分为 0:恋爱观还未形成

你或许年龄太小,不谙世事;或许虽已老大,却天真幼稚。爱情对你来说,是一个谜一般的世界。建议你等稍许成熟些,再涉爱河不迟。

思考题

1. 如何看待大学生恋爱问题?

2. 如何处理恋爱中的心理问题?

3. 请结合你的理解谈谈什么是爱情。

第 7 章

大学生常见挫折及应对

大学生活并不总是光鲜亮丽,难免遭遇压力和挫折。经历过压力、经受住挫折历练的大学生会更成熟、更勇敢、更具有生命力。压力和挫折是我们人生的转折点,生命会因此而得到升华。在大学里,我们看到有些学生因为考试失败或恋爱受挫折而产生轻生的念头或自杀的行为;有些学生因为人际关系受挫而逃避群体、自我封闭;有些学生因为求职受挫而放弃自我、放弃社会。在成长过程中,挫折不可避免,大学生应学会面对挫折,解决因挫折而带来的种种问题,培养良好的意志品质。

知识阅读

在爱迪生发明灯泡的时候,他失败了很多次,当他用到一千多种材料做灯丝的时候,助手对他说:"你已经失败了一千多次了,成功已经变得渺茫,还是放弃吧!"但爱迪生却说:"到现在我的收获还不错,起码我发现有一千多种材料不能做灯丝。"最后,他终于成功了。

我们可以试想,如果爱迪生在助手劝他停止实验的时候放弃了,我们现在会怎么样呢?可能我们还要点只有豆粒般大小的油灯在夜里照明。其实爱迪生的每次试验失败都可以看作是挫折。这么一算,爱迪生发明电灯也就是遇上了一千多次挫折,这是一个多么惊人的数目啊!

第一节　挫折概述

一、挫折的概念

挫折指个体在实现目标的过程中,因遇到无法克服或自认为无法克服的障碍和干扰,使其目标不能实现、需要或动机不能获得满足所产生的紧张状态和消极的情绪反应。如失望、压抑、沮丧、郁闷、苦闷等。人的行为总是从一定的动机出发达到一定的目的的。如果在通向目标的道路上遇到了障碍,那么就会产生三种情况:改变行为,绕过障碍,达到目标;如果障碍不可逾越,可能改变目标,从而改变行为的方向;在障碍面前无路可走,不能达到目标。只有在最后一种情况,人们才会产生挫折感。

从挫折的构成上看,其构成要素包括三个主要方面:挫折情境,挫折认知,挫折反应。

(一)挫折情境

挫折情境是指人们的需要不能获得满足的内外障碍或干扰等情境因素,如考试不及格,比赛未取得理想名次,受到讽刺、打击等。

知 识 链 接

大学生挫折的几种主要类型

1. 学习困难型

竞争激烈、学习方法不得当、学习成绩不理想等诸多因素给部分大学生带来不同程度的心理负担,使他们学习压力过大,产生失落感和焦虑感。

2. 经济拮据型

有的大学生家庭经济困难,特别是来自农村、单亲家庭和父母下岗家庭的大学生,他们经济拮据,有的又不甘于艰苦朴素的生活,羡慕"高消费",而家庭无法满足他们生活"城市化"的各种需求,心理长期不平衡,容易产生自卑感和挫折感。

3. 人际关系障碍型

初次远离父母、远离家乡的大学生在生活上会遇到种种困难,与同学、朋友、老师的关系处理不当,从而造成人际关系不协调,使一些大学生感到孤独无助。有些大学生由于自我评价不恰当,或自命不凡、目空一切、骄傲自满,或极度自卑、畏缩不前、性格孤僻,不习惯集体生活,因而无法与他人和谐相处,人际关系紧张,自然会产生心理挫折。

4. 性格缺陷型

大学生的生理成熟与心理成熟并不是同步的,在生理上,他们已是"成人",但在心理上,仍带有许多少年时期的痕迹,如幼稚、脆弱、依附性强、自卑感强,因此受挫后会一蹶不振,心灰意冷,意志消沉等。而且他们的社会阅历太浅,面对各种社会矛盾,幼稚脆弱的心理难以调适,心理挫折也就会随之而来。

5. 情感缺乏型

有的大学生父母感情不和,纠纷迭起,自己也卷入家庭矛盾的旋涡中;有的学生从小父母离异,家庭破裂,生活在"单亲家庭"中,长期缺乏父爱或母爱,内心苦闷,久而久之,就会产生心理挫折;有的学生失恋或单相思,在情感上难以自拔,造成心理失调,甚至导致精神崩溃。

6. 理想与现实冲突型

社会的开放使各种西方思想纷纷涌入,中西方文化碰撞使人们在观念上发生了改变。面对社会转型中发生的一切,青年大学生在心理上产生了震荡,容易使自己心理失衡。

(二)挫折认知

挫折认知是指人们对挫折情境的知觉、认识和评价。挫折认知既可以是对实际遭遇的挫折情境的认知,也可以是对想象中可能出现的挫折情境的认知。如有的人总是怀疑别人在议论自己,虽然事实并非如此,但他因为内心的排斥而产生与他人关系的不和睦。另外,不同的人对相同的挫折情境所产生的主观心理压力也不尽相同,个人的知识结构也会影响其对挫折情境的知觉判断。

案 例 分 析

"他们的舞蹈完美得让人忘记了身体的残缺。"翟孝伟和马丽都是残疾人,为了自己舞蹈的梦想,他们彼此扶持、鼓励,一起努力。舞台上的翟孝伟永远扮演着马丽的右臂,而马丽则是他的左腿。翟孝伟曾经是个运动员,为了两个人的目标,他毅然放弃了自己的运动生涯,和马丽一起努力地跳舞。而他们的舞蹈,则正如马丽所说"残

缺同样可以创造完美"。他们完美的舞姿及对梦想的追求打动了全场所有人。

点评:珍爱生命的人,无论何时何地,无论遇到多大的困难和挫折,都会为了梦想而努力,都不会轻易放弃生活的希望。

(三)挫折反应

挫折反应是人们伴随着挫折认知,对于自己的需要不能满足时产生的情绪和行为的反应,常见的有焦虑、紧张、愤怒、躲避或攻击等。

从上述分析可以看出,当挫折情境、挫折认知和挫折反应三者同时存在时,便构成了典型的心理挫折。但如果缺少挫折情境,只有挫折认知和挫折反应这两个因素,也可以构成心理挫折,这是主体认知不当的缘故。所以,在挫折三要素中,挫折认知是最重要的因素,挫折情境与挫折反应没有直接的联系,其关系要通过挫折认知来确定。所以,挫折反应的性质及程度主要取决于挫折认知。

小 故 事......

初中毕业后,华罗庚曾入上海中华职业学校就读,因学费而中途退学,故一生只有初中毕业文凭。

此后,他开始顽强自学,他用 5 年时间学完了高中和大学低年级的全部数学课程。1928 年,他不幸染上伤寒,靠妻子的照料得以挽回性命,却落下左腿残疾。20 岁时,他以一篇论文轰动数学界,被清华大学请去工作。

从 1931 年起,华罗庚在清华大学边工作边学习,用一年半时间学完了数学系全部课程。他自学了英、法、德文,先后在国外杂志上发表了多篇论文。1936 年夏,华罗庚被保送到英国剑桥大学进修,两年中发表了十多篇论文,引起国际数学界赞赏。1938 年,华罗庚访英回国,在昆明郊外一间牛棚似的小阁楼里,他艰难地写出名著《堆垒素数论》。

知 识 链 接......

做人不要整天活在抱怨中

对生活怀有感恩之心的人即使遇到了灾难,他也能平安度过,而那些喜欢抱怨的人,即使遇上的是福也会变成祸。在烦恼失意中抱怨,其实等于坐以待毙。聪明的人不会去抱怨,他选择的是行动。抱怨除了使嘴巴痛快一时之外,什么作用都不起,甚至还会让人越来越消沉。

黑龙江一个农家子弟,患上了严重的肌无力,只上过一天学,此后他就与病床为友,抬一下头都困难。但是这个男孩儿并没有抱怨,他坚强地自学,最后写成了《假如让我行走三天》,在全国引起轰动。很多素不相识的人都向他伸出了援助之手,他更加坚定了自己的生命之路。一个身处如此逆境之中的贫困少年,尚且不去抱怨人生,何况我们在生活中遇到的只是那一点点小小的挫折?

不抱怨的人,都是心胸开阔的人,他们始终对生活怀着一颗感恩的心,即使生活对他们并不公平。我们活在世上,享受欢乐的同时,一定也会面对艰难困苦,很多人都和我们一样。当我们成年之后,可能在某一天忽然发现,曾经不如我们的同学过上了非常富裕的生活,这个时候,有的人可能就会抱怨命运的不公,没有给他机遇,其实,他只是看到了别人光鲜的表面。别人奋斗的时候,别人流汗的时候,他都没有看见,这样的抱怨毫无意义。不可能人人都比你弱,不可能人人都一成不变,不可能好事只让你一个人占了。想拥有得比别人更多吗?自己去做好了,何必抱怨呢?戴埃在《你的误区》一书中说"抱怨、责怪徒劳无益!"你可以尽情地抱怨别人,拼命地责怪他们,但对自己不会有任何帮助。抱怨的唯一作用是为自己开脱,把自己情绪的不快或消沉归咎于其他的人或事。然而,抱怨本身是一种愚蠢的行为。其实,有的时候命运并不是厚待了谁、偏爱了谁,只不过有的人努力,所以他走在了前面。机会是均等的,你应该更积极主动地去做,抱怨只是浪费时间而已。

第二节　大学生常见挫折及调适

一、正确对待挫折及调适

小故事

在一位农夫的果园里,紫红色的葡萄挂满了枝头,令人垂涎欲滴。当然,这种美味逃不过附近狐狸们的眼睛,它们早就想享受一下了。然而,对于狐狸来说,葡萄架太高了,我们一起来看看下面几只狐狸的表现。

第一只狐狸来到了葡萄架下,它不愿就此放弃,机会难得啊!它发现了葡萄架旁

边的梯子,突然灵机一动,学着以前农夫摘葡萄的样子爬上去,顺利地摘到了葡萄。(这只狐狸采用的是问题解决方式,它没有逃避,而是直接面对问题,最后解决了问题。)

第二只狐狸在葡萄架下转了几圈,自言自语:"这个葡萄肯定是酸的,吃了也很难受,还不如不吃。"于是,它心情愉快地离开了。(这只狐狸运用了心理学中的"酸葡萄效应",即合理化,当个人需要在现实中难以获得满足,为了不使自尊心遭受打击,就弱化自己的期待或目标对自身的价值,以避免精神上的痛苦和不安。)

第三只狐狸禁不住葡萄的诱惑,下决心要吃到葡萄。它想:我可以向上跳,只要我努力,我就一定能够得到。可是事与愿违,它最后累死在葡萄架下。(这只狐狸的行为说明,不是只要付出努力就一定会达到目标,还要看环境、努力的方向及能力等多种因素。)

第四只狐狸一看到葡萄架比自己高,便破口大骂,到处撕咬葡萄藤,正巧被农夫发现,一铁锹把它拍死了。(这只狐狸应对挫折的方式为"攻击",这是一种不可取的应对方式,于人于己都是有害无利的。)

第五只狐狸在葡萄架下号啕大哭。它伤心为什么自己如此矮小,如果像大象那样,不是想吃什么就吃什么吗?它哭喊着:"如果吃不到葡萄,我就不回家了!"(这种表现称为"退行",即当遇到挫折时,个体会放弃成熟的态度和行为模式,而使用较幼稚的方式以期满足自己的欲望。)

第六只狐狸想,既然我吃不到葡萄,别的狐狸肯定也吃不到,如果这样的话,我也没什么好遗憾的了,反正大家都一样。(这种方式称为"投射",即把自己的愿望与动机归于他人,断言他人也有此动机和愿望。正常人的投射虽然可以保护自己内心的安宁,但是会影响对事物的正常观察和判断。)

第七只狐狸站在高高的葡萄架下,心情非常不好,它想为什么我吃不到呢?我的命运怎么这么悲惨啊?越想它越郁闷,最后郁郁而终。(这只狐狸因处于持久的心境低落而患上了抑郁症。)

第八只狐狸尝试了很多办法也没有见效,它听说有别的狐狸吃到了葡萄,心情更加不好,最后一头撞死在葡萄架下。(这只狐狸"不患无,患不均",由于心理极度不平衡走上了绝路。)

挫折是普遍存在的,从某种意义上讲,挫折是生活中的一部分。自然界、社会中的万事万物都是在曲折中前进、螺旋式上升,直线、顺利发展的事情几乎没有。能否承受得住挫折不仅决定于个体经受挫折时的心理状态,对挫折的认识、评价和理解,还取决于个体对挫折的态度及应付挫折的方法。

（一）正确认识挫折

人生犹如天气,有阳光灿烂,也有狂风暴雨;有风和日丽,也有雾霭风沙。挫折是不可避免的。雨果说:"尽可能少犯错误,这是人的准则,不犯错误,那是天使的梦想。"一个在生活中充满幸福感的人,不是他在生活中不遭遇挫折,而是他能坦然面对挫折,并能客观地分析挫折产生的原因,尽可能不再犯同样的错误。

事实上,任何事情都有两面性,既有积极的一面,也有消极的一面,挫折也是如此。从消极方面看,一个人在遭遇挫折时,就挫折事件而言,是令人痛苦的。从积极方面看,人在挫折面前若能冷静下来,沉着面对,挫折就有可能成为激发人上进的力量,在与挫折的抗争过程中,自己的性格和意志可以得到磨炼。人在挫折中成熟起来,挫折就可能成为事情的转机。相反,一个人总是生活在顺境中,可能会使人过于安逸,在真正遇到困难时不知所措。所以,挫折是一种困境,但也是一个机会,只要能坦然面对,并树立起战胜挫折的信心,就可能从困境中解放出来。要知道,不经历风雨,怎么见彩虹?

（二）进行合理的归因

归因是指个体依照主观感受或经验对自己和他人的行为及其结果发生的原因予以解释与推测的心理活动过程。个体对原因的归结可以分为两种类型:外因和内因。外因是指造成挫折的外部环境因素,内因指个体自身的观念、能力等主观因素。

学生在挫折的归因问题上常会出现两种倾向:极度的外部归因和极度的内部归因。极度的外部归因就是指把挫折归因于外部的、不可控制的因素,而不考虑自身的因素。极度的内部归因正好相反。如一些大学生考试失败后,认为是老师出题太难,评分过于严格,这就是极度的外部归因。有的学生则往往把失败归因于自己,认为是自己能力有限、学习不够努力、太笨等,过多地责备自己,这就是极度的内部归因。这两种归因如果得不到纠正,可能会导致学生的自我效能感丧失,对他的学习将会产生严重的负面影响。因此,学生在遇到挫折后,要冷静分析挫折产生的原因:是客观原因还是主观原因,是可控原因还是不可控原因,或者兼而有之等。只有找到造成挫折的真实原因,才有可能找到"症结",才有可能战胜挫折。

（三）根据实际情况调整抱负水平

抱负水平是指人在从事活动之前,对自己要达到的目标所规定的标准。从本质上说,目标只是一种愿望,与活动的实际结果不一定是相符合的,但若抱负水平不当,

可能会引发挫折感。由于抱负水平不当引发挫折感通常有两种情况：一是抱负水平过高。抱负水平过高的人，常追求尽善尽美，但由于目标的实现往往并不取决于个人的因素，还有许多不可控制的因素，尽管个人为实现目标倾尽了全力，最后的结果可能还是远远低于自己的预定目标，这样就会产生挫折感。要知道，希望越大，失望可能也就越大。二是抱负水平过低。抱负水平过低的人，所定目标容易实现，似乎不会出现挫折感，事实则不然。抱负水平过低，虽然容易实现目标，但这目标的实现不会给他带来真正的满足感，对他的自信心、自尊的增强没有太大的帮助，反而会埋没他的潜能，压抑他的个性。当前不少大学生感到"郁闷"，常常是由于抱负水平过低造成的。

抱负水平过高、过低都不行，是不是意味着折中的目标是最好的呢？其实不然。抱负是个人对未来发展的一种期盼，应体现出个人的特点。所以，在确立抱负水平之前，个人首先应对自己的情况和从事的活动进行审慎的分析，了解自己的长处和短处，了解所从事的活动的性质特点，根据自己的特点和活动的实际情况来确定目标。知己知彼，才能百战不殆。例如，大学生在确定自己的学业目标时，要充分考虑自己的情况和学科的特点，如能力特点是擅长记忆，动手能力稍弱，而学科突出的是程序性知识，在学习目标的确定上就不应过高；相反，如果学科是以描述性知识为主，就可把目标定高些。抱负水平切合实际，既可增加成功概率，又能发挥抱负水平应有的激励作用，从而减少因目标不能实现所引发的挫折感。

（四）合理运用心理防卫机制

挫折不可避免，人在遭遇挫折时，内心原有的平衡必然会遭到破坏，这时会出现焦虑、烦躁、痛苦、郁闷等负面的心理反应，这都是正常的心理现象。在没有找到克服失败的方法之前，适度的宣泄是有必要的。为了避免挫折给自己带来更大的伤害，这时就要适当运用心理防卫机制。

心理防卫机制有积极的，也有消极的，但无论是积极的还是消极的，心理防卫机制不一定能针对引发挫折的根源，用心理防卫机制来寻求解脱，多少会有些自欺欺人。但它对个体缓解心理压力、减轻焦虑和紧张情绪、维护个人的自尊、保持心理平衡是有很大意义的。如学生遇到情感挫折时大哭一场；在与人交往发生矛盾时去打一场球；在情绪激动时去听一段优美的音乐；在心中有烦恼，自己又无法排解时找人倾诉等。这些心理防卫机制的运用，使自己的焦虑情绪得到一定的宣泄，对心理压力的缓解是有帮助的。相反，如果这些不良情绪不能得到合理的宣泄，在过度的焦虑状态下，人的注意范围会变窄，思维的灵活性会降低，这时反而会使事情变得更糟，甚至会越陷越深,不能自拔。

但我们应该清楚,心理防卫机制只是"止痛药""麻醉剂",不是根治挫折的"良药"。要使自己从挫折的困扰中彻底解放出来,在用一些积极的心理防卫机制进行宣泄、使自己在冲动中平静下来之后,自己就应冷静下来,客观地分析挫折产生的原因,找到症结所在,再找到出路,从而轻装前行。

(五)提高挫折承受力

挫折承受力是指个体承受挫折的能力,即遇到挫折时能免于行为失常的能力。一般来说,挫折承受力低的人遇到轻微的挫折,就消极悲观,颓废沮丧,一蹶不振,甚至人格趋于分裂而形成行为失常或者心理疾病。挫折承受力高的人,能忍受重大的挫折,就是大难临头,几起几落,也能坚韧不拔,百折不挠,保持人格的统一和心理的平衡。

有效提高挫折承受力,是挫折应对的关键要素之一,为此,大学生要注重自身意志力的培养,顽强的意志力是提高挫折承受力的有力保障。同时可以通过创设和主动体验一些挫折情境来提高自己应对挫折的能力,比如,某学生性格较内向,不擅与人交谈,为了避免他在毕业找工作时因个性原因而遭遇挫折,就要在学习之余多参与社会实践,可以选择一些接触人比较多、需要更多沟通的工作,如推销员、市场开拓工作等,在最初会体验一些小的挫折与不适应,但在经过一段时间的自我调整和锻炼后,就会逐渐克服心理障碍,应对自如,从而将真正的择业时可能面临的心理挫折降至最低。

(六)注重自身修养

孔子说:"君子坦荡荡,小人长戚戚。"君子之所以坦荡,是因为君子修养高,对名利淡泊;小人之所以"常戚戚",是因为小人对蝇头小利也不放过,对鸡毛蒜皮的小事也耿耿于怀。这说明,一个修养高的人,对挫折的承受能力也随之提高。郑板桥有两幅很有名的书法:一幅是"难得糊涂",另一幅是"吃亏是福"。"难得糊涂"说明一个人要生活得自在,对一些小事不应太过于精明,该糊涂时就糊涂。"吃亏是福"说明一个人做事不要斤斤计较,要不怕吃亏、勇于吃亏、善于吃亏,在吃亏中展精神,在吃亏中长智慧。

良好的修养、崇高的思想境界是增强挫折抵御能力的重要法宝,为了提高挫折承受力,就必须提高自身的修养。个人修养的提高来源于两条基本途径:一是学习书本知识,二是积极参加各种社会实践。

对于书本知识的学习,学生除了要学习专业知识外,更要重视对我国传统文化的

学习。我国的历史悠久,文化源远流长,不少经典名著对提高为人处世的能力是大有帮助的,大学生应善于从我国的传统文化中汲取营养,古为今用。

积极参加社会实践,也是提高自身修养的重要途径。当代的大多数大学生,从小学到中学,再从中学到大学,有家长铺路,有老师搭桥,一帆风顺地走过来,没遭受过大挫折,这在很大程度上降低了学生抵御风险、承受挫折的能力。没有这些能力作为支撑,学生在离开象牙塔、走向社会时会很难适应。所以,大学生在大学求学期间应多参加各种社会实践活动,在实践中磨炼自己。学生志在学,在实践中,无论是得是失,对自己来说都是一笔难得的财富。自古雄才多磨难,从来纨绔少伟男。只有经得起磨难,才能使自己成为雄才。

案例分析 ......

你愿意和哪个和尚一样?

话说有两个和尚,他们分别在相邻的两座山上的庙里。这两座山之间有一条小溪。这两个和尚每天都会在同一时间下山去溪边挑水,久而久之,他们便成了好朋友。就这样,不知不觉已经过了五年。突然有一天,左边这座山的和尚没有下山挑水,右边那座山的和尚心想:他大概睡过头了。便不以为意。哪知第二天,左边这座山的和尚,还是没有下山挑水,第三天也一样,过了一个星期,还是一样。一个月后,右边那座山的和尚,终于坐不住了。他心想:我的朋友可能生病了,我要过去拜访他,看看能帮上什么忙。于是他便爬上了左边这座山,去探望他的老朋友,等他到达左边这座山上的庙里,看到他的老友之后,大吃一惊,因为他的老友正在庙前打太极拳,一点也不像一个月没喝水的人。

他好奇地问:你已经一个月没有下山挑水了,难道你可以不用喝水吗?左边这座山的和尚说:来来来,我带你去看。于是,他带着右边那座山的和尚走到庙的后院指着一口井说:这五年来,我每天做完功课后,都会抽空挖这口井。即使有时很忙,能挖多少就算多少。如今,终于挖好了水井,我就不必再下山挑水,我可以有更多时间练我喜欢的太极拳了。

第三节　大学生意志力的培养

一、什么是意志力

意志力是指一个人自觉地确定目标,并根据目标来支配、调节自己的行动,克服各种困难,从而实现目标的品质,是心理学中的一个概念。意志力可被视为一种能量,当人们善于运用这一有益的能量时,就会产生决心。而人有决心就说明意志力在起作用。人的心理功能或身体器官对决心的服从,正说明了意志力存在的巨大力量。马克思曾经指出:"生活就像海洋,只有意志坚强的人,才能到达彼岸。"大学生在大学的学习、生活和社会实践的"大海洋"中搏击,良好的意志显得尤其重要。大学生良好意志的培养,不仅是全社会关心的问题,同时也是每一位大学生应真正加以重视的问题。然而,当代大学生大部分在温室中长大,尤其缺乏培养意志力的意识。但是大学生肩负着即将报效祖国的重任,即将步入社会,缺乏意志力使许多大学生的梦想无法坚持。事实上,意志力并非是生来就有或者不可能改变的特性,它是一种能够培养和发展的技能。

二、大学生意志品质现状及特点

大学生的意志品质已呈现出较高的水平,但发展不平衡。从总体上说,呈现出以下特点。

(一)自觉性发展较快

大学生随着独立性和社会性的发展,自我意识控制力的增强,他们意志品质的各方面都有迅速的提高,但其中自觉性发展较快。

随着个人志向和理想的确立,他们都能自觉地提出行动目标,制订学习和生活计划。为实现自己的目标而勤奋努力,克服困难,排除干扰,力求成功。但也有少数同学行为的自觉目的性较差,缺乏远大的行动目标,只求 60 分,混文凭。有的只是迫于外界因素的压力,而不得不随大流。

(二)果敢性和自制性发展较慢

意志的果敢性水平的高低,与个体的知识、经验的广阔性和丰富性及思维的敏捷性和灵活性有密切的关系。现在,有相当数量的大学生,已经能够独立地、迅速地对一般的学习、生活和工作做出计划并付诸行动。但在关键性的重大性事件之前,不少

人又常常表现为优柔寡断、动摇不定或草率、武断。据有的学校调查,有近半数学生对自己意志缺乏果敢性表示不满。大多数同学已经有一定程度的自制力,能够较好地进行自我节制,遵守学校的各种规章制度,面临多种动机斗争时,可以分清主次、缓急,主动排除干扰,保证预定目标的实现。但是由于青年期情绪变化急剧强烈的特点,他们往往在有情绪性干扰时缺乏自制力。

（三）坚毅性水平差异较大

坚毅性这一品质在少数大学生中表现很强,他们不管在克服学习困难、生活困难还是在战胜疾病困难方面,都表现出坚强的信心和毅力。但在一些学生的意志行动中,则表现出坚毅性很差,一遇到困难就灰心丧气,或见异思迁、半途而废。多数学生认为自己已经具备了一定的坚毅性,毅力也在不断增强。

（四）意志品质的发展不稳定、不平衡

目前,大学生意志品质的发展仍然具有不稳定、不平衡的特点。同一个学生在某个时期、某件事情上,表现出意志水平较高,但在另一个时期、另一件事情上,却表现出意志水平很低。比如,有的同学在克服学习困难或坚持体育锻炼上表现出意志力很强,但在克服吸烟、喝酒等不良嗜好和习惯时,却表现出决心不大,自制力不强;在克服物质条件困难和肉体痛苦时表现出意志力较强,但在克服情绪波动和抗拒精神压力上又显得意志力很薄弱。

总的来说,大学生的意志品质已较中学有明显的提高,主要的意志品质特征在多数大学生身上已基本形成,并逐渐趋于成熟。但大学生意志品质的发展呈现出差异性、不平衡性。有的大学生发展得较好,已表现出很强的意志力,有的则较弱。就意志的总体水平而言,高年级高于低年级,男大学生高于女大学生。就某一个体而言,大学生意志品质的诸方面也存在着差异,并且在不同情况下也会有不同的意志表现,在改正不良生活习惯时,决心不大,自制力不强。在克服物质困难和肉体痛苦时,表现出大学生意志力水平较高,但在克服情绪波动和抵抗精神压力方面,则显得意志水平较低。此外,如果意志行为是本人感兴趣的,本人主动选择的,本人愿意担责任的,或者本人意识到具有重要意义的,目标明确的,可以在不太长的时间内见到效果的,以及心境良好时,那么意志水平显得较高;反之,就容易意志力薄弱。因此,尽管大学生的意志品质正在逐渐趋于成熟、稳定,但仍会随个体的内外条件而起伏波动,这也是大学生意志品质的一大特点。

大学生意志品质诸方面中既有坚强、健康的方面,也有软弱、不健康的方面。就某一意志品质而言,多数大学生往往处于优劣之间,既不是绝对的好,也不是绝对的差,而且常常会处在意志的冲突、选择中。冲突的结果,若优良品质占优势,则有利于巩固、发展意志品质;反之,则会阻碍和破坏意志的发展。因而,加强意志的调节是非常必要的。

知 识 链 接

重视大学生意志品格的培养

贝克汉姆是当今足坛公认的"任意球之王",他成功的秘诀是什么呢? 答案是拿汽车轮胎作靶子。在一部回顾曼联队表现的纪录片里,曾出现过一组镜头:一个破旧的山地汽车轮胎挂在了球门的死角上,站在禁区外的小贝拔脚怒射,球从轮胎圈里穿过后直挂网窝。这就是小贝磨炼任意球技的办法。小贝表示,从少年时代起,他就采用这种方法"狂"练任意球。到了曼联队以后,这种练习更是家常便饭。曼联队每天训练结束后,体力透支的他都要进行这项训练,不把球送进轮胎圈,就决不结束训练。在练完"轮圈神功"后,贝克汉姆还要通过实战射门练习检查一下"练功"的效果。据曼联队的球员透露,贝克汉姆平均每罚十个任意球,能进七个。

一个著名的体操教练到一所业余体校选拔队员,他觉得那里的孩子们身体条件都很好,技术上各有特长,实在难分高下,于是这位教练二话没说,当即要孩子们排成一排,靠墙倒立,而他却走到几十米之外跟别人聊天去了。时间就这样一分一秒地过去了……

1. 教练为何这么做?

2. 他会挑选哪种队员? 为什么?

三、大学生提高意志力的途径和方法

意志品质作为大学生学习活动的保证和保障身心健康发展的重要条件,不是生来就有的,特别是良好的意志品质,更需要在后天的教育和实践活动中有目的地加以培养。

(一)加强世界观和人生观教育,确立正确的行动目标

自觉目的性是意志行动的重要特征,大学生意志品质的发展建立在一个正确而合理的行动目标的基础上。为此,在学校教育活动中,应该对学生加强科学的世界观

和正确的人生观教育,使他们勇于探索人生的意义和价值,学会明辨是非,分清善恶、荣辱。只有这样,才能使他们既具有崇高的人生目标,又能在日常生活和学习中确立有意义的行动目标。

(二)组织实践活动,加强意志锻炼

坚强的意志是在克服困难的实践活动中磨砺出来的。在学校教育中,日常的学习、劳动和课外活动,都需要为达到一定的目标付出艰辛和努力,这正是培养大学生良好的意志品质的最好途径。特别是学习活动,更需要一种锲而不舍的学习精神。教师应该科学、严谨地组织学生的学习活动,合理安排班集体的劳动和课外文体活动,使每个学生融入其中,全身心地投入。另外,在意志锻炼中,还要根据学生的实际情况,因材施教。对于学生在实践活动中表现出的良好意志品质,教育者要及时给予肯定,帮助他巩固下去;对于不良的意志品质,则要及时指出,设法教育、纠正。例如,对于行为盲从、易受暗示的学生,教师应该培养他们对集体和他人的义务感和责任感,启发他们的独立精神和自觉意识;对于行事轻率、行为鲁莽的学生,要帮助他们认清行为的不良后果,帮助他们学会控制自己的情绪,理智行事;对于优柔寡断、怯懦的学生,则要树立他们克服困难的信心和勇气,帮助他们学会审时度势,当机立断;对于行为偏执、性情孤僻的学生,要从心理上接近他们,帮助他们正确看待个人与社会、集体的关系,使自己的行动符合群体的利益。

(三)发挥集体的影响,给予必要的纪律约束

在学生意志品质的形成中,离不开周围的人和环境的影响。特别是在学校教育中,集体发挥着不可忽视的作用。除了父母之外,学生对在学校生活中与自己朝夕相处的辅导员有一种特别的信任和尊重。因此,一位辅导员如果想培养学生良好的意志品质,自己首先在工作中要表现出目标明确、处事果断、兢兢业业、不畏困难的作风。俗话说:"身教重于言教",辅导员的行为榜样对学生意志品质的培养有特殊的效果。

学生所在的班集体是其成长的重要环境,在具有良好班风的集体中,同学之间互帮互助,注重集体的利益,也为自己是集体的一分子而自豪。当学生建立起对集体的义务感和荣誉感时,就会为了集体的目标和利益,去努力学习,热心支持集体活动,在此过程中,独立、坚强、勇敢、自制等意志品质也得到了培养。当然,要形成良好的班风,还要有严格的纪律去约束集体成员,朝共同的目标努力。当学生能够自觉遵守集体的规章制度,不做违反纪律的事,这本身就是最好的意志锻炼。

（四）启发学生进行意志的自我锻炼

学校的政治思想教育、课内外的实践活动及辅导员和班集体的影响,要在学生的意志品质形成中真正发挥作用,还必须调动学生的主观能动性。随着学生自我意识的增强和自我评价能力的提高,他们逐渐意识到意志品质的重要性,以及自己意志品质的缺点和不足对学习的影响,就会主动接受这些教育影响,并予以积极配合。这个时候,也为辅导员和思政教师启发学生进行意志的自我锻炼提供了条件。在教育实践中,人们发现学生能够做到意志品质的自我锻炼,并有一些行之有效的方法和途径,如用格言、座右铭警醒自己,用杰出人物的事迹对照、监督自己的言行;同身边的榜样相比较,找出差距,迎头赶上;制订作息计划和学习计划,并严格执行;自己设计一些加强意志锻炼的活动,并努力实践;每天坚持记日记,反思自己的言行和思想,发现缺点,及时改正等。

课 外 活 动

意志力自测

1. 你正在朋友家中,茶几上放着一盒你爱吃的巧克力,但你的朋友无意给你吃。当她离开房间时,你会( )。

A. 立即吞下一块巧克力,再抓一把塞进口袋里

B. 一块接一块地吃起来

C. 静坐着,抗拒它的诱惑

D. 对自己说"吃什么巧克力? 我很快就有一顿丰富的晚餐"

2. 你发现你的好友未将日记锁好便离开了房间,你一向很想知道她对你的评价及她和某人的关系,你会( )。

A. 立即离开房间去找她,不容许自己有被引诱偷看的机会

B. 匆匆揭过数页,直至内疚感令你停下来为止

C. 迫不及待地看,然后责问她居然敢说你好管闲事

D. 坐在房间里面并不受诱惑

3. 你从朋友刘的日记中发现了多个秘密,极欲与别人分享,你会( )。

A. 立即告知另一位朋友

B. 不打算告诉任何人,但会让刘知道你已经发现了她的秘密,使她不敢太放肆

C. 什么也不做,你和刘能做好朋友,正因为你能守秘密

D. 请催眠专家使你忘记一切秘密

4. 你正努力存钱准备年底去旅行,但你看到一条很适合自己穿的裙子(或衣服)。你会( )。

A. 每次经过那家店时都蒙住眼睛

B. 自己买衣料,缝制一条一样的裙子,价钱会便宜很多

C. 不顾一切买了它,宁愿哀求父母借钱给你去旅行

D. 放弃它,没有任何东西能破坏你的旅游计划

5. 你深信自己已经深深爱上他,但他只在无聊时才想起你,在一个狂风暴雨的夜晚,他要求与你见面,你会( )。

A. 立即冒着雨去找他,纵然需要坐车数小时也是值得的

B. 挂断电话。虽然你很不情愿,但你需要一个更关心你的人

C. 先要他答应以后更好地待你才答应去

D. 找一个理由委婉拒绝,并建议改天见面

6. 你对新年许下的诺言所抱的态度是( )。

A. 只能维持几天

B. 维持2~3年

C. 懒得去想什么诺言

D. 到适当的时候就违背它

7. 如果你能在早上6点起床温习功课,晚间便有更多时间,令你做事更有效率。你会( )。

A. 虽然每天早晨6点闹钟准时响,但你仍赖在床上直至8点才起来

B. 把闹钟调到5点半,以便以后能准时在6点起床

C. 约在6点半起床,然后立刻用凉水洗脸,使自己清醒

D. 算了吧,睡眠比温习更重要

8. 你要在6周内完成一项重要任务,你会( )。

A. 接任务后5分钟即开始执行,以便有充足的时间

B. 期限前30分钟才开始执行

C. 每次想动手时都有其他事分神,你不断告诉自己还有6周时间

D. 立即进行,并确定在期限前两天完成

9. 医师建议你多做运动,你会( )。

A. 只在开始一两天照做

B. 拼命运动,直至支持不住

C. 每天漫步去买雪糕,然后乘车回家

D. 最初几天依指示去做,待医生检查后即放弃

10. 朋友想跟你通宵看录像带,但你需要明早 7 时起床上课,你会(　　)。

A. 看到晚上 9 点半回家睡觉

B. 拒绝,好好地睡一觉

C. 视情绪而定,要是太疲倦就告假

D. 看通宵,然后倒头大睡

评分标准

评分标准如表 7-1 所示。

表 7-1　评分标准

选项	得　分									
	1	2	3	4	5	6	7	8	9	10
A	1	3	1	4	1	2	2	4	3	3
B	2	2	2	2	4	4	4	1	4	4
C	3	4	3	1	2	1	3	2	1	2
D	4	1	4	3	3	3	1	3	2	1

说明

分数为 18 分以下:你并非缺乏意志力,你只是喜欢做那些你有兴趣的事,对于那些能及时获得满足感的事情,你会排除万难地坚持下去。

分数为 18~30 分:你很懂得权衡轻重,知道什么时候要坚持到底,什么时候要轻松一下。你是那种坚守本分的人,但遇到极感兴趣的东西时,你的玩心会战胜你的决心。

分数为 31~40 分:你的意志力惊人,不论任何人、任何情形都不会使你改变主意,但有时太执着并非好事,偶尔尝试改变一下,生活将会更充满趣味。

思考题

1. 如何正确对待挫折?

2. 如何提高大学生的意志品质?

第8章

大学生的学习心理

中国古语有云："玉不琢,不成器;人不学,不知道。"可见一个人的实力绝大部分来自学习,学习可以增智、解惑、辨是非。《师旷劝学》中云："少而好学,如日出之阳;壮而好学,如日中之光;老而好学,如秉烛之明。""蚕吐丝,蜂酿蜜。人不学,不如物。"这些中国历史的文化精髓以最简单的比喻与对比告诉我们一些关于人生、关于学习、关于生活的最浅显也是最真实的道理。学习是人类生活永恒的主题,贯穿于人的生命的全过程。终身学习是人类解决未来将面临的各种矛盾、迎接 21 世纪挑战的"钥匙"之一,是"社会的脉搏",是一切重大教育变革的指导原则,而建立在全体社会成员终身学习基础之上的"学习社会",则是人类未来的理想社会和终极目标。

学习贯穿于人的一生,学习更是大学生在大学期间的主要任务。通过学习,大学生不仅能掌握知识、技能和发展智力,而且还能形成世界观、道德品质和行为习惯。然而,从中学升入大学,由于环境和角色的变化,许多大学生在学习方面会产生各种各样的心理问题。如何帮助大学生尽快地适应大学的学习生活,实现从中学到大学的转折,是一个相当重要的问题。本章正是从这一点出发,针对大学生学习中的实际问题,做一些分析和探究,并提出相应的解决办法。

案 例 分 析 ⋯⋯⋯

案例一:林某,女,某高校工程造价专业学生。高考填报志愿时,林某自己的意愿填报的是艺术设计类专业,但是因其父母常年从事造价相关工作,在父母的意愿下,被迫填报了工程造价专业。自大一入学以来,林某非常散漫,没有正确的学习态度,非常排斥专业课老师,也不愿意与同学接触、不主动参加学校组织的各项活动,经常旷课甚至不参加期末考试,几度产生过辍学的念头,与家长沟通后也没有起到相应的效果,这种情况一直持续到大二结束。

案例二:小谢看到周围的同学学习都很刻苦,自己感觉压力很大,不敢有一点懈怠,一直希望能考出优异的成绩,以后还打算考上研究生,甚至出国。所以,她每天都在努力地学习,早晨 6 点就起床看书,晚上 11 点以后才睡觉,除了吃饭,一天几乎都在学习。可效率却不高,经常犯困、走神,因此成绩并不理想。有一次,她去海边待了半天,回来以后,又觉得浪费了时间,很是后悔,总是玩也玩不好,学也学不好。而且,虽然常常制订学习计划,但执行起来很难,几乎从来没有完成过,所以又很自责。

点评:从上面两个案例可以看出:他们二人都因为学习动机不当产生心理上的困惑,不同的是:林某的问题是学习动机不足,小谢的问题则是成就动机过强。

第一节　学习概述

一、学习的概念

学习是大多数人的一种日常行为,也是一个很日常的概念。尤其作为学生,学习是一个再熟悉不过的词。不过提到学习,我们想到的往往是上课、看书等以知识为主的学习活动。

关于学习,我们找到了以下几种定义:在《现代汉语词典》中,学习是指从阅读、听讲、研究、实践中获得知识或技能。《简明不列颠百科全书》认为学习是通过实践获得的对行为模式的改变。《教育大词典》提出:学习,作为结果,指由经验或练习引起的个体在能力或倾向方面的变化,作为过程,指个体获得这样变化的过程。与成熟、适应、疲劳、药物等引起的变化的不同点是:第一,能相对持久保持,而非短暂保持。第二,由后天的经验或练习引起,不包含由生理成熟引起的变化。学习心理学家一般把学习定义为个体后天与环境接触,获得经验而产生行为变化的过程。美国著名心理学家桑代克认为:人类的学习就是人类本性和行为的改变,本性的改变只有在行为的变化上才能表现出来。美国当代著名教育心理学家加涅认为:学习是人类倾向才能的一种变化,这种变化要持续一段时间,而且不能把这种变化简单地归结为成长过程。德国心理学家苛勒认为:学习即顿悟,是理解、领悟、融会贯通的过程。瑞士心理学家皮亚杰认为:学习是一个能动的建构过程,学习的结果不只是知道对某种特定刺

激做出某种特定反应,更是头脑中认知图式的重建,并且这种新的图式是创造性的,它在性质上也不同于原来的图式。

学习,是指通过阅读、听讲、思考、研究、实践等途径获得知识或技能的过程。学习分为狭义与广义两种。从广义上讲,学习(包括动物的学习和人类的学习)指人和动物在生活中获得个体的行为经验及行为变化的过程。从狭义上讲,学习是指学生的学习,是学生在教师的指导下,有目的、有计划、有组织、有系统地接受知识经验,发展技能,增强体质,形成道德品质和科学世界观的过程,是人类学习的特殊组成部分。其学习过程一般具有 4 个特征:①学生的学习是一种特殊的认识活动,这种认识活动主要是掌握前人所积累的科学文化知识,即间接知识经验;②学生的学习是在教师指导下,有目的、有计划、有组织地进行的,是以掌握一定的系统的科学知识为任务的;③学生的学习是在比较短暂的时间内接受前人的知识和经验,学习过程中的实践活动服从于学习目的;④学生的学习不但要掌握知识、经验和技能,而且还要发展智能、培养品德及促进健康个性的发展,形成科学的世界观,以利于今后的生活、学习和工作。

二、大学生学习的特点

大学期间,大学生不仅要掌握知识、技能和发展智力,而且要逐渐形成世界观、道德品质和行为习惯。因此,充分了解和掌握大学生在学习过程中的心理特点及其活动规律,对于提高学习效率、学习能力具有重要的作用,对于大学生健康心理的培养也是必不可少的。大学生的学习具有专业性、自主性、开放性和创新性等特点,自主性是大学生学习活动的核心。

(一)专业性

根据现行的教育管理制度,大学生在入学前或入学之初就已经确定了专业方向,入学后想重新选择专业并非易事。事实上大多数学生在填报专业之前,对所学的专业往往不甚了解。不知要学习哪些主干课程,也不知专业前途、就业前景到底如何,由此造成诸多困惑和焦虑。为了增加专业学习的信心,通过多种途径加强对专业的了解就显得非常必要。当然,专业性不等于单一性,不等于大学生的学习必须拘泥于某一学科或专业,那样也是学不好的,因为学科之间是有联系的,是相互交叉渗透的。因此,大学生必须在侧重本专业知识学习的同时广泛涉猎各学科领域,这样才能扩大自己的知识面,才能实现"一专多能",形成最佳的知识结构,以便更好地适应社会对人才的需求。

（二）自主性

从现有的教学体制看,高考以前的学习是围绕教师展开的,不管是学习的时间还是内容都是以教师组织教学为主,学生缺乏自由支配时间的意识,也没有自由选择学习内容的能力。而大学的学习是以教师为主导、学生为主体进行的,也就是说,大学的学习具有很强的自主性,即作为大学生,必须尽快学会根据自己的需要选择最合适的学习资料,同时将不同要求、不同形式的学习活动安排好,做到有序而高效地学习。学生可以根据自己的需要、兴趣、特点自主安排,可以自由选择教室、阅览室、图书馆或者宿舍进行学习,并且学分制的实行使得大学生可以有广阔的选课空间。离开了老师的检查和督促,这就要求大学生要有高度的学习自觉性和较强的学习计划能力,合理安排好自己的学习时间,否则就会白白浪费大量的时间。

（三）开放性

大学丰富的学习资源、宽松的学习环境及宽裕的学习时间都决定了大学生不能仅仅满足于对所学专业知识的掌握,还要学会充分利用各种资源,拓宽知识视野。具体来讲,大学学习的开放性表现为:一方面要拓宽学习内容。学知识,不能局限于专业所规定的范围,而是要根据自己的兴趣爱好及对将来的职业规划,广泛涉猎政治、经济、文化等各方面的知识,丰富知识体量,了解不同知识视角下的思维差异,以提高分析和解决问题的能力。另一方面也要拓展学习途径。大学生学习不能把自己仅仅局限在教室、实验室、图书馆等日常学习场所,还应该积极参加各种学术报告会、专题研讨会、有选择地参与部分学生团体活动,有机会的话还可到校外的科研基地、实训实习基地开展各种社会实践活动。

（四）创新性

大学教育必须重视培养大学生的创新能力,大学生的学习也具有研究和探索的性质。大学的课堂教学已从阐述既定结论,逐步转变为介绍各学派理论的争论、最新学术动态等,学生的学习方式和思维方式逐渐从死记硬背、正确再现教学内容逐渐向汇集众家之长、确定个人见解的方向转变,这是人生求学过程中的一大飞跃。大学生的学习不仅要求理解、巩固知识,而且还需要树立独立思考、探索创新的精神,培养创造性。在大学这种学术气氛浓厚的环境中,大学生要渐渐地萌发一种能重新组合各种知识,从新的角度解释已有现象的创新思维,从而产生探索和创新的需求。

第二节　特殊学习心理现象

随着学习生活由基础教育向高等教育转变,发展方向由升学为主向就业为主转变,部分大学生在学习策略、学习方式和学习方法等方面必然会面临新的情境,产生新的问题。每个人都会遇到不同的学习心理问题,而这正是"成长的烦恼"之一。如何面对和解决这些问题才是真正的问题。大学生只有解决好学习心理问题,才能不断提高学习效率,成为具有创新精神和实践能力的高素质人才。

一、学习适应不良及调适

大学生的学习往往存在这样一种现象,一些智商高的学生,学习成绩一般,甚至较差;而一些智商一般的学生,学习成绩却很好。究其原因,就在于学生是否能适应大学的学习方法及心理是否健康。

(一)适应不良的表现

学习适应不良是大学新生中普遍存在的一种心理困惑,对新生会造成不同程度的影响。其具体表现有:①对学习缺乏应有的兴趣、紧迫感和自觉性。②学习缺乏独立性,习惯于中学时的学习方法,由教师安排自身的学习内容、学习计划和学习时间等,对教师的依赖性较强。③不理解大学的学习特点和规律,不知道如何有效地开展学习活动。④学习中精力投入不足,对本专业的知识、技能、要求认识不足,不知道怎样建立专业的知识结构、培养专业技能,学习带有盲目性。

(二)产生学习适应不良的主要原因

一般而言,大学生产生学习适应不良的原因有以下两个方面:

(1)大学的教学相对于中学来讲,在特点、方式和内容上有很大的不同。大学老师一堂课讲授的内容多,有时会与教科书上有很大出入,教学方法也与中学有差别,这些会给心理素质尚未成熟的大学生带来情绪上的波动和不安,以致影响学习。

(2)大学生心理发展不成熟,由于缺乏生活阅历,在客观环境发生变化时,明显地暴露出适应能力差,不能随着环境的变化及时调整自己,以致影响学习。

(三)学习适应不良的调适

当大学生出现学习适应不良的情况时,应该做到:①随着外界环境的变化,不断地调整自己的位置,使自己的需求和发展与社会的需求和发展相一致。②面对过去优势的不复存在,要克服自卑心理,培养自信心。

知 识 链 接

"习得性无助"的心理学实验

"习得性无助"(也叫学习无助感)是美国心理学家塞利格曼 1967 年在研究动物时提出的,他用狗做了一项经典实验,起初把狗关在笼子里,只要警报器一响,就给予难受的电击,狗关在笼子里逃避不了电击,多次实验后,警报器一响,在给电击前,先把笼门打开,此时狗不但不逃而是不等电击出现就先倒地开始呻吟和颤抖,本来可以主动地逃避却选择绝望地等待痛苦的来临,这就是习得性无助。

当个体(或动物)对目前变化的环境完全无法控制,或对未来将要发生的事情完全无法预测时,个体的认知功能势必因无法解决困难而解体。如果这种情况长期延续下去,个体将因无法克服焦虑、恐惧、痛苦的压力而丧失求生意志,放弃一切追求,进而陷入绝望的心理困境,此种绝望心境被称为习得性无助。

细心观察,我们会发现:正如实验中那条绝望的狗一样,如果一个人总是在一项工作上失败。他就会在这项工作上放弃努力。甚至还会因此对自身产生怀疑,觉得自己"这也不行,那也不行",无可救药。

而事实上,此时此刻的我们并不是"真的不行"。而是陷入了"习得性无助"的心理状态中,这种心理让人们自设樊篱,把失败的原因归结为自身不可改变的因素,放弃继续尝试的勇气和信心。破罐子破摔,比如,认为学习成绩差是因为自己智商不够,失恋是因为自己本身就令人讨厌等。

所以要想让自己远离绝望,我们必须学会客观理性地为我们的成功和失败找到正确的归因。

二、学习动机缺乏及调适

学习动机是指直接推动学生进行学习的一种内部动力,是激励和指引学生进行学习的一种推动力量。学习动机缺乏主要表现在以下几个方面:①缺乏学习动力,没有求知欲望,不愿意上课,学习没有目标;②缺乏正确的学习方法;③缺乏学习的自信心、自尊心;④情绪出现问题。当然,一个学生缺乏学习动机的表现远不止这 4 种,只要仔细观察就会发现他的一些异常表现,如个别学生过着紧张有序的生活,在学生群

体中如同一个局外人,这种状况如果任其发展下去,不但学业无法完成,也很容易让其心理沿着非健康的轨道发展下去。那么,学习动机缺乏是怎么产生的? 又应该如何调试呢?

(一)产生的原因

学习动机的缺乏,既有社会、学校、家庭原因,也有个人原因。社会原因是知识和经济回报不完全成正比,"读书无用论"还依然存在。学校原因是部分高校纪律涣散、学风不正,专业和课程设置不合理,管理僵化、死板。家庭原因则是由于家长强迫孩子按父母的意愿填报高考志愿,致使学生对专业不感兴趣,同时家长在孩子上大学后放松了要求,降低了期望等。个人原因主要是缺乏社会责任感,注重自己现有的享受和愉悦,缺乏未来意识,对所学专业不感兴趣;缺乏毅力,意志不坚强,抵制不住诱惑等。

(二)如何调适

学习动机缺乏的调适,需要学生强化学习动机、培养学习兴趣、端正学习态度、改善学习的外部条件,创造良好的学习氛围,积极与学习好的同学交流学习方法等。

三、学习动机过强及调适

学习动机过强同样不利于学生的心理健康,主要有以下表现:①成就动机过强,急于成功、担心失败,给自己造成了很大的心理压力;②奖励动机过强,学习的目的只是为了获得奖励,以考试为中心,学习方式呆板;③学习强度过大,不善于劳逸结合,常常处于过度疲劳状态。那么,学习动机过强是怎么产生的? 又应该如何调试呢?

(一)产生的原因

学习动机过强,主要是大学生自身的内部因素造成的。包括:①个体学业期望过高,自尊心强,对自己的学习能力缺乏恰当的估计,因而造成学业自我效能感下降,因而心理压力大;②渴望学业成功而又担心学业失败,受表面的学业动机的驱使,渴望外在的奖励与肯定,特别是由于学业优秀带来的心理满足使学生更看重自己的学业优势,因而造成学习强度过大,引起心理疲劳。

(二)如何调适

若发现自己学习动机过强,应从以下几方面着手调试:①提高学习层次,正确面对奋斗目标;②正确认识自己外部的潜力,量力而行,制订合理的目标,脚踏实地,不好高骛远;③培养广泛的兴趣爱好,积极参加各类文化娱乐活动;④克服虚荣心理,学会调整情绪,保持旺盛的学习斗志。

四、注意力不集中及调适

注意力是心理活动对一定对象的指向和集中,具有指向性、选择性和集中性。注意力是人类学习的前提,没有注意力,就没有大学生的学习。注意力在大学生学习中具有极其重要的意义。大学生学习注意力不集中,主要表现在对学习的内容不感兴趣,造成课堂注意力不集中,缺乏学习目标,不知道如何去学习,不能很好地在学习的时候长时间集中注意力。

（一）产生的原因

注意力不集中,是大学生学习不良的主要问题,其主要原因包括:①由于青年时期发展任务多,因而导致压力与心理冲突加剧,特别是由于恋爱、性幻想等更容易引发注意力问题;②生活事件导致心理应激,如重要丧失、考试失败、家庭生活发生重大变故、经济困难、评优失败、失恋、宿舍关系失和等造成的思想负担重、精力分散;③学习动机不足,学习焦虑过低,缺少压力与紧迫感。

（二）如何调适

若发现自己注意力不集中,应从以下几方面着手:①加强对学习内容和目的的理解;②制订明确的学习计划;③提高自身修养,转变和调控各种不良情绪;④培养抗干扰能力;⑤注意劳逸结合,松紧有度。

课 外 活 动 ......

学习动机测试

请对下列题目做出"是"和"否"的回答。

1. 如果别人不督促我,我极少主动地学习。（　　　）

2. 当我读书时,需要很长时间才能提起精神来。（　　　）

3. 我一读书就觉得疲劳与厌烦,只想睡觉。（　　　）

4. 除了老师指定的作业外,我不想多读书。（　　　）

5. 如果有不懂的地方,我根本不想弄懂它。（　　　）

6. 我常想自己不用花太多的时间,成绩也会超过别人。（　　　）

7. 我迫切希望自己在短时间内就大幅度提高自己的学习成绩。（　　　）

8. 我常为短时间内成绩没能提高而烦恼不已。（　　　）

9. 为了及时完成某项作业,我宁愿废寝忘食,通宵达旦。(　　)

10. 为了学好功课,我放弃了许多感兴趣的活动,如体育锻炼、看电影等。(　　)

11. 我觉得读书没意思,想去找个工作做。(　　)

12. 我常认为课本上的基础知识没啥好学的,只有高深的理论看起来才带劲。(　　)

13. 我只在我喜欢的科目上狠下功夫,而对不喜欢的科目放任自流。(　　)

14. 我花在课外读物上的时间比花在教科书上的时间要多得多。(　　)

15. 我把自己的时间平均分配在各科上。(　　)

16. 我给自己定下的学习目标,多数因做不到而不得不放弃。(　　)

17. 我几乎毫不费力就能实现自己的学习目标。(　　)

18. 我总是为实现几个学习目标忙得焦头烂额。(　　)

19. 为了对付每天的学习任务,我已经感到力不从心了。(　　)

20. 为了实现一个大目标,我不再给自己制订循序渐进的小目标。(　　)

计分规则

选"是"记 1 分,选"否"记 0 分,将各题得分相加,算出总分。

结果对照

总分 1～5 分,说明学习动机上有少许问题,必要时可调整;

总分 6～13 分,说明学习动机上存在一定的问题和困扰,可调整;

总分 14～20 分,说明学习动机上出现了严重的问题和困扰,需调整。

五、学习焦虑及调适

学习焦虑是指学生由于不能达到预期学习目标或不能克服学习上的各种困难,致使自尊心、自信心受挫,而形成的一种带有恐惧和紧张不安的精神状态。这种精神状态往往是在大学生面对各种学习上的矛盾和冲突时心理无法平衡造成的心理压力而形成的。可以把焦虑分为 3 种水平:低度焦虑、中度焦虑和高度焦虑。有研究发现,维持适度的焦虑水平可以增强学习活动的效果,但若焦虑过度则会对学习活动产生不利影响。

(一)学习焦虑的表现

部分大学生存在着过度的学习焦虑情绪,具体表现为:①学习中心理压力太大,情绪压抑;②怀疑自己的学习能力,总担心自己学得不好,对可能取得的考试成绩顾虑重重,信心不足,忧虑过度,以致寝食不安;③夸大学习中的困难,为此惶惶不安,焦虑万分。

（二）学习焦虑的调适

（1）要做到身心如新、境界常新，每天都要活得与昨天不同，要勇于接受新观点、新思路。

（2）激发自己的学习兴趣，通过直接或间接的方式把目前的学习任务和潜在的兴趣联系起来。

（3）正确理解学习压力，把学习压力看作是一个挑战和动力。

六、学习心理疲劳及调适

学习心理疲劳表现为注意力不集中，思想迟钝，情绪躁动，精神萎靡不振，学习效率下降，错误增多，出现失眠等。学习疲劳可分为生理疲劳和心理疲劳两种。学习疲劳是一种保护性反应，经过适当的休息调节即可以恢复，对身心不会造成什么影响，这是合乎生理心理规律的。但如果长期处于疲劳状态，则会导致大脑兴奋和抑制过程失调，严重的还会导致神经衰弱。

（一）学习疲劳产生的原因

造成大学生心理疲劳的原因是多方面的，包括：①学习活动中不注意用眼卫生；②学习内容单调，时间过长，缺乏劳逸结合；③学习的内容难度较大，学习过于紧张，使大脑神经持续处于高度紧张状态；④对学习缺乏兴趣、厌烦、畏惧；⑤由于受到其他因素的干扰，如家庭经济问题、思想问题等。

（二）学习心理疲劳的调适

大学生可以通过以下方法进行学习心理疲劳的调试：①学会科学用脑；②劳逸结合，保证睡眠；③遵循人体生理节律；④培养学习兴趣；⑤创造良好的学习环境。

七、考试焦虑及调适

考试是一种复杂的智力劳动，是一种非常状态，要求考生头脑清醒、情绪稳定。而考试焦虑则是大学生面临的主要应激源之一。所谓考试焦虑，是指在一定的情境下，受个体认知评价能力、人格倾向与其他因素的影响，以担忧为基本特征，以防御或逃避为行为方式，通过不同程度的情绪性反应所表现出来的一种心理状态。轻度的焦虑有助于大脑进行积极的思考，但是焦虑水平过高则会严重影响复习和考试的正常进行，对身心具有很大的危害性，有必要求助于心理治疗或心理咨询。

（一）考试焦虑的表现

①情绪上表现出担忧、焦虑、烦躁不安；②认知上表现为注意力不集中，记忆力下降，看书效率低，思维僵化；③行为上表现为坐立不安，手足无措；④身体上表现为头痛、食欲下降、恶心、心慌、睡眠不好等。严重的情况下具有高度考试焦虑的学生在考前出现明显的生理心理反应，如过分担忧、恐惧、失眠、健忘、食欲减退、腹泻等，在临考时心慌气短、呼吸急促、手足出汗、发抖、频频上厕所、思维肤浅、判断力下降、大脑一片空白，个别学生在考场上出现视觉障碍，如看不清题目、看错题目、漏题丢题、动作僵硬、手不听使唤、出现笔误等。

（二）考试焦虑产生的原因

1. 客观因素

（1）考试本身。如考试的重要性、难易程度、竞争程度等。

（2）学生的学业期望。一般而言，学业期望越高的学生，对学习投入的精力越多，越看重学业成绩，因而对考试失败的恐惧就越高，越容易产生焦虑，而那些学业期望较低的学生，满足于及格就好，一般不会产生考试焦虑，当他们面临学业失败时，也可能会产生考试焦虑。

（3）知识掌握程度。我们经常说"难者不会，会者不难"，考试的难易是相对的，现在有一部分学生上课不认真，下课不复习，推崇考前一周效应，平时学习不努力，临阵磨枪，匆忙上阵，面对考题，感到题太难，便产生了考试焦虑。

（4）考试压力的传递。学生间的相互影响也会造成考试焦虑。如一些学生将考研列为重要的人生目标，考前以发誓、写战书等方式激励自己的斗志，人为制造紧张气氛，使部分学生感到考试不及格很可耻，整天笼罩在失败的恐惧之中。

2. 主观因素

（1）个性气质特点。那些敏感、易焦虑、过于内向、缺乏安全感和自信心、做事追求完美的学生在考试中容易出现考试焦虑。

（2）考试经验。大学生多数在中学时代都有考试成功的经验，而进入大学后，偶然的考试失败会加剧这部分学生的考试焦虑，将过去的考试成功归于题目容易、运气好，而将大学的考试失败归结为自己不聪明、能力差，就会对自己失去信心，因而要考试就会紧张焦虑。

（3）知识掌握与复习准备。如果复习准备不足，对考试没把握，就会产生考试焦虑。

（4）对考试外在价值的过分重视。考试成绩与大学生学业荣誉如奖学金，政治前途如入党,学业前途如保送研究生等密切相关。因而,大学生很看重考试成绩,特别是学业成绩优异的大学生,恐惧考试失败的心理压力更大,更容易出现考试焦虑的症状。

（三）考试焦虑的调适

(1)充分的复习准备。80%的考试焦虑是由复习准备不充分引起的,因此牢固掌握知识是克服考试焦虑的根本途径。

(2)认知调整法。主要是指正确看待考试,正确看待自己,树立合理的考试期望,从根本上消除考试焦虑。

(3)自信心训练法。主要是消除对自己没有信心的消极暗示,经常给予自己积极的自我暗示。

(4)放松训练法。闭上眼睛进行深呼吸,反复几次有助于缓解焦虑情绪。

(5)开展考前心理辅导。对一些敏感、焦虑、抗挫折能力差、有心理障碍的学生在考前进行有针对性的心理辅导以缓解其心理压力,对考试高度焦虑的学生进行集中辅导,使学生客观地认识自己,提高心理素质,增强自我心理调适能力,提高考试技巧,有效地化解外来压力,发挥出应有的水平。

第三节   良好学习心理的培养

一、培养正确的学习意识

（一）树立正确的学习理念

(1)树立自主学习的理念:要学会根据教学计划和自身所学专业的特点,合理确定学习目标,科学安排学习时间,掌握正确的学习方法,全面提高自主学习能力。

(2)树立全面学习的理念:学习不仅是掌握课堂知识、向书本学习,还要向实践学习、向生活学习,锻炼动手能力,提高时间本领,学会关心他人、尊重他人,学会与他人协作,学会按照道德准则和法律规范做人处事。

(3)树立创新学习的理念:创新学习是一种以求真务实为基础,采取创造性方法,积极追求创造性成果的学习。在学习过程中,不仅要善于组合、加工、消化已有知识,而且要力求有所发现、有所发明、有所创造。要破除迷信、解放思想,勇敢地追求真理,掌握客观事物的发展规律,养成创造性思维的习惯,为将来的工作打下良好的基础。

（4）树立终身学习的理念：当今世界，科技发展日新月异，知识、信息的更新和增长空前快速。我们已经进入了终身学习的时代，要树立终身求知、终身学习的理念。在大学阶段，同学们要学习和掌握专业知识，同时要为今后继续学习、终身学习奠定良好基础。大学毕业只是告别学校，并不是告别学习。不断学习新知识、获得新本领，是社会发展的要求。

（二）建立明确的学习目标

建立一个明确的学习目标，是每个大学生进行学习活动的首要任务。学习目标是学习的出发点，也是学习的归宿。它有着两个方面的作用：一是努力的依据，通过适当的目标，激发人的动机和行为，达到调动人的积极性的目的。二是目标激励，一个人只有不断激发对目标的追求，才能激发其奋发向上的内在动力。学习目标越明确、越合理、越具体，就越能激发人的斗志，越能成功。

（三）培养良好的学习习惯

进入了大学校门，自主学习显得非常重要。有句俗话说：大学大学，大不了自己学。而自学最重要的就是养成好的学习习惯，良好的学习习惯有利于激发学习的积极性和主动性，有利于形成学习策略，提高学习效率，让学习事半功倍。

1. 科学安排时间的习惯

要科学安排学习、劳动、娱乐、锻炼、交往等活动。要制订活动计划，安排活动时间，包括每天的阶段性安排、每周的较大活动安排、考试复习和双休日的学习安排、寒暑假的专题安排等。做到该学学、该玩玩，该学习时不用别人督促主动学习，该活动时快快乐乐去活动。

2. 课前预习的习惯

现在很多学生，不到考试不看书，课前不预习，上课就是听天书。课前预习可以提高课上学习效率，并且有助于培养自学能力。预习时应对要学的内容认真研读，理解并应用预习提示、查阅工具书或有关资料进行学习，对有关问题加以认真思考，把不懂的问题做好标记，以便课上有重点地去听、去学、去练。

3. 上课记笔记的习惯

在专心听讲的同时，要动笔做简单记录。对重点内容、疑难问题、关键语句进行"圈、点、勾、画"，把一些关键性的词句记下来。有实验表明：上课光听不记，仅掌握当堂内容的 30%，一字不落地记也只能掌握 50%，而上课时在书上勾画重要内容，在书上记有关要点的关键的语句，课下再去整理，则能掌握所学内容的 80%。

4. 多思、善问、大胆质疑的习惯

上课要严肃认真、多思善问。"多思"就是对知识要点、思路、方法、知识间的联系、与生活实际的联系等认真思考,形成体系。"善问"不仅要多问自己几个为什么,还要虚心向老师、同学及他人询问,这样才能提高自己,发现问题,增长知识,有所创造,要做到决不轻易放过任何一个问题。

5. 敢于发表不同见解的习惯

不唯上,不唯书,敢于怀疑,敢于突破旧观点,敢于对问题进行讨论、争论、发表自己的看法,有理有据地阐明自己的观点。发表自己的看法,声音要洪亮,表述要准确,逻辑要清楚,要先把问题想好。"想"是"说"的先导,只有"想"得周密,"说"得才有条理。

6. 课后复习的习惯

课后不要急于做作业,一定要先对每一节课所学内容进行认真的复习,归纳知识要点,找出知识之间的联系,明确新旧知识的关系,思考解决问题的方法。主动询问,补上没有学好的内容。对不同的学习内容要注意进行交替复习。

7. 阶段复习的习惯

经过一段时间的学习,要对所学知识进行总结归纳,形成知识网络。这样可以进一步理解知识间的联系和区别,有利于知识的整体建构。

8. 协作研讨的学习习惯

要学会团结协作、相互配合、合作完成学习任务。要善于帮助别人,也要善于向别人学习,通过协作研讨,使自己在叙述、解释、验证事实、解决矛盾等方面调整看法,实现对知识的科学建构。

9. 动手操作的习惯

动手操作非常重要。对每一个实验、每一件学具都要亲自动手操作。通过操作,既锻炼了手和脑,又能帮助理解,使知识记忆深刻。

10. 利用所学知识解决实际问题的习惯

要做到把书本知识和实际生活相结合,把知识运用到生产生活中去,在生活和实践中验证知识,培养自己的实践能力。

知 识 链 接 ●●●●●●

1984 年 5 月 2 日,美籍华人物理学家李政道在与中国科技大学少年班的同学座

谈时说:"考试,只是考一个人的记忆力,考的是运算技巧。这并不是学习的重点,重点是培养学习能力。"这种学习能力就是要有科学的学习方法。

学会学习有四部曲:"想学—爱学—会学—恒学"。贯穿一条线:"渴望学习—热爱学习—科学学习—学习习惯—终身学习"。

怎样才算学会学习?标准有四个:学生把学习当作人生需要——想学;学生有浓厚的学习兴趣——爱学;学生有一套科学的学习方法——会学;学生有良好的学习习惯——恒学。培养学生学会学习有三个环节:教师传道解惑,导师指点;学生自学消化吸收,导师个别辅导,因人施教;学生互帮互学,研讨提高。导师起激励启发性作用,引导学生按"懂—记—熟—用"四个层次转化。

二、培养良好的学习品格

(一)学习动机培养

学习动机是直接推动个体学习的一种内在动力,是对学习的一种需要,是社会和教育对个体学习上的客观要求在个体头脑中的反映。学习动机的主要成分是学习自觉性与认识兴趣,个体一旦有了自觉性,就会对学习迸发出极大的热情,产生积极行动。

1. 认识学习目的

学习目的是学生近期内或长远地达成目标,正如有了靶子才能瞄准射击,有了目标才能为之努力奋斗,不管有多大困难,都要"咬定青山不放松",排除一切干扰,达到理想的彼岸。

2. 培养学生浓厚的认识兴趣和强烈的求知欲

认识兴趣和求知欲是学习动机中最活跃、最现实的成分,是推动个体学习的一种最实际的内部动力。"哪里有兴趣,哪里就有知识",要让个体认识到知识对社会和对自己的意义而产生学习的需要,而且在满足这种需要所从事活动的过程中产生愉快的情绪体验,从而产生进一步的学习需要。

3. 培养和激发学习动机

学习动机的培养与激发既有联系,又有区别。学习动机的培养是使个体把社会和教育对他的客观要求变为自己内在的学习需要的过程;而学习动机的激发是把已经形成的学习需要充分调动起来。大学生在学习上要注重好奇心和求知欲的培养和发展。青少年时期是求知欲望最旺盛的时期。在学习活动中,好奇心不仅可以成为大学生学习的动力,甚至可以引导大学生进行具有重大意义的发明,而求知欲不仅是大学生走上科学之路的诱因,并且也是促进大学生进行创造性活动的主要动机。

因此,我们一方面要促使好奇心尽快地向求知欲发展;另一方面也要珍惜好奇心,增强求知欲,使这种心理因素得到培养和发展,从而增强学习动机。

(二)学习兴趣培养

1. 学习兴趣的含义

学习兴趣是指一个人对学习的一种积极的认识倾向与情绪状态。从教育心理学的角度来说,兴趣是一个人倾向于认识、研究获得某种知识的心理特征,是可以推动人们求知的一种内在力量。学生对某一学科有兴趣,就会持续地专心致志地钻研它,从而提高学习效果。兴趣是最好的老师,它是学生主动学习、积极思维、大胆质疑、勇于探索的强大动力。如果学生对学习产生了极大的兴趣,那么,他在学习中所付出的精力和在学习方面产生的效益是不可估量的。

2. 学习兴趣的培养与激发

培养大学生学习兴趣的方法很多,在教学中,使学生了解学习目的和学习结果、制造悬念、注重创新教学及采用非常规的教学方式能有效激发大学生的学习兴趣。

(1)通过了解学习目的和学习结果激发学生的学习兴趣。并非所有的大学生对自己的所学专业或者某一门课程都感兴趣。但是,让他们了解学习目的和学习结果有助于激发学生的学习兴趣。

(2)利用学科特点培养学习兴趣。每一门学科都有它的知识特点,学习者对某学科的兴趣往往是由该学科的特殊趣味所引起的,因此要抓住学科特点,培养学习兴趣。

(3)制造悬念使学生产生学习兴趣。制造悬念一般能激发学生的好奇心,使他们饶有兴趣地关注教师提出的问题。制造悬念时要尽量使问题有趣,答案则不必强求出人意料之外。

(4)采用非常规的教学方式激发学生的学习兴趣。常用的教学方式有讲述式、讨论式及问答式等方式。如果采用一些非常规的教学方式,常常能取得"出奇制胜"的效果,使学生的学习兴趣油然而生。

知 识 链 接 ●●●●●

《学习:内在的财富》提出了学习的"四大支柱"问题,全面阐述了国际社会对人类未来和学习问题的理解,成为国际社会的一份学习宣言。报告指出:教育应围绕四种

基本学习加以安排,它将成为每一个人一生中的四根"知识支柱"。

一、学会求知(learning to know)

所谓"学会求知",是培养"学会学习"的能力,更多是为了掌握知识的手段,而不是获得经过分类的系统化知识的本身。"求知"是一个在认识和实践之间无数次反复、不断"完成"而又重新开始的过程。

二、学会做事(learning to do)

"学会做事"是指获得一种能力,能够应付各种情况,同时也是个人的素质(交往能力、与他人共事的能力、管理和解决冲突的能力等)所具有的知识及实际本领结合在一起所形成的。

三、学会共处(learning to live together)

"学会共处"是要"学会与他人一起生活"。培养学生能够应付与他人、与群体、与民族之间出现"紧张关系的能力"。报告中强调指出:"教育应当促进每个人的全面发展,即身心、智力、敏感性、审美意识、个人责任感、精神价值等方面的发展。"学会共处,还体现在学会平等对话、互相交流、互相尊重。

四、学会生存(learning to be)

"学会生存"或"学会做人"(to be human)是要充分发展每个人的人格,要求人人都有较强的"自立能力和判断能力",并加强人们在实现集体命运过程中的"个人责任感"。

三、掌握良好的学习方法和策略

案例分析......

小刚以优异的成绩考入北京某重点大学,但在第一学期期中考试中,高等数学竟然不及格。这给他带来很大的打击,也产生了很大的心理压力。他向师兄请教,师兄告诉他,解决问题的好办法就是向别人学习,与那些学习成绩好的同学多探讨学习方法,借鉴他们的学习方法。但是到了期末,他的学习成绩还是没有起色,考试成绩十分不理想。于是,他来到学院的大学生心理健康指导中心,在与心理咨询老师的交流中,他深受启发,认识到大学的学习与中学的学习有显著的差异,需要充分了解大学的学习特点,转变学习方法,同时认识到单纯地学习别人的方法是不行的,应结合别人有效的方法,找到适合自己的学习方法。

　　小刚出现的学习问题,是由于他不能掌握适合自己的学习方法,只是简单地复制别人的学习方法或者沿用高中的学习模式造成的,这样是不能适应大学学习的。所以,掌握良好的学习方法是大学生的必修课程。

　　大学学习内容多层次、多角度的特点决定了学习方式的广泛性和多样性。从中学到大学,教学方式有很大差异。大学的课堂上,内容密集,信息量大,教师往往只做粗线条讲解,更多的要靠学生自己去学习。这就要求学生变被动听讲为主动研究型学习,变机械练习为积极思考、探索规律。不少学生由于没有掌握正确的学习方法,几乎不考虑学习任务激增的现实,仍然采用中学应试教育中的题海战术,结果投入大而效率低,甚至出现成绩不及格,造成他们很大的精神压力和学习的挫折感。学习方法本身作为一种知识,是可以学会的。它包括科学地用脑、合理地安排时间、根据不同学科的特点采用不同的方法、结合不同老师的教授方法采用不同的方法、学会图书资料的利用和科技文献的检索等内容。但学习有法而无定法,任何一种学习方法都要因人而异,因学科而异,切忌拿来照搬,一定要结合自己的实际情况使用,只有这样才能达到事半功倍的效果。大学里最重要的应该是培养学生的自学能力。下面介绍几种学习方法。

　　(一)参与意识

　　主动参与到教学活动中去,而不是过多地依赖教师的帮助。提倡大学生对教师的讲课内容有质疑与分析。

　　(二)阅读和思考

　　大学生需要更多的阅读和思考,对记忆的要求重理解,重运用,不提倡死记硬背。一个记忆力强的人,最多只能称之为"活字典"。

　　(三)"博"与"深"

　　知识是一个庞大而复杂的体系,一般说来,具有某种专长的个人,仅能对一两门学科进行深入研究,而对其他学科仅能作一般性的了解。不"博"就谈不上"深",不"深"往往就失之于"博"。古语说,操千曲而后晓声,观千剑而后识器,就是这个道理。

　　(四)组织的整体联系与整体结构

　　在大学学习中,必须遵循整体性原则,把各种知识作为相互联系的整体来对待。列宁说:"每一概念都在和其与一切概念的一定关系中,一定联系中"。对任何知识的理解,总是以已有经验、知识为基础的。如果已有知识是各自孤立的,一方面会妨碍对这些知识本身的加深理解,另一方面将影响利用这些知识关系去理解新的知识。孤立起来去学知识,是学零件而不是学整机的。零件固然要研究,这样才能深入,但

离开整机去研究零件，是不可能成功的。白色光是由七种不同颜色按不同比例混合而成的，如果缺少一种颜色，就不能形成白色光。部分与部分、整体与部分的有机联系，既丰富又单纯，形成统一多样的整体美。系统有整体统一的结构，便能发挥整体的强大功能，这是整体美的力量所在。将需要学习的多种多样的知识，形成良好的知识结构，将众多的知识分层次地组织起来、联系起来，不仅便于记忆，便于应用，而且，在组织知识的过程中，知识的信息量会激增，并走向有序，形成新的概念和方法，认识会进一步发展。

（五）辩证思维

思维是事物的反映及事物的本质、联系相关系的反映。认识的辩证过程是"从生动的直观到抽象的思维，并从抽象的思维到实践"。大学生看问题的方法，应当是"从个别想到一般，从特殊想到抽象"。抽象思维是运用概念、判断、推理反映现实的过程。抽象思维撒开事物的具体形象，抽取事物的本质属性。大学生要学会运用抽象思维。另一种思维方式是形象思维，也是大学生在学习生活中不可或缺的思维方式，形象思维是以形象作思维的运动形式，以感情做思维运动的动力，并带有想象、联想和幻想的思维活动。概念、定理是严肃、抽象、呆板的，对于学得活的人，这些定理、概念在他们的心中都是活泼、具体、生动而有感情的。大学生在学习中万万不可被这些定理、概念抽象的外表所蒙蔽，要努力发掘它们内在的、活生生的东西，要从感情上去理解它们。宋人陈善曾说："读书须出入法。始当求所以入，终当求所以出。"这是对读书人的告诫。对大学生来说，这一入一出，都是大学生的主动行为，在这一入一出的反复之间实现学习的目的。因为，任何概念是抽象的也是具体的。掌握概念不仅是从个别到一般的过程，而且也包括一般再回到个别的过程。只有经过这样的反复才能真正掌握概念。从一般到个别的过程就是概念的运用过程。

（六）时间管理

当你踏进高校的大门，你将面临的新的环境和对学习、实践活动、生活的选择，可能使你感到困惑，但你必须处理好上述三者的关系，从时间上加以管理是至关重要的。

（七）学会利用图书馆

布留索夫曾经说过："学问与其说是知识的储蓄，不如说是善于在书海中找到知识的本领。"大学图书馆作为高等学校的文献信息中心，为大学生提供了一个巨大的知识宝库。那么面对浩瀚的书海，大学生应该怎么利用好学校图书馆的资源呢？有以下四个建议值得参考：

（1）避免盲目性和随意性。

（2）熟悉图书馆的服务形式。

（3）熟悉本校馆藏和网络资源。

（4）掌握信息检索的基本技能。

知 识 链 接

用勤奋铺就成才之路

当前,学习已经成为一种时尚。新时代的年轻人要善于学习,用勤奋铺就成才之路。

把学习当成一种追求,把学习当成自己生存、成才进步的最可靠的靠山。当今时代是信息时代,在这个时代,人的寿命在延长,而知识的寿命却在缩短。要适应新的历史使命的要求,不仅要学习,而且必须通过持之以恒的学习,才能担负起历史的重任,而不会成为时代的落伍者。

把学习当成一种责任,把学习作为自己应当而且必须做好的事情来看待。要学习总会有时间,就看你想不想学。对于善于学习的人来说,单位时间内可以取得很大的收获和进步。曾国藩在一封家书中说:"苟能发奋自立,则家塾可读书,即旷野之地,热闹之场,亦可读书,负薪牧豕,皆可读书。苟不能发奋自立,则家塾不宜读书,即清静之乡,神仙之境,皆不能读书。"说的就是只要愿意学习,什么条件都不是问题,没有条件创造条件也要学习,关键是充分发挥学习的主观能动性。

把学习当成一种习惯才会从学习中受益、在学习中体会到快乐,做时间的主人。善于把握学习的主动权。要学习首先就要学会学习,学会解决学习中遇到的问题,比如,要学什么、向谁学、怎么学的问题。要学会从学习中找快乐。比如,可以用成果目标激发学习兴趣,以一种最好的预见结果激励出你的热情。善于做学习的"加减法"。要认识到生活在这个知识爆炸、挑战无处不在的时代,在社会变革日益加快的今天,学习不仅是为未来投资,也是为生存积累,为发展储蓄,必须激发学习动力、提升学习能力、培养学习毅力,成为学习的主人、生活的富人、工作的强人。

课 外 活 动

大学生学习动机调查问卷

请在符合您的实际情况的选项上打钩。数字1～5代表不同的符合程度等级：

1——完全不符合,表示该句描述完全不符合您的实际情况;

2——比较不符合,表示该句描述比较不符合您的实际情况;

3——不清楚,表示您无法确定该句描述是否符合您的实际情况;

4——比较符合,表示该句描述比较符合您的实际情况;

5——完全符合,表示该句描述完全符合您的实际情况。

表8-1　调查问卷

1. 学习上碰到不懂的地方,你会废寝忘食地钻研,直到弄清楚为止。	1	2	3	4	5
2. 如果你遇到希望工程的资助,你会比以前更刻苦学习。	1	2	3	4	5
3. 专心学习的时候,你不会在意周围发生的事。	1	2	3	4	5
4. 你认为父母把希望寄托于我,学习不好难报答养育之恩。	1	2	3	4	5
5. 如果没有人督促,你依然会主动学习。	1	2	3	4	5
6. 你会为了吸引异性而更加努力地学习。	1	2	3	4	5
7. 除了专业课,我还自学了其他专业课的知识。	1	2	3	4	5
8. 你认为评奖机制会让你更乐于学习。	1	2	3	4	5
9. 放寒暑假时,我总是先制订一个学习计划。	1	2	3	4	5
10. 你认为学习好可以得到别人的重视。	1	2	3	4	5
11. 对书上的题,不是老师留的作业,也乐于完成。	1	2	3	4	5
12. 你认为好好学习才能找一份好工作。	1	2	3	4	5
13. 你经常阅读与学习有关的参考书和课外读物。	1	2	3	4	5
14. 考试成绩不好时,你就不想好好学习了。	1	2	3	4	5
15. 你经常做到课前预习,课后复习。	1	2	3	4	5
16. 你认为有了文凭就会受人尊敬。	1	2	3	4	5
17. 你有使用字典等工具书的习惯。	1	2	3	4	5
18. 你认为要达到一定的社会成就就要好好学习。	1	2	3	4	5

续表

19. 批改好的试卷和作业发下来后,会认真研究为何出错。	1	2	3	4	5
20. 你为了进入更高一级的院校继续深造而更加努力学习。	1	2	3	4	5
21. 你只在喜欢的科目上狠下功夫,而对不喜欢的科目放任自流。	1	2	3	4	5
22. 你认为进大学是为了培养自己的社会竞争力。	1	2	3	4	5
23. 你花在课外读物上的时间比花在教科书上的要多。	1	2	3	4	5
24. 你想提高学习成绩来超过你的同学或姐妹。	1	2	3	4	5
25. 为了实现一个大目标,你会给自己制订循序渐进的小目标。	1	2	3	4	5
26. 你认为学习好是未来建立美满家庭的保证。	1	2	3	4	5
27. 当你读书时,你很容易提起精神来。	1	2	3	4	5
28. 你会为了争取在校期间入党而努力学习。	1	2	3	4	5
29. 你总是想把当天的问题弄懂。	1	2	3	4	5
30. 你认为学习好是报答别人的最好方式。	1	2	3	4	5

评分标准

每一题中你打钩的数字即你每一题的得分,如选 1(完全不符合),则得 1 分,选 3(不清楚)得 3 分,选 5(完全符合)得 5 分,以此类推。

结论

得分在 30～90 分表明学习动机较弱,得分为 91～120 分表明学习动机一般,得分为 121～150 分表明学习动机较强。

标号为奇数的题目(1,3,5,…,27,29)为内部学习动机题,奇数题得分在 15～45 分则表明内部学习动机较弱,得分为 46～60 分表明内部学习动机一般,得分为 61～75 分则表明学习动机较强。

标号为偶数的题目(2,4,6,…,28,30)为外部学习动机题,偶数题得分在 15～45 分表明外部学习动机较弱,得分为 46～60 分表明外部学习动机一般,得分为 61～75 分表明学习动机较强。

思考题

1. 简述大学生学习心理存在哪些问题及如何调适。

2. 如何培养健康的学习心理?

第 *9* 章

大学生心理咨询与危机干预

随着经济社会的快速发展，大学生面临着来自社会、家庭等各方面的压力，他们承受着太多的压力，其心理状况日益复杂化，某些方面正在向不良方向发展，这种现象颇受家长、学校及社会各界人士关注和重视，为高等教育工作提出了一系列严峻的问题，有些问题需要通过心理咨询来加以解决。因此，在大学生中开展心理咨询是一个十分迫切的工作。

⦿案⦿例⦿分⦿析⦿⦿⦿⦿⦿

李丽，女，18岁，某高校大二学生，性格内向。身高1.65米，体重60公斤，无重大躯体疾病史，家族无精神疾病史。近一年来情绪低落、失眠，对什么都没兴趣，难以集中注意力。症状常以半个月左右为一周期。暑假结束后学校开学，自感问题加重，痛苦不堪。李丽到底出了什么问题？

第一节　大学生心理咨询概述

心理咨询是由专业人士进行的专业活动，对工作过程、工作目标与工作人员都有一些特殊的要求。由于心理咨询在中国开展的时间比较短，许多人，包括接受新知识多、素质高的大学生，对这一工作依然存在许多误解，至今许多大学生谈到心理咨询还是有许多忌讳，不愿意接受心理咨询，并且强调自己没有心理疾病。本节着重介绍关于心理咨询的一般知识,促进其更加积极地被人们接受与认同。

一、心理咨询的含义

心理咨询是指运用心理学的方法,对心理适应方面出现问题并企求解决问题的求询者提供心理援助的过程。需要解决问题并前来寻求帮助者称为来访者,提供帮助的咨询专家称为咨询者。来访者就自身存在的心理不适或心理障碍,通过语言文字等交流媒介,向咨询者进行诉说、询问与商讨,在其支持和帮助下,通过共同的讨论找出引起心理问题的原因,分析问题的症结,进而寻求摆脱困境的对策,以便恢复心理平衡、提高对环境的适应能力、增进身心健康。

对心理咨询的解释可以分为广义和狭义两方面。广义的心理咨询包括心理咨询和心理治疗,有时心理检查、心理测验也被列入心理咨询的范围。狭义的心理咨询不包括心理治疗和心理检查、心理测验,只局限于心理资询师通过面谈、书信、网络和电话等手段向咨询者提供心理救助和咨询帮助。

我国的心理咨询起步较晚。1958 年,我国曾开展过快速综合心理治疗工作。直到近几年,这一工作才逐渐得到了社会各界的重视。1980 年前后,在一些综合性医院也开展了心理咨询服务。目前,国内许多医院相继开设了心理咨询门诊,并收到良好的效果。尤其引人注目的是高校心理咨询活动的蓬勃开展,许多院校相继建立了心理咨询机构,对广大青年学生的身心健康、全面发展产生了积极的影响。就大学而言,心理咨询是一种通过心理学的方法,求助者在心理咨询老师的协助下认识、处理和解决问题的过程。

二、心理咨询的对象与任务

(一)心理咨询的主要对象

心理咨询的主要对象可分为三大类:

(1)精神正常,但遇到了与心理有关的现实问题并请求帮助的人群;

(2)精神正常,但心理健康出现问题并请求帮助的人群;

(3)特殊对象,即临床治愈的精神疾病患者。其中,心理咨询最一般、最主要的对象,是健康人群,或者是存在心理问题的亚健康人群,而不是人们常误会的"病态人群",病态人群如狂躁症、精神分裂症等患者是精神科医生的工作对象。

(二)学校心理咨询的任务

学校心理咨询的基本任务,是围绕学校的培养目标,充分发挥学校心理咨询人员

的主动性和专业技能,为提高广大学生的心理素质、改善学校的心理社会环境、增进学生的社会适应力服务,并积极承担心理偏常学生的矫治工作,以最大限度地促进全体学生身心健康发展。

具体来说,学校心理咨询包括以下四方面的任务:

(1)向求询的学校教师、行政人员和学生家长提供心理学的知识和劝导,帮助他们明确学生在不同年龄发展阶段的心理特点、发展任务和应对策略,积极创设有利于学生最佳发展的心理社会环境,促进学生德、智、体、美、劳全面发展。

(2)依据一定的心理学原理对广大求询学生实施科学的学习指导和行为指导,并运用有关知识与测量工具对毕业生进行升学指导和就业指导。

(3)贯彻预防为主的方针,努力在咨询过程中推行学校心理卫生计划,深入了解求询学生在学校生活和社会适应上遇到的困难、挫折和冲突,帮助他们树立正确的自我意识,形成良好的人际关系,提高情绪的自我调控能力与环境适应能力,增进积极的个性品质和活动效能。

(4)对心理偏常学生进行诊断和鉴别,针对他们的认知障碍、情绪障碍、意志行为障碍、人格障碍、性心理障碍进行疏导、调整和矫正,并对学生常见的轻微心理疾病进行必要的治疗。

(三)心理咨询的作用机制

心理学家认为,心理咨询方法起作用的共同因素有 6 个,分别为:矫正性情绪体验、从事新的有效行为、提出可供选择的生活态度、咨询师与来访者之间的关系、随时准备接受社会影响、意识扩大性自我探索。这 6 个因素不能截然分开,互相之间有重叠,因为它们并不是在同一层次上的抽象产物。

1. 矫正性情绪体验

不同的心理咨询和治疗都可以使来访者产生这种情绪体验。一方面,来访者的焦虑、紧张、沮丧、自卑等心情可能减轻;另一方面,来访者在与咨询者交谈中可能萌生希望甚至信心,感到心情轻松愉快,感到被理解和被尊重。

2. 从事新的有效行为

所谓新,是指来访者过去未曾尝试过的;所谓有效,是指行动能满足来访者的需要,如友好关系的体验、成就感等。启发、鼓励和支持来访者采取新的有效行动是多种不同心理咨询起作用的一个共同因素。这种启发、鼓励和支持可以是公开的和直截了当的,包含明确的建议和具体的指导,也可以是含蓄的、间接的或暗示性的。

3. 提出可供选择的生活态度

各种不同形式的心理咨询都有共同的临床策略,就是为来访者提出另外的可供选择的生活态度和看待他们自己及周围世界的方式。这被许多咨询师公认为是帮助来访者改变和成长的一个共同因素。态度就是个体对自身和外界事物一贯的、稳定的反应倾向,它包括认知成分、情感成分和意向成分。不同的心理咨询派别观点不同,有的强调认知,有的强调情感体验或领悟,有的强调行为。有专家认为,心理冲突,简而言之,是态度的冲突。典型的神经症病人既有自相矛盾的认知,也有势不两立的情感和欲望,还有背道而驰的行动倾向,一言以蔽之,他们处于尖锐的态度冲突之中。神经症的痊愈必然有生活态度的根本性转变。所谓移情疗效之所以不持久,原因就在于病人只是重复过去已有的(往往是根深蒂固的)态度,如果治疗不彻底,病人一旦离开长期和他密切相处的治疗者,便会产生分离焦虑。没有生活态度的根本性改变,即使症状消失且维持相当一段时间,病人还是经受不了生活中的波折,容易旧病复发。他认为,任何减轻病人痛苦和症状的方法都可以采用,但是有一个条件,即这种方法不妨碍病人态度的根本性转变。

4. 咨询师与来访者之间的关系

建立咨询师与来访者之间的良好关系,即使不是所有心理咨询的特征,也是心理咨询经常强调的一个共同因素。它直接有利于心理障碍的缓解甚至消除。不同的心理咨询理论有不同的说法:如移情关系,帮助关系,工作或治疗同盟,促进关系,真实关系,遭遇关系,密切或亲密关系,建设性关系,双方卷入的关系等。

5. 随时准备接受社会影响

来访者求助于咨询师的行动本身,就意味着他准备接受社会影响。但是,只有初步的求助动机是远远不够的,还必须具有随时准备接受社会影响的能力和自觉性。否则,不仅来访者的求助行为可能会中断,而且也不会从社会生活中接受他人有益的影响。心理咨询的主要任务之一,就是培养来访者随时准备接受社会影响的能力和自觉性,并鼓励来访者去与别人建立和发展类似他与咨询师之间的关系,在广泛的社会生活中随时准备接受他人有益的影响。为此,咨询师要通过实例帮助来访者弄清楚某些与来访者紧密相关的社会影响机制,例如,吸引、喜欢、爱、厌恶、憎恨、攻击等机制,弄清楚如何处理从众、顺从、服从和保持独立自主性的关系。当然,由于问题的性质和来访者人格各异,讨论的重点因人而异。

6. 意识扩大性自我探索

在咨询中,咨询师采取灌输的方式即使解决了眼前的问题,如果来访者不会自我

探索,下次遇到新问题(可能只不过是老问题的另一种表现形式)仍需求助于咨询师。所以咨询师的启发和引导,不能代替来访者自觉的思考。自我探索使意识的范围和深度加大,过去觉察不到的内心世界逐渐清晰地呈现出来,人们对自己的理解得以提高或深入。

心理咨询以解决心理困扰、排除心理障碍、维护心理健康为目的,它不仅有矫正价值,更具有预防价值。因此,心理咨询的目的在于通过咨询师与来访者的合作,揭示引起心理障碍的原因,找出行为问题的症结,探索解决的可能条件和途径,共同协商出摆脱困境的对策,最后使来访者增强信心,解除困扰,维护心理健康。

三、心理咨询的分类

根据咨询的内容,心理咨询可以分为健康咨询和发展咨询;根据咨询的规模,心理咨询可分为个体咨询与团体咨询;根据咨询采用的形式,心理咨询可分为门诊咨询、互联网咨询和电话咨询。

(一)按咨询的内容划分

1. 健康咨询

健康咨询的对象究竟是哪些人?应该说那些觉得心里不够健康的人群,都是健康咨询的对象。也就是说凡是因为某些社会刺激而引起心理状态紧张,并且明确体验到躯体或情绪上的困扰者,都可以是健康咨询的对象。因为社会刺激纷繁复杂,在目前的社会广泛存在着,所以凡是生活、工作、学习、家庭、疾病、康复、婚姻、育儿等方面所出现的心理问题,一旦求助者体验到不适或痛苦体验,都属于健康咨询的工作范围。

2. 发展咨询

为了适应现代化的工作和生活节奏,人们越来越重视自身的认识和关注,而发展咨询,可以帮助人们挖掘心理潜力,提高自我认识的能力。当自我认识出现偏差或障碍时,可以通过心理咨询得以解决。

随着人类物质文明和精神文明水平的不断提高,人们越发关注如何全面提高生活质量,比如提高学习和工作能力、保持最佳工作状态、维护安宁的生活环境、协调家庭成员和社会成员的人际关系。心理咨询作为一种专业技能,可以帮助人们调整内心世界,提高生活质量。

发展咨询常涉及以下内容:孕妇的心理状态、行为活动和生活环境对胎儿的影响;儿童早期智力开发;儿童成长过程中的心理问题;青春期身心发展的不平衡;社会适应问题;性心理知识咨询;男女社交与早恋等;青年独立性和依赖性的矛盾;友谊与恋爱;成就动机与自我实现性问题;择偶与新婚;人际关系;择业、失业与再就业;中年及更年期人际冲突、情绪失调、工作及家庭负荷的适应;家庭结构调整;更年期综合征等;老年社会角色再适应;夫妻、两代、祖孙等家庭关系;身体衰老与心理衰老;老年性生活等。

需要指出的是:①健康咨询与发展咨询是相互联系的,去除心理障碍为心理发展奠定了基础,而良好的心理发展将减少心理障碍的发生。②在具体实施时,有时很难将两者完全割裂开来,有些咨询既属于健康咨询,又属于发展咨询。

(二)按咨询的规模划分

1. 个体咨询

个体咨询指咨询师与来访者之间的单独咨询。它是心理咨询最常见的形式,优点是针对性强、保密性好,咨询效果明显,但咨询成本较高,需要双方投入较多的时间、精力。

2. 团体咨询

团体咨询,亦称集体咨询、小组咨询。指根据来访者所提出的问题,按性质将他们分成若干小组,咨询师同时对多个来访者进行咨询。其突出的优点是咨询面广、咨询成本低,对某些心理问题或心理障碍效果明显优于个别咨询;不足之处是同一类问题也可能因个体差异而表现出明显的个体性,单纯的团体咨询往往难以兼顾每个个体的特殊性。因此,咨询师可以在团体咨询中,辅之以个体咨询。

团体咨询又可细分为 2 种:

(1)重点放在个体身上,这类咨询虽然也重视团体成员交互作用的意义,但主要还是把咨询方法、干预手段直接应用于每个成员。比如讲座、训练等。正因如此,这类团体咨询又被称作团体讲座、团体训练。

(2)重点放在团体成员的交互作用上,这类咨询主要是通过团体成员相互作用所产生的影响力而使成员调整自己的思想、情感和行为。国外流行的各种咨询小组大多属于这一类。如交朋友小组、"心理剧"疗法、游戏疗法、格式塔疗法、敏感训练小组等。

从严格的意义讲,团体咨询主要指第二种形式,因为团体咨询的本质含义是指借助团体内心理相互作用的力量产生建设性影响的帮助活动。

（三）按咨询采用的形式划分

1. 门诊咨询

门诊咨询指开设心理咨询门诊。如在专科医院、综合性医院和专门的个体诊所开设的心理咨询，它是心理咨询最常见的方式。由专业咨询工作者与咨询对象直接见面，进行深入的交流，及时发现问题，提出建议，故咨询效果好。

2. 互联网咨询

网络心理咨询，是指以网络为媒介，运用各种心理学理论和方法。帮助当事人以恰当的方式解决其心理问题的过程；就目前而言，网络咨询方式主要包括即时聊天软件（QQ）、电子邮件（E-mail）、电子布告（BBS）等。正如互联网给社会带来的影响喜忧参半。互联网被人们形象地喻作"双刃剑"一样。网络心理咨询作为一种新形式。它既有传统心理咨询（主要包括门诊咨询、信件咨询和电话咨询）所无法替代的优势，又有其明显的弱点与限制。其优点是：便于为当事人保密；便于建立平等轻松的咨询关系；选择的自由度增大；信息量丰富；方便快捷；便于思考分析；便于存储和查询案例。其缺点是：问题的真实性难以判断；信息不全面；咨询关系不稳定；受制于技术水平等客观因素。

3. 电话咨询

电话咨询指用电话的方式开展咨询。主要适用于有心理危机或有自杀观念、自杀行为的人。在国外是专线电话，只限于心理危机者使用，主要目的是防止自杀。目前国内在北京、上海、天津、南京、广州等地已建立了各种"热线"，除了处理各种心理危机，也为其他心理问题提供服务。优点是快捷、方便、保密性强。但由于缺乏咨询师与来访者之间面对面的直接交流，难以进行准确的心理评估，限制了咨询师的干预能力。

需要指出的是，以上各种咨询方式是互为补充、互为促进的。多种形式配合，有利于心理咨询的广泛开展和咨询效果的提高。

四、心理咨询的原则

心理咨询的原则即心理咨询人员在工作中必须遵守的基本要求，它是咨询工作者在长期的咨询实践中不断认识并逐步积累的经验。

（一）保密原则

保密既是咨询双方建立和维系信赖关系的基础，也是咨询工作信誉的保障。无论在个体咨询或团体咨询中都要始终严格遵守保密原则，尊重来访者的个人隐私。

（1）来访者寻求帮助的事实、谈话内容、咨询记录、心理测验的结果和诊断、信件、音像资料，以及咨询师掌握的有关来访者涉及隐私的个人资料均属保密内容，不得有任何泄露。

（2）在因专业需要进行案例讨论或采用案例进行教学、科研、写作等工作时，应隐去可能据以辨认来访者身份的相关信息。

（3）拒绝任何关于咨询者情况的调查或查阅心理咨询档案，包括心理咨询单位的其他工作人员。

（4）未经来访者本人同意，不得在任何场合谈论其隐私，包括来访者的亲属、配偶、朋友、同事、领导等。

（5）咨询转介过程中，对转介的咨询师，应详尽地介绍咨询情况，提供自己的分析，但不能泄漏来访者出于对原咨询师的信任而提供的隐私。

（6）心理咨询师在没有征得咨询者同意的情况下，不得对咨询过程进行录音、录像。

保密例外：心理咨询工作中，一旦发现来访者有危害自身或他人安全的情况，必须立即采取必要措施，防止意外事件发生（必要时应通知有关部门或亲属，或与其他心理咨询师协商对策），但应将有关保密信息的暴露程度限制在最小范围内。

（二）自愿原则

求助愿望是建立咨访关系的前提，只有具备完整的自知力和改变现状的强烈愿望及对心理咨询师的信任才可能取得较好的效果。来访者必须出于完全自愿，没有咨询愿望和要求的人，咨询师一般不主动为其心理咨询，但对于一些特殊来访者，如迫于父母或教师等的要求而来的也应接待。

（三）中立和非道德性评判原则

咨询师不是社会规范代言人，对咨询中涉及的各类事件及道德观念和个人价值观均应保持客观、中立的立场，不作是非及价值评判，不宜对来访者的生活言行提出批评和指责，更不得将个人意见强加给来访者。

（四）非指导性和助人自助原则

心理咨询是咨询师"协助"求助者解决心理问题的过程，不是一种外部指导或灌输，不提供具体、直接的指导，避免出谋划策。本质是"助人自助"，授人以"渔"而不是授人以"鱼"。心理咨询是以非指导性的原则启发、帮助来访者激发内部的成长潜力，分析问题的成因，了解个人的行为表现，鼓励来访者进行自我探索与领悟，寻找解决问题的办法。心理咨询的终极目标是促进来访者的心理健康和发展，实现潜能达到

人格完善。

（五）感情限定原则

（1）禁止咨询师与来访者进行咨询室以外的任何私人交往及建立咨询以外的任何关系。

（2）咨询师不得在咨询中寻求个人情感，不得谋求咨询协议费用以外的利益（接受咨询者的请客、吃饭、送礼等），不得对异性有非礼言行。

（3）因故不能坚持咨询时可中断咨询，责任方承担中断责任。咨询完成或中断则咨询关系终止，不能再以"朋友"关系往来。

（4）尽量避免双重关系（原则上不与亲戚、同事建立咨询关系）。

（5）咨询师不能将个人情绪带入咨询过程。

（六）时间限定原则

心理咨询必须遵守一定的时间限制。咨询时间一般限定为每次 50 分钟左右（初次咨询可适当延长），两次咨询之间的时间间隔一般为一周。除重要特殊情况外，不得随意延长或改变间隔咨询时间。咨询时间的计算从预约的时间开始计算，如果咨询者提前到达并提前开始咨询，即从实际开始的时间起算。

（七）守时性原则

由于心理咨询工作是咨访双方商定的具有契约性质的双向性工作，守时是咨询师和来访者必须共同遵守的原则。心理咨询时间预约确定后，应准时进行咨询，未经对方同意不能单方改变预约时间，确有特殊情况需要取消或更改预约时间时，须提前两天告知对方。按规定提前通知取消或中断咨询者，可及时退回预交咨询费。来访者擅自取消或更改预约的，扣除本次咨询费用。

（八）专业性原则

心理咨询师必须经过正规培训并获得国家三级以上"心理咨询师"职业资格，具有宽泛的知识层面及丰富的社会阅历，掌握心理学及心理咨询的理论和方法，遵循其原则，并运用心理学、心理咨询及相关学科的专业知识和技能，帮助来访者克服心理障碍，矫正不良行为，理顺人格结构，纠正不合理的认知模式和非逻辑思维，学会调整人际关系，深化自我认识，端正处事态度，构建健康的生活方式，强化适应能力，最终达到提高个人心理素质，拥有健康、愉快、有意义的生活的目的。

（九）相互尊重的原则

咨询师及来访者都应遵守相互尊重的原则，杜绝一切有损对方人格、尊严的言行，不得探究对方咨询业务以外的个人隐私，如有违反，任何一方可单方解除咨询关系,严重者可追究其民事责任。

五、心理咨询的准备

心理有问题去看心理医生,如同躯体有病到医院看大夫。但由于人们对心理咨询的一般知识了解不多,以至于把看躯体疾病的习惯用于看心理医生,影响了咨询效果。所以去咨询,略知些咨询常识最好。

(1)来访者本人要有心理咨询的愿望,即所谓自愿的原则。心理咨询是以语言沟通为基础的,这种沟通是建立在对咨询师的信任和自愿的基础上。若来访者没有沟通的愿望或是被亲朋好友带领至此,是不会情愿地谈及真实自我的,咨询效果会受到影响。

(2)来访者不必担心谈话的内容外露,心理医生工作的原则之一是为来访者保密,有些来访者因有这种担心,咨询时往往隐去某些问题,不利于医生做出诊断和提供帮助。

(3)心理咨询只是提供了一种帮助形式,但真正发生改变还需要当事人自身的积极努力才能真正体现咨询的效果。所以来访者要有自助意识,心理咨询除有心理医生的启发引导帮助,还需要来访者积极主动地配合。如对恐惧症病人的治疗是先练习放松法,再进行系统脱敏疗法,这是一个连贯程序。有的咨询者回家不练习,总想在医生那里讨一种简单的治疗方法或药物,导致咨询半途而废。"对于掉进深渊的人,咨询只是一根绳索,爬不爬,还要看当事人的态度。"

(4)来访者勿急于追求效果。心理疾病不是一两天形成的,它可能是多种原因造成的。比如有的来访者出现人际交往障碍的原因是性格偏内向、口吃、怕别人讥笑引起的,咨询时首先要打破这一循环链,使来访者改变自身对口吃的认识,消除紧张焦虑情绪,学习与人交往的方法技巧。这是一个积累的过程,并不是短期就能达到的。

(5)理解咨询的时间限定。咨询一次约 50 分钟,若时间长、内容多,不便于来访者清晰地理解接受主要问题的核心部分。

知 识 链 接 ……

心理咨询的五个不等式

1. 心理问题并非精神病

心理咨询在我国是一门起步较晚的新兴学科,人们觉得它有一种神秘感。来访

者通常都是左顾右盼、鼓足了勇气才走进诊室,在医生的反复保证下,才肯倾吐愁苦。因为在许多人眼里,来咨询的人很可能有什么不正常或是精神有病,要不就是有见不得人的隐私或道德品质方面有问题。此外,在中国人的传统观念中,表露出情感上的痛苦是软弱无能的表现,对男性来说尤其如此。以上种种原因,使得很多人宁愿饱受精神上的痛苦折磨,也不愿或不敢前来就诊。其实,心理问题与精神病是两个不同的概念。每个人在成长的不同阶段及生活工作的不同方面,都有可能会遇到这样那样的问题,导致消极情绪的产生。对这些问题如能采取适当的方法予以解决,个体就能顺利健康地发展;若不能及时加以正确处理,则会产生持续的不良影响,甚至导致心理障碍。这样看来,心理问题是日常生活中经常会遇到的,就这些问题求助于心理咨询师并不意味着有什么不正常或是有什么见不得人的,相反,这表明了个体具有较高的生活目标,希望通过心理咨询更好地自我完善,而不是回避和否认问题,混混沌沌虚度一生。有相当一部分人认为精神病就是疯子,其实他们所说的精神病严格地来讲是重度精神病,如精神分裂症、躁郁症等,它与一般的心理问题和轻度心理障碍有很大区别。绝大部分精神病人对自己的疾病没有自知力,更不会主动求医。

2. 心理学并非窥见内心

两个久未谋面的老同学在路上不期而遇,其中一个知道对方是心理治疗师,就让他猜一猜自己心中现在想些什么。许多来访者也有类似的心态,他们不愿或羞于吐露自己的心声,认为只要简单说几句,咨询师就应该能猜出他心中的想法,要不就表明咨询师水平不高。其实心理治疗师也是人,他们没有什么特异功能去窥见他人的内心世界,他们只是应用心理学的理论和方法,对来访者提供的一定信息进行讨论和分析,由此展开咨询与治疗。因此,来访者需详尽地提供有关情况,才能帮助双方共同找到问题的症结,有利于治疗师做出正确的诊断并进行恰当的治疗。

3. 心理咨询并非无所不能

许多来访者将心理咨询神化,似乎咨询师无所不会、无所不能,就像一个开锁匠,什么样的心结都能一下打开,所以常常来就诊一两次,没有达到所希望的"豁然开朗"的心境,就大失所望,再也不来了。实际上,心理咨询是一个连续的、艰难的改变过程。心理问题常与来访者的个性及生活经历有关,就像一座冰山,积封已久,没有强烈的求助、改变的动机,没有恒久的决心与之抗衡,是难以冰消雪融的,所以来访者得有打"持久战"的心理准备。

4. 心理医生并非救世主

一些来访者把心理医生当作"救世主",将自己的所有心理包袱丢给医生,以为医生应该有能耐把它们一一解开,而自己无须思考、无须努力、无须承担责任。多年来,传统的生物医学模式就是病人看病,医生诊断、开药、治疗,一切由医生说了算,要求病人绝对服从、配合,因此来访者自然而然地把这种旧的医学模式带进心理咨询。然而,心理咨询与心理治疗是新的"生物——心理——社会"医学模式的产物,心理医生只能起到分析、引导、启发、支持、促进来访者改变和人格成长的作用,他无权把自己的价值观和愿望强加给来访者,更不能替来访者做决定。来访者需认识到,"救世主"只有一个,那就是自己。只有改变自己、战胜自己,最终才能超越自我,达到理想目标。倘若把自己完全交给医生,消极被动,推卸责任,只会一事无成。

5. 心理咨询并非思想工作

来访者中还有另一种极端的认识,就是认为心理咨询没多大用处,无非是讲些道理,因而忽视或未意识到心理问题是需要治疗的。一个女孩因强迫症痛苦异常前来就诊,家人反对并干涉"你就是死钻牛角尖,想开点就会好的"。亦不让病人服药。病人得不到家人的理解支持,内心很绝望,从而影响到治疗的连续性和效果。心理咨询作为医学中的一门学科,有着严谨的理论基础和诊疗程序,它与思想工作是有本质区别的。思想工作的目的是说服对方服从、遵循社会规范、道德标准及集体意志,而心理咨询则是运用专门的理论和技巧寻找心理障碍的症结,予以诊断治疗,咨询师持客观、中立的态度,而不是对来访者进行批评教育。另外,某些心理障碍同时具有神经生化改变的基础,需要结合药物治疗,这更是思想工作所不能取代的。

希望来访者能通过上述几个"不等式"了解心理咨询的性质和工作方式,打消顾虑,敞开心扉,积极主动地与心理医生进行配合,帮助自己解除痛苦,营造积极健康的生活。

第二节　大学生心理危机干预

现代人所面临的心理压力大多数是由社会现实环境所造成的,一些人的现实与理想严重背离,从而产生持续的心理紧张和巨大的心理压力,导致身心疾病。近年来,大学生中因心理疾病、精神障碍等原因不惜伤害自己和他人的个案时有发生,且有上升趋势,引起了社会各界的广泛关注。因此,应加强大学生心理危机的干预工作,探索一套行之有效的工作机制和方法,避免大学生心理危机事件的发生或恶化。

一、心理危机干预的含义和特点

(一)心理危机和心理危机干预的含义

心理危机本质上是伴随着危机事件的发生而出现的一种心理上的失衡状态。可以试着这样来界定心理危机,即心理危机是指当个体或群体受到某些应激事件的影响或挑战时,而该个体或群体先前的应对方式不足以应对这些影响或挑战,其心理所处的高度紧张、迷惑的失衡状态。心理危机干预就是对处于心理危机状态者采取明确有效的措施,使症状得到缓解,使心理功能恢复到危机前的水平,并获得新的应对技能,以预防将来发生心理危机。危机干预的主要目标是降低急性、剧烈的心理危机和创伤的风险,稳定和减少危险或创伤情境的直接严重后果,促进个体从危机和创伤事件中康复,帮助的及时性、迅速性是其突出特点,有效的行动是危机干预成败的关键。

(二)心理危机的特点

心理危机一般具有以下特点:

(1)通常为自限性,多于1～4周内消失。

(2)在危机期,个人会发出需要帮助的信号,并更愿意接受外部的帮助或干预。

(3)预后取决于个人的素质、适应能力和主动作用,以及他人的帮助或干预。

(三)心理危机的表现

每个人对严重事件都会有所反应,但不同的人对同一性质事件的反应强度及持续时间不同。一般的应对过程可分为三个阶段:

第一阶段为立即反应,当事者表现出麻木、恐慌、否认或不相信。

第二阶段为完全反应,当事者会感到激动、焦虑、痛苦和愤怒,也可有罪恶感、退缩或抑郁。

第三阶段为消除阶段,当事者表现出接受事实并为将来做好计划。危机过程持续不会太久,如亲人或朋友突然死亡的居丧反应一般在6个月内消失,否则应视为病态。

二、大学生的心理危机与干预

(一)加强大学生心理危机干预工作的重要意义

大学生是未来社会主义事业的建设者和接班人,他们的心理是否健康关系到他们是否健康成才,关系到祖国未来的发展。大学生的心理危机不仅直接影响到学生个体的成长成才、家庭的和睦,甚至会严重影响高校的稳定、社会的和谐。如何及时有效地预防、干预大学生心理危机,备受广大教育工作者的关注。在《教育部、卫生部、共青团中央关于进一步加强和改进大学生心理健康教育的意见》中明确提出,要"努力构建和完善大学生心理问题高危人群预警机制,要特别注意防止自杀或伤害他人事件发生,做到心理问题及早发现、及时预防、有效干预"。如何构建我国高校科学合理的心理危机预警及干预体系,是高校心理健康教育工作可持续发展、维护和谐温馨的校园环境之关键。

（二）大学生心理危机的特点

心理危机通常由一定的负面性事件引起,概括起来有以下几个典型特征:

1. 突发性和紧急性

大学生心理危机往往是急剧爆发,需紧急应对。

2. 危险性

大学生的心理危机隐含了危险性,这种危险不仅指的是对学生学业、人际、生活的危机,甚至会危及大学生生命。

3. 传染性

心理危机不仅对当事人造成危险,还会对校园内同一类群体造成影响,成为他们的模仿对象,造成危机的连锁反应。

4. 潜在性

大学生心理危机常常并非以直接爆发的方式体现,而是潜藏于个体内心,当遭遇特定应激事件时,容易引发心理危机。例如,马加爵杀人事件,由于马加爵不良情绪长期没有得到宣泄,最终打牌这件小事成为导火索,导致了心理危机的爆发。

5. 无助性

危机的降临,常常使人觉得无所适从,而且危机使得人们未来的计划受到威胁和破坏。由于心理自助能力差、社会心理支持系统不完善,危机常常使个体感到无助。

（三）大学生心理危机的种类

大学生心理危机是大学生个体及群体面临或认为自己正面临着某种重大生活事件,并认为自己不能解决、处理和控制时所产生的心理失衡状态。大学生心理危机往往导致个人行为、情感和认知方面的功能失调,容易发生自毁或伤害他人的行为。大学生心理危机可划分为发展性危机、境遇性危机和存在性危机三种。

1. 发展性危机

发展性危机是个人在正常成长和发展过程中,对急剧的变化或转变所产生的异

常反应,如升学危机、性心理危机等。这些危机是大学生生命中必要和重大的转折点,每一次发展性危机的成功解决都是大学生走向成熟和完善的阶梯。

2. 境遇性危机

境遇性危机是指突如其来、无法预料和难以控制的心理危机,如交通事故、人质事件、突然的绝症或死亡、被人强暴、自然灾害等。这种危机因其随机性、突然性和强烈性,带给人巨大的心灵创伤,使当事人的情绪有很多强烈而负面的感受和体验,有时会因无法承受难以言语的痛苦而出现心理解体和异常行为。

3. 存在性危机

存在性危机是指一些人生中的重要事件出现问题,而导致的个人内心的冲突和焦虑,是伴随重要的人生目的、人生责任和未来发展等内部压力的冲突和焦虑的危机。这些现实存在的危机,不但影响着大学生的心理健康,而且容易形成反社会的心理因素。存在性心理危机的成功解决对大学生的人生观、价值观和世界观的正确树立有着重大的影响。

(四)校园危机干预的目标和原则

1. 校园危机干预的目标

构建大学生心理危机预警及干预工作体系,能有效地降低心理危机的发生率,更好地帮助大学生解决心理危机,快速控制大学生中可能出现的心理危机源,降低学生心理危机的发生率,减小心理危机给学生带来的危害,促进大学生健康成长、全面发展。

2. 校园危机干预的基本原则

(1)生命第一原则。高校在处理大学生心理危机案件时,应以保证学生生命安全为主要目的。这是"以人为本"的理念在危机干预中的体现,也是世界各国处理学生危机事件的基本原则。这一原则要求高校把保证学生的生命安全放在首要位置。

(2)及时性原则。当个人经历或目睹重大突发事件发生时,一旦超过其平时身心所能承受的压力,又无法通过常规的问题解决手段去对付面临的困难,便会陷入惊慌失措的情绪状态,从而使个人失去导向及自我控制力。这是一种无法承受的局面,它具有引起人的心理结构颓败的潜在可能。因此必须尽早干预,一般以数小时、数天内为佳。

(3)发展性原则。心理危机干预应遵循"促进当事人和当事人所在团体的发展"为模本原则——通过心理危机干预,充分调动当事人的积极性,能够从不利中找到有利,从绝望中看到希望,从危机中看到生机,使自己变得坚强和自信,全面提高应对未来的心理素质和能力。

（五）校园危机干预的策略

1. 加强对大学生心理危机源的控制

对大学生心理危机源的实证研究结果发现,大学生的心理危机源来自于学业压力和人际关系压力等方面。因此,预防大学生心理危机应该从以下这些方面对危机源进行控制。

首先,要从主观上训练大学生的压力感知倾向,减轻其压力感。根据前文关于"脆弱性"的论述,生活事件之所以成为压力源,与主体对其的感知是不可分割的。具体来说,首先要训练大学生正常对待、感知危机源,而不是主观夸大危机源的应激度;要训练大学生以积极、乐观的态度对待危机源,将危机事件的发生看作个体成长的机会。其次,要采取一定的措施从客观上减少危机源的数量和强度。危机事件对个体的影响往往具有累积性,而危机事件的强度则直接决定其对个体的心理冲击力的大小。具体来说,对学业压力进行控制可以通过拓宽对学生进行考评的指标范围,即不仅通过学业来评价学生的成败,而且通过训练大学生学习的能力等措施来实现;对人际关系压力的控制则可以通过训练大学生的人际交往技巧,提高大学生人际交往的能力等措施来进行。

2. 培养大学生的自我抗压能力

培养大学生的自我抗压能力,可以降低大学生的危机脆弱性,有利于大学生在心理危机发展演变中出现积极的结果,预防心理危机。

首先,高等学校必须树立关心每一个学生发展的观念,使学生感觉到学校是将自己作为一个个体的人来培养的,让学生体会到一种被关爱的感觉。其次,要为大学生提供完成有意义的任务的机会。学校经历的成功不仅仅是学业的成功,各种能够增加大学生的自尊和自我效能的任务都是有意义的。体育赛事、各种业余爱好比赛、社会实践等对大学生来说都是有意义的任务,这些活动不仅能够增加大学生的自尊和自我效能感,培养大学生的责任感,锻炼大学生的社会技能和问题解决技巧,而且能够活跃学校氛围,增强大学生的归属感。

3. 通过闲暇时间经历增加大学生的自我抗压能力

高校要通过活跃校园文化氛围、增加娱乐和运动设施等途径,丰富大学生的闲暇生活,使大学生合理地利用闲暇时间,利用闲暇时间经历培养自我抗压能力。

4. 加强大学生危机处理方式教育

危机处理方式与大学生的危机脆弱性具有显著的相关关系:积极的危机处理方

式能降低大学生的危机脆弱性,提高大学生的危机承受能力;消极的危机处理方式则会增加大学生的危机脆弱性,降低大学生的危机承受能力。因此,建构大学生的危机应付机制非常重要的一点就是要加强大学生的危机处理方式教育。

"最佳应付方式计划"被证明是一个有效的青少年应付方式教育模式。"最佳应付方式计划"对大学生同样是适用的。在具体形式上,可以通过开设课程来贯彻下文这10个步骤,用知识讲授、课堂讨论、实践模拟等丰富的形式使大学生接受系统的危机应对方式教育。同时,也可以通过发放应付方式知识手册让学生全面了解各种应对方式的利弊;通过举办心理训练、应付方式讲座、团体心理辅导等活动训练大学生的问题解决技巧、沟通技巧、决策能力等。

"最佳应付方式计划"由10个步骤组成,由讨论应对的意义及应对的不同类型开始,鼓励学生思考不利于问题解决的应对方式并且找出可替代的应对方式。具体来说,这10个步骤分别是:第一步,介绍该模式的理论原理,同时介绍以后各步骤将要涉及的各种应对方式。第二步,帮助年轻人意识到:可以怎样改变其思考方式,他们是如何评估危机事件的;他们是如何应对危机事件的。第三步,强调不应该做什么。有证据表明,教育年轻人不应该做什么与教育其应该做什么是同样重要的。正是由于消极的应对方式如焦虑、自责、痛苦消除等的使用,更容易使个体陷于心理危机之中。第四步,训练交流技巧。这是有效的应付方式训练的重要一步。寻求帮助的能力正有赖于危机个体有效交流的能力。接下来的六步分别是:训练问题解决技巧、决策制订能力、目标设置能力、建立所学到的应付方式的使用模型,以及时间管理和模型应用等。通过这10个步骤,既使受教育者对各种应对方式有一个比较全面的概念,也使其对自己的应对方式有一个清醒的认识,同时其积极思考的能力、选择合理的应对方式的能力及各种相关的问题解决的能力也都得到了一定程度的训练。

5. 建立校园心理危机预警机制

要构建有效的大学生心理危机预警机制,通过建立大学生思想政治教育主体互动机制、大学生心理健康档案制度、心理健康状况普查排查制度及心理危机预警网络以形成大学生心理危机预警的主要工作机制,实现大学生心理危机预警机制的顺利运行。

(六)大学生心理危机干预技术

危机干预的技术有沟通技术、支持技术和干预技术。

1. 沟通技术

危机干预技术应用首先要建立良好的合作关系,良好的沟通和合作关系是执行和贯彻干预计划的基础。因此,建立和保持干预人员与求助者双方的良好沟通和相互信任,有利于当事者恢复自信和减少对生活的绝望感,保持心理稳定和有条不紊的生活并改善人际关系。主要策略有:耐心倾听,表示理解他的处境和情感;使用合适的提问方式,将封闭式提问和开放式提问结合起来;保持沉默;理解当事人的非语言交流。

2. 支持技术

这类技术的应用旨在尽可能地解决危机,使病人的情绪状态恢复到危机前的水平。这种支持是给予情感支持,而不是支持当事人的错误观点或行为。由于危机开始阶段,病人有很强的焦虑感,因此尽可能使之减轻。主要策略有:无条件接纳并热情关注,给予心理上的支持;提供宣泄机会,鼓励当事人把自己内心的情感表达出来;给予希望和保持乐观的态度;注意发挥系统支持的作用,减少孤独和隔离。

3. 干预技术

干预技术又称解决问题技术,以求助者的认知为前提,主要采用以下方法:

(1)认识和理解危机的发展过程;

(2)学习如何解决问题;

(3)帮助求助者建立新的社交方式,尤其是人际关系。同时鼓励他们积极面对现实主义和社会系统的作用。

㊡ ㊪ ㊪ ㊡ ••••

重压下学会心理自救

适当的压力是人进取和充实的动力,但压力过大、过于持久,会出现焦虑烦躁、抑郁不安等心理疾病。由于压力是生活本身、人际关系、环境因素给我们造成的一种紧张感,复杂的人际关系、飞速变更的知识更新及封闭的工作环境,都会产生不同程度的压力困境,因此,自我发现、心理自救,成为大学生必须要了解的知识之一。

一、心理障碍出现前的征兆

其实,生活中有许多细节在提醒我们,心理状态开始出现小问题了。比如,成绩不好、失恋、考研受挫、就业失败等,都会出现不同程度的情绪波动,对生活满意度和成就感有所下降,遇事易急躁,抱怨增多,注意力不集中,精神状态差等。

心理学家还认为,性格与心理密切相关,性格代表了一个人的生活方式、行为基

础和生命过程。如自卑的人不容易控制外界变化,常常怨天尤人,一旦出现负面的生活事件便会触发心理障碍。

二、心理自救三部曲

首先要自己去发现紧张的压力源头在哪里,然后对症下药,具体可从以下三步进行排解。

第一步,从自己的生活细节出发,工作一天后,要懂得适当解压放松,通过闭目放松、深呼吸、吃块巧克力、听音乐、跑步等方法调整情绪。周末的时候,可以打打羽毛球,或者去郊区、游乐园游玩,给心情放个假。

第二步,从工作自身出发,改善工作效率,加强人际关系处理能力和解决问题的能力,同时要注重学习,通过不断地学习知识、阅读,来减轻自己对未来的恐惧,让心灵保持年轻状态。

第三步,要伺机调整自己的生活方式和价值观,明白自己工作的目的是什么,人生的目的是什么。与金钱相比,健康和爱其实更重要,当内心有所追求时,才能让内心不会空虚和恐惧。

三、心理自救小办法

1. 掌握必要的心理健康知识。有了一定的知识,才能进行正确的自我评价。从而了解自己的需要,量力而行,科学安排时间,让生活更有规律。

2. 学点自我安慰和自我放松的技巧。如练习瑜伽、太极拳,听听音乐等都可以让人放松。

3. 好好睡一觉。比较轻的忧虑和不快,通常在一个充足踏实的睡眠后就可能消失了。

4. 自我良性暗示。多想一想过去成功的经历,想一想自身具备的优势。你可以告诉自己,我在公司的价值是不可替代的,换了别人恐怕还不如我呢!

5. 通过饮食来缓解某些不适。如焦躁、心悸、失眠等情况出现后,可多吃五谷杂粮、蔬菜水果等食物,减少对肉类的摄取,避免喝咖啡、浓茶、酒等刺激性饮料。少食辣椒、芥末、花椒、大蒜、葱、姜等辛辣燥热之物。

6. 建立心理支持系统,成员包括朋友、家人、心理咨询专家等。在郁闷难以排解的时候,向他们"诉苦",寻求心理帮助。

四、改变自己的行为更有效

1. 学会说"不"。当人们请求你帮他们做事情而给你造成压力时,考虑一下你是否能够做或者愿意做他们要求你做的事情,如果你不能够或不想做,学会有效地拒绝他人的请求。

2. 说出你的想法。诚实地表达你的意见,这一点很重要,虽然这有可能会惹恼别人或引起争论。如果确信别人的某个请求是不合理的,你就得说出来。当愤怒和挫折无法宣泄时,人就会郁闷、沉默、唠叨、指责,不能表达自己的意见会导致"消极——挑衅"的行为,这种行为对健康有害,因为被压抑的挫折或愤怒会对免疫系统造成伤害。

3. 建设性的批评。说出你的感受,解释别人的行为如何伤害了你,或给你带来了哪些不便,告诉别人你多么希望他们能够改变。

4. 学会计算。即学会计算自己得到的幸福和计算自己做对的事情。计算幸福会使自己越计算越幸福,计算做对的事情会使自己越计算越对自己有信心。

5. 学说三句话:第一句,"算了!"对于一个无法改变的事实,最好的办法就是接受这个事实。第二句,"不要紧!"不管发生什么事情,哪怕是天大的事情,也要对自己说:"不要紧!"第三句,"会过去的!"什么样的困难都会过去的,放松一点,不要太焦虑。

（课）（外）（活）（动）●●●●●●

应付方式自我评价量表

填表方法:下列每个条目请您选择"是"或"否"。如果自己的情况与陈述相符合,请在括号里打"√",如不符合请在括号里打"×"。

1. 能理智地应付困境。（　　　）

2. 善于从失败中吸取经验。（　　　）

3. 制订一些克服困难的计划并按计划去做。（　　　）

4. 常希望自己已经解决了正面临的困难。（　　　）

5. 对自己取得成功的能力充满信心。（　　　）

6. 认为"人生经历就是磨难"。（　　　）

7. 常感叹生活的艰难。（　　　）

8. 专心于工作或学习以忘却不快。（　　　）

9. 常认为"生死有命,富贵在天"。（　　　）

10. 常常喜欢找人聊天以减轻烦恼。（　　　）

11. 请求别人帮助自己克服困难。（　　）

12. 常只按自己想的做，且不考虑后果。（　　）

13. 不愿过多思考影响自己情绪的问题。（　　）

14. 投身其他社会活动，寻找新寄托。（　　）

15. 常自暴自弃。（　　）

16. 常以无所谓的态度来掩饰内心的感受。（　　）

17. 常想"这不是真的就好了"。（　　）

18. 认为自己的失败多系外因所致。（　　）

19. 对困难采取等待观望任其发展的态度。（　　）

20. 与人冲突的原因是对方性格怪异。（　　）

21. 常向引起问题的人和事发脾气。（　　）

22. 常幻想自己有克服困难的超人本领。（　　）

23. 常自我责备。（　　）

24. 常用睡觉的方式逃避痛苦。（　　）

25. 常借娱乐活动来消除烦恼。（　　）

26. 常爱想些高兴的事自我安慰。（　　）

27. 避开困难以求心中宁静。（　　）

28. 为不能回避困难而懊恼。（　　）

29. 常用两种以上的办法解决困难。（　　）

30. 常认为没有必要那么费力去争成败。（　　）

31. 努力去改变现状，使情况向好的一面转化。（　　）

32. 借烟或酒消愁。（　　）

33. 常责怪他人。（　　）

34. 对困难常采用回避的态度。（　　）

35. 认为"退一步海阔天空"。（　　）

36. 把不愉快的事埋在心里。（　　）

37. 常自卑自怜。（　　）

38. 常认为这是生活对自己不公平的表现。（　　）

39. 常压抑内心的愤怒与不满。（　　）

40. 吸取自己或他人的经验去应付困难。（　　）

41. 常不相信那些对自己不利的事。（　　）

42. 为了自尊,常不愿让人知道自己的遭遇。(　　)

43. 常与同事、朋友一起讨论解决问题的办法。(　　)

44. 常告诫自己"能忍者自安"。(　　)

45. 常祈祷神灵保佑。(　　)

46. 常用幽默或玩笑的方式缓解冲突或不快。(　　)

47. 自己能力有限,只有忍耐。(　　)

48. 常怪自己没出息。(　　)

49. 常爱幻想一些不现实的事来消除烦恼。(　　)

50. 常抱怨自己无能。(　　)

51. 常能看到坏事中有好的一面。(　　)

52. 自感挫折是对自己的考验。(　　)

53. 常向有经验的亲友、师长求教解决问题的方法。(　　)

54. 平心怒气,淡化烦恼。(　　)

55. 努力寻找解决问题的办法。(　　)

56. 选择职业不当,是自己常遇挫折的主要原因。(　　)

57. 总怪自己不好。(　　)

58. 经常看破红尘,不在乎自己的不幸遭遇。(　　)

59. 常自感运气不好。(　　)

60. 向他人诉说心中的烦恼。(　　)

61. 常自感无所作为而任其自然。(　　)

62. 寻求别人的理解和同情。(　　)

应付方式自我评价量表评分标准

分量表条目构成

(得分说明:正分题选"是"得 1 分,负分题选"否"得 1 分)

1. 解决问题(共 12 题)

(1)正分题:1,2,3,5,8,29,31,40,46,51,55

(2)负分题:19

2. 合理化(共 11 题)

(1)正分题:6,9,18,20,30,33,38,52,54,58,61

3. 求助(共 9 题)

(1)正分题:10,11,14,43,53,60,62

(2)负分题:36,42

4. 自责(共10题)

(1)正分题:15,23,25,37,39,48,50,56,57,59

5. 幻想(共10题)

(1)正分题:4,12,17,21,22,26,28,41,45,49

6. 退避(共10题)

正分题:7,13,16,24,27,32,34,35,44,47

结论

1. 根据各分量表的因子分的值绘出应付方式因子廓图。

2. 根据廓图和分量表因子分结果:

(1)解释受检个体或群体的应付方式类型和应付行为特点;

(2)比较不同受检个体或群体的应付行为差异;

(3)各分量表理论意义简析:应付因子间的相关分析发现"解决问题"与"退避"两个应付因子的负相关程度最高。以此作为六个应付因子关系序列的两极,然后根据各因子与"解释问题"应付因子相关系数的大小排序,将六个因子排出下列序列关系:退避→幻想→自责→求助→合理化→解决问题。

应付行为可分为自恋型、不成熟型、神经症型和成熟型。如果以解决问题表示成熟的应付方式。"求助"与"合理化"因与"解决问题"呈正相关,归为成熟应型,而与解决问题相反的另一极"退避"表示不成熟型。该结果表示不同类型的应付方式可以反映人的心理发展成熟程度。

研究结果发现,个体应付方式的使用一般都在一种以上,有些人甚至在同一应激事件中使用多种应付方式。但每个人的应付行为类型仍具有一定的倾向性,这种倾向性构成六种应付方式在个体身上不同的组合形式。这些不同形式的组合与解释为:

"解决问题——求助",成熟型:这类被试在面对应激事件或环境时,常能采取"解决问题"和"求助"等成熟的应付方式,而较少使用"退避""自责""幻想"等不成熟的应付方式,在生活中表现出一种成熟稳定的人格特征和行为方式。

"退避——自责",不成熟型:这类被试在生活中常以"退避""自责""幻想"等应付方式应付困难和挫折,而较少使用"解决问题"这类积极的应付方式,其情绪和行为均缺乏稳定性。

"合理化"混合型:"合理化"应付因子,既与"解决问题""求助"等成熟应付因子呈正相关,也与"退避""幻想"等不成熟的应付因子呈正相关,反映出这类被试的应付行为集成熟与不成熟的应付方式于一身,在应付行为上表现出一种矛盾的心态和两面性的人格特点。

思考题

1. 如何理解心理咨询的含义?
2. 心理咨询的基本原则有哪些?
3. 心理危机干预的重要意义是什么?
4. 校园心理危机干预的策略有哪些?
5. 大学生心理危机干预的技术有哪些?